東北亞細亞에서 본 馬韓土器

마한연구원 총서 4

東北亞細亞에서 본 馬韓土器

2017년 4월 25일 초판 1쇄 인쇄
2017년 4월 27일 초판 1쇄 발행

지은이 임영진 · 서현주 · 이영철 · 김낙중 · 劉延常 · 白井克也 · 김무중 · 김승옥 · 박중환 · 성정용

펴낸이 권혁재

편집 조혜진
인쇄 동양인쇄

펴낸곳 학연문화사
등록 1988년 2월 26일 제2-501호
주소 서울시 금천구 가산동 371-28 우림라이온스밸리 B동 712호
전화 02-2026-0541~4
팩스 02-2026-0547
E-mail hak7891@chol.com

ISBN 978-89-5508-378-1 94910

동북아시아에서 본 마한토기

임영진

서현주

이영철

김낙중

劉延常

白井克也

김무중

김승옥

박중환

성정용

학연문화사

마한은 여러 고대 문헌기록에 나오는 역사적 실체임이 분명하지만 문헌기록이 충분하지 않기 때문에 문헌기록만으로는 구체적인 내용들을 알기 어려웠습니다. 역사학계에서는 오래 전부터 백제와의 관계 문제를 중심으로 연구가 진행되어 왔습니다만 고고학계에서는 1995년부터 이루어지기 시작하였던 나주 복암리고분군의 발굴조사가 계기가 되어 본격적인 연구가 이루어질 수 있게 되었다고 할 수 있을 것입니다.

그동안 마한토기는 백제토기와 구분되지 않고 백제토기 범주에서 논의되어 왔습니다. 마한토기와 백제토기의 구분이 쉽지 않은 점이 있기 때문이기도 하지만 지금까지 마한에 대한 연구가 백제를 중심으로 진행되어 왔던 관행 속에서 이루어진 일이기도 합니다.

마한연구원에서는 이와같은 사정을 감안하여 2015년에서 2016년에 걸쳐 대표적인 마한토기와 백제토기를 선정하여 기종별로 연구사를 정리하고 향후의 연구 과제를 점검해 보는 기회를 가진 바 있습니다. 마한토기와 백제토기의 기종별 연구 성과물은 단행본으로 묶어 『마한·백제토기 연구 성과와 과제』로 발간하였습니다.

2016년에는 마한토기의 지역적 차이, 분묘와 주거지 출토 토기의 의미, 중국이나 일본과의 관계 등 향후 연구에 필요한 기초적인 문제들을 검토해 보고자 국제학술회의를 개최한 바 있습니다.

　　이를 통해 상당수의 마한토기들이 그 기원을 중국에 두었음을 알 수 있었으며 다른 한편으로는 중국과 다른 특징을 가지고 변화되어 나갔음을 알 수 있었습니다. 또한 일본으로 파급된 토기 가운데 막연히 백제토기로 인식하였던 토기들이 상당수 마한토기에 해당한다는 사실이 밝혀지게 되었습니다.

　　학계의 중요한 관심사인 마한이 시작에서부터 소멸에 이르기까지 시간적으로 어떤 사회 변화를 거쳤는지, 공간적으로 어떤 특색을 가지고 있었는지 등에 대해서도 토기를 중심으로 논의가 이루어졌습니다.

　　마한토기 국제학술회의에서 발표된 논문 가운데에는 전문 학술지에 발표된 것도 있지만 그렇지 않은 것도 있을 뿐만 아니라 별도의 토론문이 있고 토론내용을 정리한 녹취록도 있어서 전문 연구자 뿐만 아니라 관심있는 일반인들도 참고할 수 있도록 모두 묶어 이번에 책자로 발간하게 되었습니다.

짧은 준비 기간에도 불구하고 좋은 논문들을 발표해 주시고 좋은 토론을 맡아주신 여러 선생님들께 깊이 감사드립니다. 또한 전남지역의 고대 역사에 대해 깊은 관심을 가지고 이와같은 국제학술회의를 지원하여 주신 이낙연 지사님을 비롯한 전라남도 관계자 여러분께 깊이 감사드립니다.

　　어려운 여건에서도 이 책자의 출판을 맡아주신 학연문화사 권혁재 사장님과 복잡한 내용을 잘 다듬어 주신 학연문화사의 조혜진 선생께도 감사 말씀을 드립니다.

2017. 4.

마한연구원장 임영진

목 차

마한토기의 기원 연구

- 분구묘 출토품을 중심으로 -

임영진 전남대학교 문화인류고고학과

Ⅰ. 머리말

마한은『후한서』,『삼국지』등 여러 고대 문헌에 기록되어 있는 역사적 실체이
다. 그러나 마한을 구성하는 제소국의 위치를 비롯하여 사회성격, 백제를 비롯
한 주변 세력과의 관계, 소멸시기 등 제반 문제에 대해 종합적인 연구가 이루어
지기 시작한 것은 그다지 오래 전의 일이 아니다.

문헌자료가 부족한 고대사회의 면모를 파악하는데 있어 가장 널리 사용되는
고고학 자료 가운데 하나는 토기이다. 토기는 매장유적 뿐만 아니라 주거유적,
생산유적 등 다양한 유적에서 출토되면서 시간적, 공간적 차이가 크기 때문에
특정 사회의 시, 공간적 범위 뿐만 아니라 다양한 사회 내용을 파악하는데 유용
한 자료로 이용되고 있다.

그러나 지금까지 마한토기는 독자적 범주로 인정되어 논의되기 보다는 백제
토기 범주 안에서 논의되어 옴으로써 마한토기가 가지고 있는 다양한 의미들이
제대로 파악되지 못하고 있다. 이는 마한의 문제를 백제와의 관계 속에서 이해
하려 했던 기존의 연구 관행에서 비롯된 일이라고 할 수 있을 것이다.

1990년대 후반부터 백제가 본격적인 고대국가로 출범한 이후의 마한토기에
대해 백제토기와 구분될 가능성이 거론되기 시작하였지만[1] 아직도 백제 건국
이전의 마한토기에 대한 인식은 그다지 달라진 것 같지 않다. 병행하는 시기의
진한토기나 변한토기는 원삼국시대 토기로서 가야토기나 신라토기로 이어지는

---

1) 김승옥, 1997,「거치문토기: 정치적 권위의 상징」,『한국고고학보』36, 101~146쪽; 김종만,
   1999,「마한권역 출토 양이부호 소고」,『고고학지』10, 한국고고미술연구소, 49~78쪽; 박
   중환, 1999,「조족문토기고」,『고고학지』10, 한국고고미술연구소, 97~124쪽.

것으로 인식되고 있는데 반하여 마한토기는 원삼국시대 토기 범주에서도 제대로 논의되지 못하고 있는 것이다. 뿐만 아니라 마한토기가 한편으로는 백제토기로 이어지지만 다른 한편으로는 백제토기와 구별되는 독자적인 방향으로 전개되었다는 사실이 주목되지 못하고 있다.

마한토기가 백제토기와 구분되지 못하고 연구되었던 그동안의 경향은 마한과 백제가 명확하게 구분되지 못하였던 경향과 궤를 같이한다. 이는 마한과 백제를 죽순과 대나무의 관계와 같이 어디까지 마한이고 어디서부터 백제인지 구분하기 어렵다는 인식에서 보듯이[2] 마한에 대한 이해는 백제와의 관계를 중심으로 이루어졌던 학계의 경향과 맥락을 같이하는 것이라고 할 수 있다. 하지만 고고학적으로는 마한과 백제가 동전의 양면처럼 따로 떼어낼 수 없으면서도 뚜렷하게 구분되는 점이 존재하기 때문에 그 차이를 인식하고 해석해 나가는 것은 당연한 일일 것이다.[3]

마한과 백제의 시간적, 공간적 관계 문제에 있어 가장 중요한 것은 백제에 의한 전남지역 마지막 마한의 병합 시기이다. 그동안 4세기 중엽 근초고왕에 의해 병합되었다고 보는 경향이 있었지만 근자에 들어 5세기중엽설, 6세기중엽설 등이 제기되고 있다. 마한의 시작 시기 문제에 있어서도 기원전 3세기경으로 보는 견해부터 기원전후경으로 보는 견해까지 나오고 있다.

이 글에서는 마한의 시작과 소멸 시기에 있어 기원전 3세기에 성립되어 6세기초까지 존속하였다고 보는 필자의 기존 견해를 바탕으로 하여[4] 마한토기의 기원 문제를 검토해 보도록 하겠는데 분구묘가 유행하기 시작하는 2~3세기 이

---

2) 천관우, 1976, 「삼한의 국가형성(하)」, 『한국학보』 3, 일지사, 154쪽.
3) 임영진, 2009, 「영산강유역 마한사회의 해체」, 『마한, 숨쉬는 기록』, 국립전주박물관, 267쪽.
4) 임영진, 1997, 「나주지역 마한문화의 발전」, 『나주 마한문화의 형성과 발전』, 나주시 · 전남대박물관.

전의 마한토기의 기원에 대해서는 적지 않은 연구가 이루어진 바 있으므로 그 이후의 마한토기에 대해 그 기원 문제를 중심으로 역사적, 문화적 의미에 대해 검토해 보도록 하겠다.

Ⅱ. 마한토기의 시간적, 공간적 분포

마한토기는 마한에서 제작·사용됨으로써 고구려·백제·신라·가야 등 병행하는 시기의 서로 다른 권역에서 사용되는 토기와 구분되는 토기를 의미한다고 할 수 있을 것이다. 마한은 고구려·백제·신라와 같은 중앙집권적인 고대국가를 이루지 못한 만큼 상대적으로 토기의 제일성을 찾아 보기 어려운 점이 없지 않지만 구분하기 어려울 정도는 아니다. 가야 역시 통일된 정치체를 이루지 못하였지만 가야 제국의 토기들을 가야토기로 일괄하는 것은 고구려·백제·신라 토기와는 구분되는 자신들의 특징을 공유하고 있기 때문이다.

기록이 없는 선사시대에 있어서도 암사동문화, 송국리문화 등 서로 구분되는 문화와 그 권역에 대해 토기를 중심으로 구분할 수 있듯이 마한과 병행하는 시기의 고구려·백제·신라·가야 토기와 마한의 토기를 식별하는 것은 크게 어려운 일이 아니다. 또한 마한은 고대국가 백제의 성립 이후 시간적, 공간적으로 역관계를 가지고 변화하였으므로 백제의 시간적, 공간적 범위를 파악하면 마한의 시간적, 공간적 범위를 파악함과 동시에 마한토기의 실체를 파악할 수 있을 것이다. 아울러 백제에 대한 시간적, 공간적 인식의 차이로 인하여 마한의 시간적, 공간적 범위에 대해 연구자 사이에 나타나고 있는 견해의 차이가 좁혀질 수 있을 것이다.

시간적, 공간적으로 변해가는 백제와 마한의 함수 관계에 대해 연구자에 따라 인식의 차이가 있음에도 불구하고 양이부호, 이중구연호, 유공광구호 등은 마한토기로 인정되고 있다. 최근에는 분주토기와 조형토기도 마한토기로 인식되고 있다. 대부분 마한의 특징적인 분구묘에서 출토되고 있기 때문이다. 거치문토기, 조족문토기 등도 마한토기의 범주에서 논의되고 있으며, 시루를 비롯한 장란형토기, 발형토기 등은 취사용 일괄유물로서 적지 않은 관심 속에서 연구되고 있다. 이 가운데 분구묘를 중심으로 출토되는 마한토기들의 시간적, 공간적 분포 특징을 살펴보면 다음과 같다.

(1) 이중구연호

이중구연호는 경기 · 충청 · 전라 지역에 걸쳐 확인되는 대표적인 마한토기이다. 서울 가락동 2호분에서 처음 확인되어 백제토기로 파악되었지만 이 고분은 전형적인 분구묘라는 점에서 마한에 기반을 두고 성장하였던 백제 세력자의 무덤으로 보아야 할 것이다.[5] 이중구연호의 출현 시기에 대해서는 경질무문토기와 타날문토기가 공존한다는 점에서 2세기 후반경으로 보는 견해[6], 3세기 전반으로 보는 견해[7], 3세기 중엽경으로 보는 견해[8] 등이 있다. 소멸시기에 있어

---

5) 임영진, 2007, 「마한분구묘와 오월토돈묘의 비교 검토」, 『중국사연구』 51, 171~199쪽.

6) 이영철, 2005, 「영산강유역의 원삼국시대 토기상」, 『원삼국시대 문화의 지역성과 변동』, 제29회 한국고고학 전국대회 발표요지; 윤온식, 2008, 「2~4세기대 영산강유역 토기의 변천과 지역단위」, 『호남고고학보』 29, 호남고고학회, 57~90쪽.

7) 박순발, 2001, 「帶頸壺一考」, 『호남고고학보』 13, 호남고고학회, 101~111쪽; 왕준상, 2010, 「한국 서남부지역 이중구연호의 변천과 성격」, 『백제문화』 42, 공주대 백제문화연구소, 175~209쪽; 박형열, 2013, 「호남 서남부지역 고분 출토 이중구연호의 형식과 지역성」, 『호남고고학보』 44, 109~163쪽.

8) 서현주, 2001, 「이중구연토기 소고」, 『백제연구』 33, 충남대 백제연구소, 37~67쪽.

서는 4세기 전반[9], 4세기 후반[10], 5세기 전반[11] 등 적지 않은 차이가 있다. 출토 범위는 마한 전역에 해당하며 분구묘를 중심으로한 매장유적 뿐만 아니라 생활 유적에서도 출토되고 있다. 최근의 종합적인 견해에 따르면[12], 3세기 전반에 영산강 서북부에 출현하여 3세기 후반부터 4기 중반까지 범마한권으로 확산되었다가 현저히 줄어들면서 주거지를 중심으로 6세기까지 이어지는 것으로 보고 있다.

(2) 양이부호

양이부호 역시 백제토기로 인식되다가 이중구연호와 함께 마한토기로 인정되었다. 특히 분포 범위에 있어 중도문화권과 구별되는 송국리문화권과 일치하는 점에서 마한과 관련된 것으로

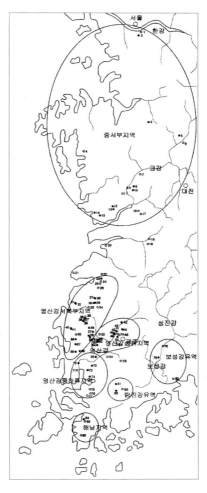

그림 1. 이중구연호 분포도(왕준상 2010)

---

9) 윤온식, 2008, 「2~4세기대 영산강유역 토기의 변천과 지역단위」, 『호남고고학보』 29, 호남고고학회, 57~90쪽; 박형열, 2013, 「호남 서남부지역 고분 출토 이중구연호의 형식과 지역성」, 『호남고고학보』 44, 109~163쪽.

10) 서현주, 2006, 『영산강유역 고분 토기 연구』, 학연문화사.

11) 이영철, 2001, 「영산강유역 옹관고분사회의 구조 연구」, 경북대 석사학위논문.

12) 왕준상, 2010, 「한국 서남부지역 이중구연호의 변천과 성격」, 『백제문화』 42, 175~209쪽.

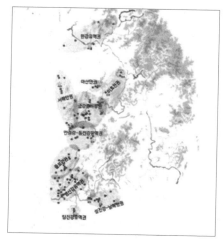

그림 2. 양이부호 분포도(박영재 2016)

보았다[13]. 이후 여러 연구자들에 의해 지역별, 출토유구별로 활발한 연구가 이루어졌다. 출토 범위는 경기·충청·전라 등 마한 전역에 해당하고 매장유적과 생활유적 모두 출토되고 있다. 출현 시기에 대해서는 1~2세기[14], 3세기[15], 4세기[16] 등으로 차이가 큰 편이고, 소멸시기는 5세기로 보는 것이 일반적이다. 최근 이루어진 종합적인 연구에 따르면[17] 3세기초에 서천·서산지역에서 등장하여 확산되면서 5세기까지 사용되었으며 백제의 영역확장에 따른 마한 세력의 변화를 반영하는 기종으로 보았다.

(3) 유공광구호

유공광구호는 영산강유역의 대형 옹관묘에서 흔히 출토되는 점에서 옹관묘와 함께 일찍부터 관심이 주어졌다. 1978년에 처음으로 단일 기종으로 연구되

13) 김종만, 1999, 「마한권역 출토 양이부호 소고」, 『고고학지』 10, 49~78쪽.
14) 김승옥, 2000, 「호남지역 마한 주거지의 편년」, 『호남고고학보』 11, 29~77쪽.
15) 김종만, 1999, 「마한권역 출토 양이부호 소고」, 『고고학지』 10, 한국고고미술연구소, 49~78쪽; 한옥민, 2001, 「전남지방 토광묘 성격에 대한 고찰」, 『호남고고학보』 13, 65~100쪽; 이순엽, 2003, 「전남지방 분묘 출토 호의 분류와 편년」, 목포대 석사학위논문; 윤온식, 2008, 「2~4세기대 영산강유역 토기의 변천과 지역단위」, 『호남고고학보』 29, 57~90쪽.
16) 서현주, 2006, 『영산강유역 고분 토기 연구』, 학연문화사.
17) 박영재, 2016, 「마한·백제권 양이부호 도입과정」, 전남대 석사학위논문.

면서 3~4세기에 등장하여 4~5세기에 성행하다가 6세기에 쇠퇴한 것으로 추정되었다.[18] 무안 사창리 옹관 출토품이 4세기 1/4분기로서 가장 빠를 것으로 본 견해[19], 동최대경과 구경의 비율이 비슷한 영암 만수리 2호분 1호 옹관 출토품이 가장 이르지만 일본 大庭寺 토기가마 출토품보다 늦을 것이라는 견해[20], 영암 만수리 4호분과 무안 사창리 옹관묘 출토

그림 3. 유공광구호 분포도(원해선 2015)

품이 가장 이르며 백제식 석실묘에서 출토된 사례가 없다는 점에서 6세기 중엽 소멸된다고 본 견해[21], 광주 하남동 100호 주거지 출토품을 가장 이른 것으로 보고 영산강 상류지역에서 생활토기로 사용되다가 하류로 파급된 뒤부터 부장품으로 사용되기 시작한 것으로 본 견해[22], 5세기 전반경 영산강 상류에 해당하는 황룡강·극락강지역의 생활유적에서 발생하여 확산되었고 소멸에 있어서는 백제의 영역 확장과 밀접하게 관련되었다고 본 견해[23] 등이 있다.

18) 이은창, 1978, 「유공광구소호」, 『고고미술』136·137, 한국미술사학연구, 52~62쪽.

19) 신인주, 2005, 「고성 송학동고분 출토 유공광구소호고」, 『석당논총』35, 동아대 석당전통문화연구원, 67~107쪽.

20) 酒井淸治, 2004, 「5~6세기의 토기에서 본 나주세력」, 『백제연구』39, 충남대 백제연구소, 63~83쪽.

21) 서현주, 2006, 『영산강유역 고분 토기 연구』, 학연문화사.

22) 박형렬, 2011, 「광주·전남지역의 유공광구소호」, 『유공소호』, 국립광주박물관·대한문화유산연구센터.

23) 원해선, 2015, 「유공광구호의 등장과 발전과정」, 『한국고고학보』94, 70~103쪽.

(4) 조형토기

조형토기는 해남 군곡리 패총에서 처음 출토되어 유대각배라 칭해진 바 있으며[24] 금강유역에서 섬진강유역에 이르기까지 20여개 유적에서 30점이 넘는 자료들이 확인되었다. 최근의 종합적 연구에 따르면 경질무문토기와 연질타날문토기가 공존하는 단계에 시작되어 이중구연호, 원저단경호, 장란형토기 등과 함께 발전하다가 유공광구호와 공반되면서 쇠퇴하는 것으로 보고 있다[25].

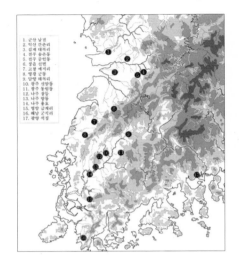

그림 4. 조형토기 분포도(김영희 2013)

(5) 분주토기

분주토기는 종래 원통형토기로 알려져 왔지만 고분의 분구를 장식하는 토기라는 점에서 그 기능을 반영하여 새로 명명된 것이다.[26] 1993년 광주 월계동 장고분과 1994년 광주 명화동 장고분에서 많은 자료들

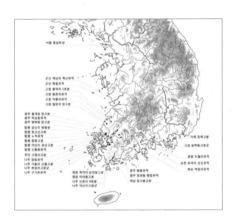

그림 5. 분주토기 분포도(임영진 2015)

---

24) 최성락, 1987,『해남 군곡리패총 I 』, 목포대학교박물관.

25) 김영희, 2013,「호남지방 조형토기의 성격」,『호남고고학보』44, 79~108쪽.

26) 임영진, 2003,「한국 분주토기의 기원과 변천」,『호남고고학보』17, 83~111쪽.

이 출토되어 큰 관심을 끌게 되었으며 지금까지 40개소에 육박하는 유적에서 700개체가 넘는 분주토기들이 발굴되었다. 분포 범위는 전라지역이며, 3세기말 ~4세기초에 발생하여 6세기 중엽경에 소멸한 것으로 보는 것이 일반적이다.[27]

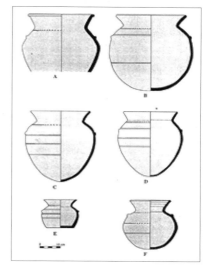

그림 6. 거치문토기(김승옥 1997)

한편 거치문토기와 조족문토기는 기종에 따른 명칭이 아니라 문양에 따른 명칭이기 때문에 앞에서 언급한 기종별 마한토기의 범주에서 다루기는 어렵다. 하지만 마한토기를 중심으로 나타나는 특징적인 문양을 가진 토기라는 점에서 언급될 필요가 있을 것이다. 거치문토기를 규정하는 거치문은 청동기시대에 청동기의 문양으로 나타나기 시작한 이후 마한 시기에는 차령 이남지역의 옹관에 시문되다가 6세기 중엽경 소멸하는 것으로 보고 있는데[28] 최근에는 서울 풍납토성에서도 나타나고 있어 마한에 국한된 문양이라고 규정하기는 어려울 것 같다.

조족문토기는 단경호 · 광구호 · 장란형토기 · 분주토기 등 여러 기종에 걸쳐 시문되어 있다.[29] 종합적인 연구 성과에 따르면 분포 범위는 금강 중상류지역을 중심으로 경기만 · 한강 · 만경강 · 동진강 · 영산강 · 섬진강유역 등 마한 전역이다. 중서부지역에서는 생활유적에서 많이 출토되지만 남서부지역에서는 매장유적이 압도적

---

27) 국립나주문화재연구소 · 전남대학교박물관, 2015, 『한국의 원통형토기(분주토기)』.
28) 김승옥, 1997, 「거치문토기: 정치적 권위의 상징」, 『한국고고학보』 36, 한국고고학회, 101~146쪽.
29) 박중환, 1999, 「조족문토기고」, 『고고학지』 10, 한국고고미술연구소, 97~124쪽.

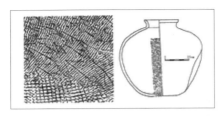

그림 7. 조족문토기(박중환 1999)

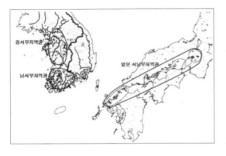

그림 8. 조족문토기 분포도(최영주 2006)

다수를 차지한다. 4세기 중후엽에 청주 신봉동고분군을 중심으로 출현하여 주변지역으로 파급되었으며 5세기 후엽경부터 나주지역에 나타났다가 6세기 중엽경에 소멸하였던 것으로 보고 있다[30]. 가장 먼저 출현하는 청주 신봉동고분은 백제 지방세력의 무덤으로 보는 견해가 일반적이므로 조족문 역시 마한의 문양으로 국한시키기는 어렵겠지만 백제 중심지가 아닌 지역에서 출현하여 마한지역으로 파급되었다는 점에서 백제토기보다는 마한토기와 관련되었을 가능성이 높다고 볼 수 있을 것이다.

지금까지 마한토기 가운데 분구묘 출토품을 중심으로 시간적, 공간적 분포상을 살펴보았는데 분구묘 이전 시기의 마한토기에 대한 기존의 연구 성과를 첨언하여 마한 성립 이후 소멸에 이르는 마한토기의 변화상을 약술해 보도록 하겠다.

마한의 성립시기에 대해서는 논란이 계속되고 있지만 문헌기록을 토대로 고조선 준왕의 남하 이전에 해당하는 것으로 보는 견해[31]를 수용하면, 고고학적으로는 세형동검문화기에 시작되었다고 할 수 있을 것이다.[32] 이 새로운 마한문화는 점차 주변지역으로 확산되어 나가면서 기원후 3세기 중후엽에 이르면

---

30) 최영주, 2006, 「조족문토기의 변천 양상」, 『한국상고사학보』55, 한국상고사학회, 79~114쪽.
31) 노중국, 1988, 『백제 정치사 연구』, 일조각, 86쪽.
32) 임영진, 1995, 「마한의 형성과 변천에 대한 고고학적 고찰」, 『삼한의 사회와 문화』, 한국고대사연구회, 115쪽.

『후한서』위지 동이전에 나열된 54개국을 이루었을 것으로 보인다.[33]

성립기의 마한 문화는 세형동검, 흑도장경호, 점토대토기 등이 공반되는 청동기문화였다. 초기가 시작되는 기원전 1세기부터는 철기와 함께 경질무문토기가 보급되다가 점차 타날문이 시문된 단경호와 편구호 등이 사용되었다. 세형동검이 표지유물이었던 시기에는 아산만 내륙지역이 중심을 이루면서 동으로 충청 내륙, 북으로 경기 남부, 남으로 전라지역으로 파급되는 경향을 보여준다. 경질무문토기가 표지유물이었던 시기에는 한강 상류지역에서 하류지역으로 파급되는 한편 해안을 따라서도 성행하는 경향을 보여준다. 타날문토기가 표지유물이었던 시기에는 경기·충청 등 중서부지역이 중심을 이루고 있었던 것으로 보인다. 중기가 시작되는 3세기 중엽경부터는 앞에서 살펴본 토기들이 전형적인 마한토기로 성용되었다.

마한토기들이 마한의 성립에서부터 소멸에 이르기까지 시간적, 공간적으로 어떠한 분포를 보여주는지를 구체적으로 파악하는 작업은 마한의 시·공적 범위를 어떻게 보느냐 하는 문제와 직결되어 있다. 물론 마한 사회의 백제 편입과 같은 정치적인 변화가 마한토기의 변화에 즉각 영향을 끼쳤다고 보기 어려울 것이므로 마한토기에 대해 시간적, 공간적으로 일목요연한 변화 과정을 제시하는 것은 무리한 일일 것이다. 백제권 안에서도 백제 왕실을 비롯한 지배세력이 백제 문화를 영위하였던 중심지역과 함께 토착적인 마한 문화를 유지하였던 주변지역이 있었을 것이고, 백제 문화가 파급되었다 하더라도 발전 속도가 중심지에 미치지 못하는 주변지역도 있었을 것이다.

그러나 모든 변수를 함께 고려하기는 어려운 만큼 백제에 편입되지 않은 마한권에서 기존의 마한토기가 지속, 발전하였을 것으로 보는 것과 마찬가지로

---

33) 馬韓在西有五十四國.

백제에 편입된 마한권의 토기들은 점차 백제토기로 바뀌어 나갔던 것으로 상정할 수 있을 것이다. 특히 백제는 마한 제국들을 병합해 나가면서 각 지역 중심지부터 백제 문화를 이식시켰을 것인 만큼 그 과정에서 정치, 군사, 의례 등과 관련된 백제토기들이 일차적으로 파급되어 나갔을 것이다.

이와같은 내용을 감안하여 마한 사회의 시간적, 공간적 변화에 대한 기존의 견해를 바탕으로[34] 마한토기의 변화를 정리해 보면 〈표 1〉과 같다.

〈표 1〉 시기별, 권역별 마한토기

분 기	권 역	주요 유적	주요 토기	
초기 (3~1c BC)	아산만권 금강유역권 영산강유역권	아산 남성리 부여 합송리 완주 갈동·신풍 광주 신창동 화순 대곡리	점토대토기 흑도장경호	
전기 (1~3c전반)	한강유역권 아산만권 금강유역권 영산강유역권 남해안권	김포 운양동 천안 청당동 익산 영등동 해남 군곡리 보성 조성리	경질무문토기 이중구연호 양이부호 조형토기	
중기 (3c후반~4c중엽)	금강유역권 영산강유역권 남해안권	아산 밖지므레 익산 간촌리 영암 시종 함평 만가촌 담양 태목리	이중구연호 양이부호 조형토기 분주토기 거치문토기 조족문토기	
후기 (4c후엽~5c후엽)	영산강유역권 남해안권	고창 봉덕리 나주 반남 광주 동림동 순천 덕암동 고흥 길두리 안동	조형토기 분주토기 거치문토기 조족문토기 유공광구호	
말기 (5c말~6c초)	영산강유역권 남해안권	나주 복암리 해남 월송리 조산	분주토기 거치문토기 조족문토기 유공광구호	

---

34) 임영진, 2010, 「묘제를 통해 본 마한의 지역성과 변천 과정」, 『백제학보』 3, 백제학회, 25~46쪽.

Ⅲ. 마한토기의 기원 검토

마한토기가 가진 역사적 · 문화적 의미를 파악하기 위해서는 그 기원을 검토해 볼 필요가 있다. 분구묘를 중심으로 출토되는 마한토기의 기원 문제를 기종별로 검토한 다음 종합적으로 살펴보도록 하겠다.

1. 기종별 검토

(1) 이중구연호

이중구연호의 출현 시기는 연구자에 따라 2세기 후반에서 3세기 중엽까지 다르게 보고 있지만 그동안 백제토기로 일괄되어 왔던 마한토기 가운데 가장 일찍 등장하였다고 보는 점에 대해서는 이견이 없는 것 같다. 출현 지역과 배경에 있어서는 한강유역에서 후한말 요녕지역 節頸壺의 영향을 받아 출현한 것으로

그림 9. 岳石文化 壺
(산동대박물관)

그림 10. 高台山文化 壺
(요녕성박물관)

그림 11. 대경호
(박순발 2001)

보거나[35], 호남지역에서 낙랑토기의 영향을 받아 시작되었다고 보며[36], 보다 구체적으로는 영산강유역권의 서북부에 해당하는 고창 · 영광 · 함평 등지에서 출현한 것으로 보고 있다[37].

이중구연호의 출토지역은 경기 · 충청 · 전라지역에 걸쳐있지만 전라지역이 큰 비중을 차지하고 있다. 출토유구에 있어서는 주거유적에도 있지만 분묘유적이 압도적으로 많다. 공반유물은 장란형토기 · 발형토기 · 시루 등이 있다. 출토지역과 출토유구를 감안하여 영산강유역권 서북지역의 매장유적에서 시작되어 서해안을 따라 북상하였을 것으로 보고 있다[38].

이중구연호에서 관찰되는 이와같은 고고학적 현상은 이중구연호가 영산강유역권의 서북지역에서 부장용 토기로 출발하였다는 해석을 낳게 할 것 같기도 하다. 하지만 그렇게 해석되는 것에 대해서는 신중을 기할 필요가 있다. 이중구연호가 상대적으로 늦은 시기의 주거유적에서도 출토되는 점을 감안하면 원래 일상 생활용기로 사용되었다가 부장품이 되었을 가능성이 더 높다고 보는 것이 합리적일 것이다. 특히 이중구연호와 공반되는 유물들이 취사용기 위주라는 점에서 이중구연호는 주거유적에서 곡물 등의 식재료를 보관하기 위해 사용되기 시작하였던 것으로 추정해 볼 수 있을 것이다. 광주 쌍촌동유적에서는 대옹이 출토되는 주거지들이 적지 않고 대옹 가운데 탄화된 밤이 출토된 대옹이 보이

---

35) 박순발, 2001, 「帶頸壺一考」,『호남고고학보』13, 호남고고학회, 101~111쪽.

36) 서현주, 2006,『영산강유역 고분 토기 연구』, 학연문화사.

37) 이영철, 2001, 「영산강유역 옹관고분사회의 구조 연구」, 경북대 석사학위논문; 윤온식, 2008, 「2~4세기대 영산강유역 토기의 변천과 지역단위」,『호남고고학보』29, 57~90쪽; 왕준상, 2010, 「한국 서남부지역 이중구연호의 변천과 성격」,『백제문화』42, 175~209쪽; 박형열, 2013, 「호남 서남부지역 고분 출토 이중구연호의 형식과 지역성」,『호남고고학보』44, 109~163쪽.

38) 왕준상, 2010, 「한국 서남부지역 이중구연호의 변천과 성격」,『백제문화』42, 205쪽.

는데 반해 여러 점의 이중구연호가 출토된 주거지에서는 대옹을 찾아보기 어렵다. 이는 이중구연호가 대옹과 마찬가지로 식재료를 저장하는데 사용되었던 것임을 말해줄 것이다[39].

식재료를 보관하였던 것으로 추정되는 토기는 대호, 단경호, 광구호 등 다양한 편이지만 이중구연은 구연부 전체를 감싸 덮는 특별한 뚜껑을 받기 위해 고안된 것으로 추정된다. 그 기원 문제에 있어서는 현지에서 창안되었다고 볼 수 있는 근거를 찾아보기 어렵기 때문에 주변지역에서 선행하였던 이중구연을 가진 토기를 찾아 검토해 볼 필요가 있을 것이다. 국내에서는 유례를 찾아보기 어렵고 가장 가까운 지역으로는 중국 산동지역 岳石文化에서 찾아볼 수 있다. 뚜껑을 갖추고 있다는 점, 외반구연 끝부분에 점토띠를 덧붙여 올린 성형 방식 등에서 상통한다. 문제는 岳石文化가 기원전 1800년경부터 기원전 1450년경에 해당하는 것으로 편년되고 있기 때문에 시간적인 차이가 크다는 점이다[40]. 시기적으로 더 늦은 사례로는 요하유역 高台山文化의 호형토기를 들 수 있겠는데 이역시 夏 만기에서 商 초기의 夏家店下層文化와 병행하는 시기로서 시간적인 차이가 적지 않다[41]. 시기적으로 보다 가까운 예로는 후한대에 해당하는 요녕 營城子 출토 節頸壺가 있으며 상호 관련 가능성에 대해서는 이미 언급된바 있는데[42] 이중구연의 형태 뿐만 아니라 전체 기형에 있어 적지 않은 차이가 있다.

(2) 양이부호

양이부호는 중국 후한대 강서지역 평저양이부호와 관련되었다고 보고, 가장

39) 임영진 · 서현주, 1999,『광주 쌍촌동 주거지』, 전남대박물관, 242쪽.

40) 方輝, 1998,「岳石文化的分期與年代」,『考古』1998-4, 中國社會科學院考古研究所, 69쪽.

41) 董新林, 1996,「高台山文化研究」,『考古』1996-6, 中國社會科學院考古研究所, 59쪽.

42) 박순발, 2001,「帶頸壺一考」,『호남고고학보』13, 호남고고학회, 101~111쪽.

이른 시기에 서산·서천지방에서 나오기 때문에 낙랑을 거쳐 도입되었을 가능성과 함께 중국과의 직접적인 교섭에 의해 도입되었을 가능성이 제기된 바 있다[43]. 또한 서산·서천지방이 초출지로 보이지만 낙랑지역에서는 유사 예를 찾아보기 어렵기 때문에 중국 강남지역에서 직접 도입되었을 것이라는 견해도 나왔다.[44]

양이부호는 두 귀를 가진 토기라는 점에 있어 동서고금을 막론하고 가장 흔히 사용되었던 토기라고 할 수 있을 것이다. 그러나 두 귀의 용도는 귀의 위치와 토기 형태에 따라 시기별, 지역별로 차이가 있기 때문에 마한 양이부호의 기원 문제에 있어서는 전체적인 기형과 함께 두 귀의 기능을 감안할 필요가 있다. 두 귀는 끈을 이용하여 공중에 매달아 놓는 용도를 가진 것도 있지만 양이부개와 결박하기 위한 것도 있다.

끈을 이용하여 공중에 매달기 위해서는 양이가 종방향을 이루는 것이 편리하며 이는 대부분 현수용인 중국 북방지역 동복을 통해서도 알 수 있다. 그러나

| 그림 12. 沂水 劉家店子 청동용기(산동성박물관) | 그림 13. 안휘성 번창현 출토품(필자촬영) | 그림 14. 용두산 토돈묘 출토품(焦顯叡 2011) |

43) 김종만, 1999, 「마한권역 출토 양이부호 소고」, 『고고학지』10. 50쪽.
44) 박영재, 2016, 『마한·백제권 양이부호 도입과정』, 전남대 석사학위논문, 110쪽.

뚜껑과 결박시키기 위해서는 양이가 횡방향을 이루는 것이 편리하며 중국 산동성 沂水 劉家店子 춘추묘 출토 청동기 세트가 이를 잘 보여주고 있다[45]. 마한 양이부호와 달리 진변한 양이부호가 주로 종방향 양이를 가지고 있는 것은 그 기능이 현수용이었음을 말해 줄 것이다.

마한의 양이부호는 이중구연호보다 작은 편이면서 뚜껑과 결합되기 쉽다는 점에서 이중구연호보다 상대적으로 귀중한 것을 보관하였던 것으로 볼 수 있다. 이중구연호가 식용의 곡물을 보관하는 것이었다면 양이부호는 종자용 곡물을 보관하였던 것일 가능성이 높다고 볼 수 있을 것이다.

양이부호의 기원 문제에 있어서도 주변지역에서 선행하였던 양이부호와 양이부개 세트를 찾아 비교 검토해 볼 필요가 있을 것이다. 이 역시 국내에서는 유례를 찾아보기 어려우며 중국에서도 유례를 찾아보기가 쉽지 않다. 산동성 沂水 劉家店子 출토 청동기가 세트를 이루고 있지만 기형에 있어 차이가 있고 시기적으로 춘추시대에 해당하는 점에서 직접적인 관련성을 가졌다고 보기 어렵다. 뚜껑의 공반 여부에 대해서는 언급하기 어렵지만 양이부호는 중국 강남지역 토돈묘에서는 흔히 나타나는 기종이기 때문에[46] 시기적으로나 지역적으로나 강남지역 양이부호와 관련되었다고 보는 것이 합리적일 것이다.

(3) 유공광구호

유공광구호의 발생지를 영산강유역권으로 보는 점에 대해서는 대부분 일치

---

45) 山東省文物考古研究所·沂水縣文物管理站, 1984, 「山東沂水劉家店子春秋墓發掘簡報」, 『文物』1984-9, 文物出版社, 3쪽.

46) 楊楠, 1999, 「商周時期江南地區土墩墓遺存的分區研究」, 『考古學報』1999-1, 中國社會科學院考古研究所; 王曉紅, 2008, 「上虞白馬湖畔石室土墩墓發掘簡報」, 『東方博物』29, 浙江省博物館, 36쪽; 焦顯叡, 2011, 「南陵龍頭山土墩墓若干問題的研究」, 安徽大學碩士學位論文.

된 견해를 내고 있다. 그러나 그 기원에 대해서는 가야로 본 견해[47], 장경소호
와 같은 가야토기가 지역화하는 과정에서 U자형 옹관과 마찬가지로 백제의 영
역 확장에 따른 독자성을 표현하기 위해 등장하였다고 본 견해[48], 가야의 광구
소호에 구멍을 뚫어 일본화된 의례 용기로 발전되었을 가능성이 크다는 견해[49]
일본 須惠器와 관련된 것으로 보는 견해[50] 등이 있다.

　유공광구호의 기원 문제에 있어서는 이 토기의 기능 문제가 관건이 될 것이
다. 그동안 유공광구호의 기능에 대해서는 실용기라기 보다는 의례용기로 보는
견해가 일반적이었지만 어떤 견해도 구체적인 기능에 대해 설득력 있게 제시하
지 못하였다. 필자 역시 이 토기의 구조적인 특징상 실용적인 기능을 가졌다기

그림 15. 동오시기 오련관　　　그림 16. 동오시기 퇴소관　　　그림 17. 위진시기 혼병
　　(소주박물관)　　　　　　　　(소흥시박물관)　　　　　　　　(여순시박물관)

47) 이은창, 1978, 「유공광구소호」, 『고고미술』136 · 137, 한국미술사학연구, 52~62쪽.
48) 서현주, 2011, 「백제의 유공광구소호와 장군」, 『유공소호』, 국립광주박물관 · 대한문화유
　　산연구센터.
49) 박광춘, 2012, 「日本 初現期 須惠器의 시원과 생산배경」, 『호남고고학보』40, 49~77쪽.
50) 木下亘, 2003, 「韓半島 出土 須惠器(系) 土器에 대하여」, 『백제연구』37, 21~36쪽; 酒井淸
　　治, 2004, 「5~6세기의 토기에서 본 나주세력」, 『백제연구』39, 충남대 백제연구소, 63~83쪽.

보다는 상징적·관념적 기능을 가졌다고 보는 것이 좋을 것이라고 보고 있다.

유공광구호는 다른 마한토기와 마찬가지로 분구묘를 중심으로 출토되고 있지만 그 기원에 대한 앞의 견해들을 보면 다른 마한토기들을 낙랑이나 요녕지역, 강남지역 등 중국과 관련되었을 것으로 보는 것과 차이가 있다. 아마도 유공광구호가 가진 소공의 기능을 정확히 파악하지 못한 것이 그 이유 가운데 하나일 것으로 생각된다.

동체에 비실용적인 소공을 가진 주변지역의 토기를 찾아 보면 중국의 五聯罐이 주목된다. 오련관은 穀倉罐, 堆塑罐, 喪葬罐, 魂瓶 등으로 불리는 명기의 일종으로서 東吳, 晉 시기를 중심으로 절강, 강소 등 남부지역에서 유행한 것이다. 오련관의 五는 五穀을 의미하는데 오련관이 穀倉罐으로도 불리는 것은 바로 이 때문이다[51]. 1996년 하남성 낙양시 五女塚村 부근의 新莽 시기 무덤에서 출토된 陶倉罐에는 농작물이 담겨있고 동체부에 小麥萬石, 栗萬石, 萬石, 大豆萬石, 大麥萬石, 稻積, 麻, 梁栗, 棗, 無淸 등 명문이 있어 穀, 倉, 罐 3자 사이의 밀접한 관계가 있음을 알 수 있다[52]. 오련관은 중심에 葫蘆形의 罐을 두고 주변에 4개의 작은 罐을 배치하는 것이 일반적인데 罐은 신석기시대부터 곡물 등의 음식을 담는 용기이기 때문에 5개의 罐으로 구성된 이 토기는 죽은 선조들이 풍족한 영생을 누리라는 의미를 갖는 것이다. 오련관은 복부에 하나 혹은 복수의 투공을 가진 것이 많은데 이는 피장자의 영혼이 출입하는 상징적 장치이며[53] 이로 인해 육조시대에는 魂瓶으로 불렸다[54]. 요녕지역에서는 동한대부터 동체 하부에 투공을

---

51) 周玫, 2000,「穀倉罐動物裝飾的文化內涵」,『東南文化』, 2000-5, 100-103쪽.

52) 洛陽市第二文物工作隊, 1996,「洛陽五女塚267號新莽墓發掘簡報」,『文物』, 1996-7, 45~47쪽.

53) 李鵬, 2013,「試析魂瓶腹部的小孔與動物組合裝飾」,『藝術學界』2013-1, 東南大學藝術學院, 178쪽; 朱璟玲, 2016,「蒭議魂瓶中的儒釋道的信仰」,『貴州師範學院學報』32-5, 33쪽.

54) 董健麗, 2009,「五管瓶初論」,『東南文化』, 2009-3, 93~98쪽.

그림 18 고창 봉덕리 오련관

가진 사례들이 보이는데[55] 삼각공도 있지만 원공이 많으며 장식은 없다.

마한의 유공광구호는 투공의 위치와 전체적인 기형으로 보아 실용기가 되기 어렵다는 점에서 중국의 혼병과 상통할 가능성이 높다. 강남지역의 혼병이 장식적이 강한데 비해 요녕지역의 혼병은 단순하다는 점에서 마한의 유공광구호는 요녕지역 혼병과 더 상통한다고 할 수 있다. 하지만 마한 유공광구호가 요녕지역 혼병과 직결된다고 하기는 어렵다. 중국 강남지역을 중심으로 동오시대부터 성행하였던 오련관이 주변지역으로 파급되면서 각 지역에서 단순화되는 방향으로 서로 유사한 변화가 이루어졌을 가능성이 더 높은 것으로 판단된다.

마한의 유공광구호가 중국 강남지역 오련관과 관련되었을 가능성은 고창 봉덕리 1호분 4호 석실 출토품을 통해 검토해 볼 수 있다[56]. 고창 봉덕리 출토품은 투공을 가진 광구호 어깨에 4개의 광구소호가 배열된 것으로서 중국 강남지역 오련관과 비교된다. 고창 출토품은 동진~송초로 추정되는 청자반구호와 공반되면서 아직 그 제작지를 특정하기 어렵지만[57] 중국과의 관련성을 부정할 수 없을 것이다.

---

55) 遼寧省文物考古研究所·鞍山市博物館, 2016, 「遼寧省鞍山市調軍台墓地發掘簡報」, 『北方文物』 3, 北方文物雜誌社, 13쪽.

56) 보고서에서는 '小壺裝飾有孔壺'로 명명하였다(마한백제문화연구소, 2012, 『고창 봉덕리 1호분』, 107쪽.

57) 이문형, 2014, 「고창 봉덕리 1호분의 대외교류와 연대관」, 『고분을 통해 본 호남지역의 대외교류와 연대관』(학술대회발표자료집), 국립나주문화재연구소, 140쪽.

(4) 조형토기

조형토기는 가야의 오리형토기를 시원적인 것으로 보고 신호기로 규정한 이후[58] 그 기능에 있어 제의용품으로 보거나[59] 기원에 있어 중국 조형토기와 관련되었을 가능성이 거론된 바 있지만[60] 구체적인 논의는 이루어지지 못하고 있다.

조형토기는 대부분 마한권의 주거유적과 분묘에서 양이부호나 이중구연호와 공반되는 경향이 높기 때문에 이들 토기와 상응하는 맥락에서 검토할 필요가 있다. 중국에서는 절강성 河姆渡 유적 등[61] 신석기시대부터 출토되고 있는데 시기나 지역에 따라 세부 형태에 차이가 있다. 仰韶文化 北首嶺과 商州楊浴河 公社 출토품은 船形壺라 불리고[62] 호북성 背溪 출토품은 호형토기 양쪽 어깨에 꽁지를 만든 것처럼 보이며, 강소성 梁王城 출토품은 전형적인 鳥形을 이루고 있다[63]. 하~상에 해당하는 상해 馬橋 출토품은 상기 船形壺와 상통하고, 西周~戰國초에 해당하는 요녕성 建平 유적에서는 횡단면이 삼각형을 이루는 이형품이 출토된 바 있다.

중국의 조형토기는 음료와 관련된 것으로 보는 것이 일반적인데 마한의 조형토기 역시 출토 사례가 흔하지 않은 점에서 술과 같은 특별한 음료와 관련되었다

---

58) 최성락, 1987, 『해남 군곡리패총 I 』, 목포대학교박물관.

59) 이상균, 2001, 「한반도 선사인의 죽음관」, 『선사와 고대』16, 한국고대학회, 95~133쪽.

60) 임영진, 2007, 「마한분구묘와 오월토돈묘의 비교 검토」, 『중국사연구』51, 171-199쪽.

61) 浙江省文物考古研究所, 2003, 『河姆渡-新石器時代遺址考古發掘報告』, 文物出版社.

62) 張維愼, 2004, 「北首嶺遺址船形壺所反映的歷史事實」, 『文博』, 陝西省文物向, 78쪽.

63) 南京博物院 · 徐州博物館 · 邳州博物館, 2008, 「邳州梁王城遺址2006~2007年考古發掘收穫」, 『東南文化』202, 南京博物院; 南京博物院 · 徐州博物館 · 邳州博物館, 2013, 「江蘇邳州梁王城遺址大汶口文化遺存發掘簡報」, 『東南文化』234, 南京博物院. 발굴품은 서주박물관에서 전시중이며 신석기시대로 표기되어 있지만 층위가 불명하기 때문에 더 늦은 시기일 가능성이 있다고 함(2015년 1월 5일, 林留根 강소성고고연구소 소장 談).

1   2   3   4

그림 19. 중국 鳥形土器

1. 北首嶺(張維愼 2004) 2. 梁王城(서주박물관) 3. 建平(조양박물관) 4. 背溪(호북성박물관) (축척부동)

고 보는 것이 합리적일 것이다. 지금도 중국 내몽고 일대에서 유사한 형태의 가죽제품이 음료를 마시는 용도로 사용되고 있다는 점이 참고될 수 있을 것이다.

(5) 분주토기

분주토기는 일본 埴輪과 상통하기 때문에 그 기원에 대해서는 그동안 영산강 유역과 일본열도 세력간의 장제의례를 통한 상호 방문의 결과로 보는 견해[64], 幾內政權이 전남지역에 백제와의 교섭창구가 될 親幾內政權集團을 만들기 위한 것이라는 견해[65], 당시 幾內政權과 백제의 교류 관계와는 구분되는 영산강 유역권의 마지막 마한세력과 九州 지역 사이에 별도의 교류가 이루어지면서 나타난 것으로 본 견해[66], 일본열도와의 통상적 교류 속에서 호형 분주토기를 수립하는 풍습을 공유한 결과라는 견해[67], 4세기 중엽 근초고왕대 백제와 왜가 교섭을 시작한 이후 백제의 요청에 의해 왜 세력이 진출하면서 왜의 영향을 받은

---

64) 우재병, 2000, 「영산강유역 전방후원분 출토 원통형토기에 대한 시론」, 『백제연구』 31, 39~56쪽.

65) 小栗明彦, 2000, 「全南地方出土 埴輪의 意義」, 『백제연구』 32, 111~148쪽.

66) 임영진, 2003, 「한국 분주토기의 기원과 변천」, 『호남고고학보』 17, 83~111쪽.

67) 이영철, 2007, 「호형 분주토기의 등장과 시점」, 『호남고고학보』 25, 75~99쪽.

호형 분주토기가 나타난 것으로 본 견해[68] 등이 제기된 바 있다.

당시에는 시기적으로 가장 빠른 분주토기라 하더라도 3세기대에 등장하는 일본의 壺形埴輪 보다 늦은 것밖에 확인된 바 없었기 때문에 일본 壺形埴輪이 그 모델이 되었을 가능성이 있다고 보는 경향이 높았다. 그러나 아산만권의 원통형 특수토기를 비롯한 최근 조사된 새로운 자료들을 바탕으로 새로운 가능성들이 제기되고 있다.

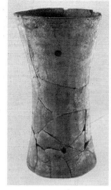

1. I 식   2. II 식

그림 20. 아산만권 원통형 특수토기
1. 아산 밝지므레 3지점 마한 1호 주구토광묘
2. 아산 밝지므레 3지점 마한 27호 토광묘(축척부동)

필자는 마한 분주토기를 계통에 따라 壺形, 筒A形, 筒B形으로 구분하고 있다. 壺形은 아산만권의 분묘제사에서 술을 공헌하는데 사용되었던 원통형 특수토기가 3세기말~4세기초 금강 하류지역의 마한 제국의 수장묘에서 분구 장엄용으로 발전하였고, 筒A形은 5세기중엽경 영산강유역권 마한 제국 수장묘에서 원통형과 호통형 세트로 시작되었으며, 筒B形은 5세기말 영산강유역권을 중심으로 일본식 장고분과 함께 시작된 것으로 보았다. 이 가운데 가장 이른 시기에 해당하는 호형 분주토기의 기원으로 상정하였던 아산만권의 원통형 특수토기를 중국의 전통적 술잔인 觚에 해당하는 것이라고 보았고, 筒A形은 당시 일본에서 유행하던 埴輪 set에서 아이디어를 얻은 것으로 보았다[69].

---

68) 김낙중, 2009, 『영산강유역 고분 연구』, 학연문화사.
69) 임영진, 2015, 「한국 분주토기의 발생과정과 확산배경」, 『호남고고학보』 49, 197쪽.

그림 21. 중국 陶瓶

1, 2 崧澤文化, 절강 雉城鎭(長興縣博物館編 2009) 3. 馬橋文化, 절강 長興港(長興縣博物館編 2009)
4. 신석기, 강소 薛城(남경시박물관, 필자촬영) 5. 大汶口文化, 산동 北庄(謝治秀編, 2008)(축척부동)

한편 거치문토기와 조족문토기에 있어, 거치문은 방패형동기를 비롯한 여러 청동의기의 문양으로 나타나는데 그 기원은 요녕지역 청동기에 있다[70]. 거치문이 시문된 토기는 신라·가야지역에서도 찾아볼 수 있고 중국의 전국시대에도 찾아볼 수 있지만 거치문이 시문된 옹관은 다른 지역에서는 찾아보기 어렵다. 옹관에 시문된 거치문은 3세기경부터 차령 이남 지역에 나타나면서 기존 거치문 청동기 분포지와 거의 일치하고 있기 때문에 상호 관련성을 부정하기는 어려울 것이다. 조족문토기는 4세기 중후엽 청주 신봉동 90-56호 토광묘 출토품이 가장 선행하고 신봉동 고분군이 중심지를 이루는 것으로 보고 있다[71]. 일본에서는 후행하는 예가 적지 않게 알려져 있지만 선행하는 예는 국내 다른 지역뿐만 아니라 중국에서도 찾아보기 어렵다. 따라서 그 기원은 청주 신봉동고분군에 있다고 보는 것이 현 시점에서 가장 합리적인 견해일 것이다.

---

70) 이건무, 1992, 「한국 청동의기의 연구」, 『한국고고학보』 28, 131~216쪽.
71) 최영주, 2006, 「조족문토기의 변천 양상」, 『한국상고사학보』 55, 100쪽.

2. 시기별, 지역별 검토

마한 성립기에 해당하는 흑도장경호와 점토대토기는 충남 아산만 일대의 깊은 토광을 가진 통나무관에서 세형동검과 함께 출토되는데 이는 요녕 大凌河-瀋陽 지역의 비파형동검문화를 이은 것으로서 燕 秦開의 동방공략과 관련된다[72]. 아마도 燕 세력 확장으로 밀려난 고조선 주민들이 연안해로를 따라 내려오다가 아산만 일대에 정착한 다음 주변지역으로 이주하였을 가능성이 높을 것이다. 아산만 남쪽에 크게 돌출된 태안반도는 그 규모와 지세로 인해 연안항로를 따라 남하하는 과정에서 우회하기 쉽지 않은 만큼 그 안쪽 끝부분에 위치한 아산만 일대는 손쉽게 중국 문물의 도입 창구가 되었을 것이며, 통일신라때 唐津縣이 설치되었던 배경도 마찬가지였을 것이다.

초기를 대표하는 경질무문토기류는 한강유역의 중도문화권과 남해안의 패총문화권을 중심으로 출토되는데 특히 남해안지역에서는 중국 동북지역으로 연결되는 복골과 함께 화천·왕망전·오수전 등의 한대 화폐들이 공반되고 있어 해로를 통한 교류 관계를 알 수 있게 한다. 2세기말경부터는 서울 석촌동을 중심으로한 경기지역과 천안 청당동을 중심으로한 아산만 내륙권에 새로운 타날문토기들이 다양한 철기류와 함께 전통적인 토광묘에서 출토되는데 이는 대동강유역 토광묘 문화와 직결되는 것이다. 아마도 후한 환제와 영제 시기의 사회 혼란 속에서 한군현 치하의 고조선계 주민들이 이주하였을 가능성이 높을 것이다[73].

중기에는 경기·충청·전라에 걸친 황해 연안의 분구묘에서 양이부호, 이중

---

72) 조진선, 2005, 『세형동검문화의 연구』, 학연문화사, 219쪽.
73) 임영진, 1996, 「백제초기 한성시대 토기연구」, 『호남고고학보』, 100쪽.

구연호, 조형토기, 분주토기 등 새로운 마한토기들이 나타난다. 이 새로운 토기들은 중국 요녕·산동·강소·절강 등 발해·황해 연안에서 출토되는 토기들과 상통하는 점이 적지 않다. 특히 조족문토기를 제외하면 분구묘에서 출토되는 토기들이 대다수를 차지하고 있기 때문에 그 기원 문제를 해결하기 위해서는 분구묘의 기원을 검토해 볼 필요가 있다. 필자는 마한 분구묘의 기원 문제와 관련하여 다음과 같은 견해를 낸 바 있다[74].

분구묘는 토광묘와 함께 마한권의 대표적인 묘제를 이루고 있지만 토광묘가 내륙지역을 중심으로 분포하는데 반해 분구묘는 황해에서 가까운 지역을 중심으로 분포되어 있다는 점에서 차이를 보인다. 특히 경기만과 아산만에서 조사되고 있는 이른 시기의 분구묘들은 해로를 통한 파급 가능성을 높여주는데 최근 산동반도에서 마한 분구묘와 상통하는 구조를 가진 西漢~魏晉時代 토돈묘들이 조사되고 있어 주목된다. 중국의 토돈묘는 강남지역을 중심으로 분포되어 있지만 越의 세력 확장과 같은 정세 변화에 따라 토돈묘 세력이 북상하였을 가능성이 높다. 이들은 여러 세대에 걸쳐 산동반도로 이주하는 가운데 그 일부는 다시 황해를 건너 경기만 혹은 아산만 일대로 이주하였을 가능성이 높다. 인천 운북동유적을 비롯한 한강 하류권의 분구묘 유적 가운데에는 기원전 1세기경부터 낙랑군이 아닌 지역에 출자를 둔 漢人 관련 유적이 있으며 몇몇 유적에서 출토되고 있는 백색토기는 중국 산동지역에서 제작된 것일 가능성이 높다고 보는 견해와[75] 경기지역 분구묘에서 출토되는 낙랑계 유물은 백색옹 위주인데 이는 심발과 단경호 세트가 중심을 이루는 중부지역과는 구별된다는 견해는[76] 이

---

74) 임영진, 2015, 「한·중·일 분구묘의 관련성과 그 배경」, 『백제학보』 14, 5~36쪽.
75) 정인성, 2012, 「한강 하류역의 한식계 토기」, 『중부지역 원삼국시대 외래계 유물과 낙랑』 (제9회 매산기념강좌), 숭실대학교박물관, 88쪽.
76) 이나경, 2013, 「중부지역 출토 낙랑계토기 연구」, 서울대 석사학위논문.

와같은 추정을 뒷받침해 줄 수 있을 것이다.

마한 분구묘의 출현 시기에 대해서는 논란이 있지만 성행 시기는 2세기 중엽 이후로서 후한 말기에 해당한다. 후한 환제와 영제 시기에는 '韓과 濊가 강성하여 군·현이 제대로 통제하지 못하니 많은 백성들이 韓國으로 유입되었다'고 하였으며[77] 황건의 난 역시 20여년 지속되면서 국가가 통제하기 어려웠는데 그와같은 사회 혼란 속에서 황해를 건너온 이주민들이 상당수에 달하였을 가능성이 높을 것이다.

마한 분구묘의 확산에 있어서는 주민의 이주, 아이디어의 파급, 양자의 복합 등 다각도의 연구가 이루어져야 할 것이다. 황해 인접 지역에서 남쪽으로 확산되는 한편 강을 따라 내륙으로 확산되는 경향을 보이는 것은 산동반도 이주민에 의해 시작된 다음 확산되면서 현지인에 의해 수용되어 나갔을 가능성을 말해주고 있을 것이다.

마한 분구묘의 기원과 확산이 이와 같다면 분구묘와 밀접한 관련을 가진 마한토기들의 기원과 확산 역시 비슷한 맥락에서 이루어졌을 가능성이 높다고 보는 것이 합리적일 것이다. 중국과 직결되는 토기들을 찾아보기가 쉽지 않은데 이는 주민의 이주라 하더라도 그 세력 규모가 크지 않았을 뿐만 아니라 파급 이후 변화가 이루어졌기 때문이라고 판단된다. 그 변화에 대해서는 향후 구체적으로 밝혀야 할 것이지만 일단 두가지 방향으로 변화되었던 것으로 추정된다. 하나는 파급 이후 퇴화, 소멸되는 것이고 다른 하나는 현지에 적응하여 변용되는 것이다. 전자의 예로는 고창 봉덕리 1호분에서 출토된 五聯罐과 경기·충청 지역에서 출토되는 鼓座形土器 등 특수 토기들을 들 수 있을 것이다. 후자의 예로는 오련관을 간략화시킨 것으로 추정되는 유공광구호와 觚·尊을 변용시킨

---

77) 桓靈之末 韓濊彊盛 郡縣不能制 民多流入韓國(『삼국지』위지동이전 한조).

분주토기를 들 수 있을 것이다.

분구묘 출토 마한토기는 분구묘 자체와 함께 중국 황해 연안지대에서 파급되었을 가능성이 높다고 보지만 현재의 편년안에 따르면 양자 사이에는 시간 차이가 존재한다는 점이 또 하나의 문제가 될 것이다. 이는 성립기와 전기의 마한토기에서는 찾아보기 어려운 점이기 때문에 더욱 큰 문제로 제기될 수 있을 것이다. 그러나 이 문제에 있어서는 다음과 같은 점을 감안할 필요가 있을 것이다. 성립기와 전기의 토기는 당시의 중심지에서 직접 파급된 것이지만 중기의 토기는 당시의 중심지가 아니라 주변지역에서 파급된 것이라는 점에서 다르다는 점이다. 전자에 있어서는 시차의 존재를 인식하기 어렵지만 후자에 있어서는 중심지와 주변지역 사이에 시차가 존재하는 것이다. 중국의 편년안은 문화 중심지를 기준으로 한 것이기 때문에 그 문화가 지속되었던 주변 지역의 연대와는 차이가 적지 않은데 한국으로의 파급은 대부분 주변지역에서 늦은 시기에 이루어졌기 때문에 중국내 지역 사이의 시차가 현재 우리가 인식하는 시차가 되는 것이다.

마한 성립기의 흑도장경호와 점토대토기는 당시 중심지역인 요녕지역 주민들의 이주에 따른 것이고, 초기의 타날문토기들은 당시 중심지역인 대동강유역 주민들의 이주에 따른 것이기 때문에 시차 없이 파급된 것이다. 일본열도로 파급되었던 마한, 가야, 백제의 문물이 큰 시간차를 갖지 않은 것은 각각 그 중심지에서 파급된 것이기 때문이라는 점과 마찬가지이다.

이에 반해 마한 중기의 새로운 토기들은 분구묘와 함께 당시의 중심지가 아닌 주변지역에서 파급된 것이기 때문에 당시 중심지와는 시차를 가지는 것으로 인식될 뿐 직접 관련된 주변지역과는 시차가 존재하지 않는 것이다. 당시 중심지에서는 이미 새로운 문화가 시작되고 번성하는 가운데서도 주변지역에서는 여전히 기존 문화가 지속되는 것이고 현지의 편년안은 중심지에 해당하는 것이기 때문에 주변지역과 시간 차를 갖는 것은 오히려 당연한 일인 것이다.

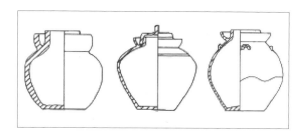

그림 22. 双脣罐(吳小平・蔣璐 2016)

백제 사비기에 나타나는 전달린토기는 중국에서 춘추전국시대부터 사용되었던 것으로서 双脣罐으로 불리는데[78] 뚜껑을 씌우고 뚜껑과 전 사이에 물을 채우면 공기가 차단됨으로써 내부에서 발효가 잘 이루어지도록 고안된 것이다. 한국과 중국의 전달린토기는 독특한 구조 때문에 서로 무관하다고 말하기 어려울 것이지만 양자 사이의 시간적 차이는 중국내 전달린토기의 지역적, 시간적 차이와 함께 한국으로 파급된 시기를 말해주는 것으로 볼 수 있을 것이다.

후기와 소멸기에는 마지막 마한지역에 해당하는 전북 고창지역과 전남지역의 고총화된 분구묘를 중심으로 유공광구호와 분주토기가 성행하였다. 이 역시 앞서 검토해 본 바와 같이 황해를 사이에 둔 중국 동부 연안지역과의 직, 간접적인 연관성을 보여주는 한편 일본과의 관련성을 보여주기도 한다. 일본의 子持壺는 고창 봉덕리 출토품과 같은 五聯罐이 현지화되면서 다른 방향으로 발전해 나간 사례라고 판단되고, 일본의 초기 壺形埴輪은 중국의 청동 尊이 마한에서 분주토기로 변용된 것과 유사한 방향으로 일본에서 변용된 것이거나 마한지역에서 변용이 이루어진 후에 일본으로 파급된 것일 가능성이 높다.

---

78) 焦顯叡, 2011, 「南陵龍頭山土墩墓若干問題的研究」, 安徽大學碩士學論文.

Ⅳ. 맺음말

마한토기는 마한 사회의 정체성을 잘 드러내 주는 고고학 자료이다. 백제 건국 이후에는 백제토기의 근간을 이루었을 뿐만 아니라 중국-한국-일본 사이의 교류 관계를 파악할 수 있는 중요한 자료이지만 그동안 충분한 관심이 주어지지 못하였다. 특히 그 기원 문제에 있어서는 더욱 그러하다. 이 글에서는 마한의 특징적인 분구묘 출토 토기를 중심으로 그 기원 문제에 대해 검토해 보았는데 향후 밝혀야할 과제가 적지 않지만 잠정적인 결론은 다음과 같다.

경기 · 충청 · 전라지역에 걸친 황해 연안에서 성행하였던 분구묘에서는 양이부호, 이중구연호, 조형토기, 분주토기, 유공광구호 등 새로운 마한토기들이 나타나는데 이와같은 새로운 토기들은 황해를 사이에 둔 중국 산동 · 강소 · 절강 지역과 관련되었을 가능성이 높다. 그 지역에서는 구조적으로 마한의 분구묘와 상통하면서 시기적으로 앞서는 토돈묘가 성행하였고 마한토기와 상통하는 토기들이 출토되고 있기 때문이다.

분구묘는 토광묘와 함께 마한권의 대표적인 묘제를 이루고 있지만 분포지역에 있어 각각 해안지역과 내륙지역으로 차이가 있다. 최근 경기만과 아산만에서 조사되고 있는 이른 시기의 분구묘와 그 출토품들은 산동반도에서 해로를 통해 파급되었을 가능성이 높다는 것을 말해준다. 그 배경에는 주민의 이주, 아이디어의 파급, 양자의 복합 등 여러 요인이 존재할 가능성이 있겠지만 해양을 통한 주민의 이주가 직접적인 계기가 되었을 가능성이 높다.

두 지역 관련 자료 사이에는 시간 차이가 존재하는 점이 문제이지만 그 시차는 각각 현재의 편년안에 따른 것이기 때문이므로 결정적인 문제가 되기는 어렵다. 중국의 토돈묘와 유물들은 당시의 문화 중심지가 아니라 주변지역에서 파급되었기 때문에 우리가 인식하는 시간 차이는 당시 중심지와 주변지역 사이에 나타나는 시간 차이에 해당할 것이다. 주변지역에서는 중심지의 편년안에서 벗어나는 시기까지 동일한 문화가 지속되었을 가능성이 높기 때문에 그와같은 시차가 존재하는 것은 자연스러운 현상일 것이다.

분구묘와 직결되는 마한토기들의 기원 문제에 있어서는 중국 동부 연안지역 자료들이 중요하므로 향후 보다 구체적이고 세부적인 관련성을 밝혀나가는데 많은 노력을 기울여야 할 것이다. 한·중·일 삼국에서 공통적으로 나타나는 이중구연토기, 양이부호, 조형토기, 유공광구호 등을 비롯하여 중국의 제사용기가 변용되었다고 추정되는 마한의 분주토기와 일본 埴輪 등 황해를 사이에 둔 삼국 사이에는 밀접한 관계가 있었음을 말해주는 자료들이 적지 않다. 이미 확인된 고고학 자료는 당시의 물질자료 가운데 지금까지 잔존하고 있는 제한된 자료에 국한되어 있고 그 가운데서도 공식적인 조사를 통해 확인된 것에 불과하기 때문에 보다 거시적인 시각에서 상호 관련성을 검토하는 것이 바람직할 것이다.

최근 가야권에서 조사된 일부 비가야계 유적을 백제 이주민이 남긴 취락으로 보기도 하지만 3세기 후엽경부터 수차에 걸쳐 백제에 밀려 이주해 나갔던 마한 주민들과 관련된 것일 가능성이 높을 것이다[79]. 이 역시 한·중·일 삼국 사이의 정세 변화 속에서 발생하였던 Diaspora 문제를 밝혀 나가는데 시사하는 바클 것이다.

* 이 글은『호남고고학보』제55집(2017년 2월)에 발표된 것임.

---

79) 창녕 계성리유적을 백제계 이주민이 남긴 것으로 보는 것이 대표적인 예일 것이지만 (2013년 창녕박물관 특별전『이방인의 꿈 -창녕 계성리에 찾아 온 백제 사람들-』) 거제 아주동유적과 함께 영산강유역을 중심으로 한 호남 서남부에서 이주한 마한인의 유적으로 보는 견해도 있다(2015년 복천박물관 특별전,『가야와 마한백제-1500년만의 만남-』)

마한 토기의 지역성과 그 의미

서현주 한국전통문화대학교 문화유적학과

I. 머리말

마한 토기는 마한의 여러 지역[1]에서 제작되고 사용되었던 토기를 말한다. 마한 토기는 그 이전의 무문토기와 달리 경질무문토기, 타날문토기, 세부적으로 적갈색계연질토기, 회색계연질토기(와질토기 포함), 회청색계경질토기 등이 존재하여 제작 기술상의 변화도 나타난다. 이와 함께 기종이 다양해지고 뚜렷해지는 변화도 보인다. 원삼국시대의 토기문화는 공통성도 있지만 지역적인 차이도 두드러지는데, 시기나 기종, 유적의 성격에 따라 차이를 보인다.

이제까지 마한 토기 연구는 중부지역, 호서지역, 호남지역 등으로 나누어 지역별로 토기의 양상이 다뤄지기도 하고[2], 다양한 기종이 존재하는 타날문토기는 개별 기종에 따라 연구되기도 하였다. 개별 기종에 대한 연구는 원저단경호, 심발형토기, 장란형토기, 시루, 양이부호, 이중구연호, 원통형토기(또는 분주토기), 조형토기 등에 대해 이루어져 왔다. 기존의 마한 토기 연구는 시기적인 변천 양상이 주를 이루며 유적의 성격별, 지역별 차이도 언급되기도 하였다. 이러한 연구성과로 인해 마한 토기의 양상도 많이 밝혀졌다고 할 수 있다.

본고에서는 마한의 넓은 지역에 걸쳐 토기문화가 지역별로 어떠한 차이를 보이

---

1) 중부지역 중 서울 · 경기지역, 그리고 호서와 호남 지역이 포함된다.
2) 김무중, 2013, 「戰國 灰陶 및 樂浪土器와 中部地域 打捺文土器의 展開」, 『중부지역 원삼국시대 타날문토기의 등장과 전개』, 숭실대학교 한국기독교박물관; 成正鏞, 2006, 「中西部地域 原三國時代 土器 樣相」, 『韓國考古學報』60, 韓國考古學會; 金承玉, 2000, 「호남지역 마한 주거지의 편년」, 『湖南考古學報』11, 湖南考古學會; 박순발, 2005, 「土器相으로 본 湖南地域 原三國時代 編年」, 『湖南考古學報』21, 湖南考古學會; 박순발, 2009, 「중서부지역 원삼국시대 토기 편년의 재고(再考)」, 『백제, 마한을 담다』, 백제역사문화관 · 충청남도역사문화연구원; 李映澈, 2005, 「榮山江流域의 原三國時代 土器相」, 『원삼국시대 문화의 지역성과 변동』, 제29회 한국고고학전국대회.

는지, 그러한 차이가 나타내는 의미는 무엇인지를 유적 성격을 어느정도 고려하면서 파악해보고자 한다. 마한 토기가 지역별로 차이를 보이는 것은 자연환경, 문화적 계통과도 관련이 있으며, 이 시기가 원사시대로서 소국들이 성장하여 병존하고 이로 인해 교류나 교섭도 활발했던 데에도 요인에 있을 것으로 추정된다. 이제까지의 연구성과에 의하면, 마한의 주거나 분묘는 2세기대부터 지역적인 차이가 나타나기 시작하며 3세기경에는 좀 더 뚜렷해지고 있다. 토기 또한 경질무문토기단계보다는 2세기대(일부 지역), 3세기대에 본격적으로 타날문토기를 사용하게 되면서 그 차이가 두드러지므로 주로 2~4세기대 자료를 대상으로 하고자 한다.

Ⅱ. 마한 토기문화의 특징

마한 토기는 대체로 경질무문토기가 이어지거나 기존의 삼각형점토대토기가 일부 이어지다가 경질무문토기, 점차 타날문토기가 주류를 이루는 모습이다[3]. 지역에 따라 토기의 공존이나 분포 양상은 다소 차이를 보이지만 기술적으로 다양한 토기들이 존재했던 것으로 알려져 있다. 이에 따라 기종이 다양하고, 지역적인 차이도 나타나지만, 여러 지역에서 어느정도 공통된 양상을 보인다.

먼저 경질무문토기의 경우 완형토기, 심발형토기, 파수부옹형토기, 호형토

---

3) 최성락, 1993, 『韓國 原三國文化의 研究』, 學研文化社; 박순발, 1989, 「4~6세기 영산강유역의 동향」, 『第9回 百濟研究 國際學術大會 -百濟史上의 戰爭-』, 忠南大學校 百濟研究所; 박순발, 2004, 「百濟土器形成期에 보이는 樂浪土器의 影響-深鉢形土器 및 長卵形土器의 形成科程을 中心으로」, 『百濟研究』40, 忠南大學校 百濟研究所; 박순발, 2005, 「土器相으로 본 湖南地域 原三國時代 編年」, 『湖南考古學報』21, 湖南考古學會.

기, 토기뚜껑 등이 주류를 이룬다. 개별 기종마다 크기 차이가 있어서 이에 따라 기능적인 차이도 있었을 것이다. 시루는 파수가 달린 평저 토기가 본격적으로 사용된다. 이후 타날문토기[4]에서는 완, 심발형토기, 장란형토기, 원저호, 평저호, 시루, 동이, 토기뚜껑, 소옹과 대옹이 주류를 이루는데, 개별 기종마다 크기가 어느정도 통일된 토기들이 보인다. 특히 대옹은 경부가 길고 넓게 벌어졌으며 높이가 1m 정도로, 이러한 초대형의 토기는 경질무문토기단계에 보이지 않던 것들이다. 대옹은 북쪽의 연천 강내리와 화성 발안리 유적부터 고창 봉덕리나 해남의 신금 유적까지 넓게 분포한다. 이외에도 연질계의 작은 소옹이 보인다.

경질무문토기는 기종이 그다지 다양하지 않지만, 타날문토기는 기종에 따라 색조나 소성상태, 크기 등이 어느정도 통일된 모습으로 나타난다. 색조나 소성상태로 볼 때 심발형토기나 장란형토기, 시루와 동이 일부는 적갈색계연질토기이며, 완, 호 등 나머지 토기들과 시루와 동이 일부는 회색계 연질이나 경질 토기가 많다. 시루와 세트되는 자비용 토기는 가평 대성리 원4호 주거지처럼 전 달린 토제솥도 소수 보이지만 장란형토기가 주류를 이룬다. 심발형토기도 작은 솥의 기능으로 보고 있다. 낙랑지역 분형토기에서 영향을 받아 나타난 동이도 사용되는데, 이 토기 또한 원저의 자비용 토기이다. 시루는 원저와 평저 토기가 보이며, 바닥의 시루공도 크기나 형태가 다양하게 나타난다.

그리고 타날문토기가 본격화되면서 원저단경호를 중심으로 하는 원저호류, 평저호류, 기타호류가 상당히 성행하였다. 이 토기들은 크기에 따라 어느정도 구분이 가능하다. 원저호류 중에는 대체로 대형으로 볼 수 있는 높이 30㎝ 내외

---

4) 회색계무문양토기(朴淳發, 1989,「漢江流域 原三國時代 土器의 樣相과 變遷」,『韓國考古學報』23, 韓國考古學會.) 등 문양이 소문화된 토기도 기술적으로 이 범주에 넣을 수 있다.

의 원저단경호, 중형 토기로 볼 수 있는 20㎝ 내외의 원저소호가 있다. 원저호류는 타날문이나 소문이 모두 보이는데 낙랑지역의 원저단경호에 타날문이 보이므로 그 영향으로 타날문이 있는 것이 주류였지만 소문인 원저호도 상당수를 차지한다. 평저호가 많은 점도 마한 토기의 특징인데 주로 중형 토기에 해당되며 소형 토기도 있다. 평저호는 대체로 문양이 지워진 소문이며, 구연부(경부) 형태에 따라 다양한 것들이 보인다. 그리고 양이부호나 이중구연호와 같은 구연부와 동체부에 특징적인 요소가 부가되는 토기가 있는 점도 특징이다. 이 토기들은 원저와 평저로 다양하게 만들어졌다. 조형토기도 마한의 특징적인 토기 중 하나인데, 이에 대비되는 영남지역의 오리형토기와 비교하면 크기도 작고 정연한 모습은 아니다. 이외에도 마한 토기 중에는 2~3세기대 분묘나 취락 유적에서 다양한 방식으로 사용되었던 원통형토기(분주토기 포함)나 기대형토기 등 특수한 의례용토기가 존재한다.

마한의 분묘에 주로 부장되는 토기는 경질무문의 심발형토기, 타날문토기의 원저호류, 다양한 평저호류, 발류의 심발형토기와 완, 대옹 등 다양한 편이다. 소수의 의례용토기와 원저단경호를 제외하면, 분묘에는 취락에서 사용되던 토기들이 그대로 매장시설 내에 부장되거나 매납되었던 것으로 추정된다. 특히, 분묘에서 옹의 사용도 많은 편이다. 대옹이나 소옹이 사용되는 경우 취락에서 사용되던 옹이 매납되거나 옹관으로 조영되었다. 소형의 옹관도 장란형토기, 동이, 시루 등 일상용 토기가 그대로 사용되었다.

따라서 마한의 토기문화는 여러 토기제작의 기술체계, 다양한 기종이 공존하고 토기의 사용 방법도 다양하게 나타나며, 이에 따른 지역적인 차이도 있었던 것으로 볼 수 있다.

III. 마한 토기의 지역적 차이

1. 일상용 토기

마한지역의 일상용 토기는 경질무문토기로 제작되다가 타날문토기로 이어지고 있다. 일상용 토기의 지역 차이는 경질무문토기 성행 여부, 타날문토기 중 대표적인 자비용기인 장란형토기, 시루, 동이의 형태에서 잘 드러난다.

먼저 연천 강내리와 가평 대성리 유적, 서울 풍납토성3 IV층 구, 화성 발안리 유적 등에서는 타날문토기인 원저단경호가 여러점 보이더라도 2~3세기대에 경질무문의 심발형토기와 함께 옹형토기도 상당수 보인다[5]. 가평 대성리 원10호 주거지에서처럼 경질무문의 호형토기도 보인다(그림 1-1~7). 그리고 인천 운남동패총과 파주 와동리유적에서는 경질무문토기가 주류를 이루다가 장란형토기, 시루, 동이 등이 대부분 타날문토기인 유구도 보인다(그림 1-8~12). 이러한 유적들로 보아 서울·경기지역의 경질무문 시루는 평저토기이지만 높이가 낮고 동최대경은 넓은 편이며 파수가 하향되는 공통점이 있었음을 알 수 있다. 타날문토기의 시루도 원저에 가까운데[6] 동체부가 소문이고 시루공이 소원공, 원공+말각삼각형이어서 원저a식에 해당된다[7]. 가평 대성리, 양평 양수리 유적 등

---

5) 김무중, 2006, 「마한 지역 낙랑계 유물의 전개 양상」, 『낙랑 문화 연구』, 동북아역사재단.

6) 원저 시루의 전체적인 형태는 변이가 커서 형태보다는 색조와 타날 문양, 파수의 접합 상태에 따라 회색계가 많고 소문이며 파수가 하향되는 것(a식), 적색계도 일부 보이면서 타날문이 있고 파수는 상향되는 것(b식)으로 구분하였다. 두 형식은 시기 차이가 있는 것으로 추정된다(서현주, 2011, 「3~5세기 금강유역권의 지역성과 확산」, 『湖南考古學報』 37).

7) 인천 운남동패총이나 파주 와동리유적 등에서는 동일 유구나 유적에서 타날문이 시문되고 파수도 상향된 원저b식 시루도 함께 보이고 있어서 시루 변화상 과도기적 양상을 보여주는 것으로 추정된다.

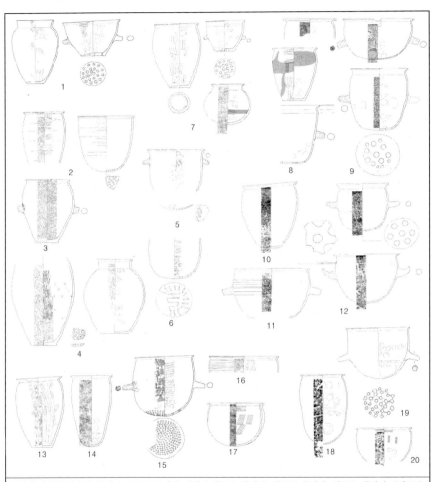

1.연천 강내리 원17호 주거지, 2.3.4.5.6.가평 대성리 원12호 주거지, 원18호 주거지, 원10호 주거지, 8.원19호 주거지, 원14호 주거지, 7.화성 발안리 1호 주거지, 8.9.인천 운남동 BI 패총, B지구 KC-001주거지, 10.11.12.파주 와동리Ⅲ 15지점 59호 수혈, 30호 수혈, 8호주거지, 13.14.15.아산 갈매리 1호 매납유구, Ⅲ지구(2점), 16.연기 월산리 곡부퇴적층, 17.연기 응암리 2호 주거지, 18.19.20.청주 명암동 Ⅱ-6호,Ⅱ-1호,Ⅱ-2호 주거지

그림 1. 마한지역 출토 일상용 토기1(S1/16)

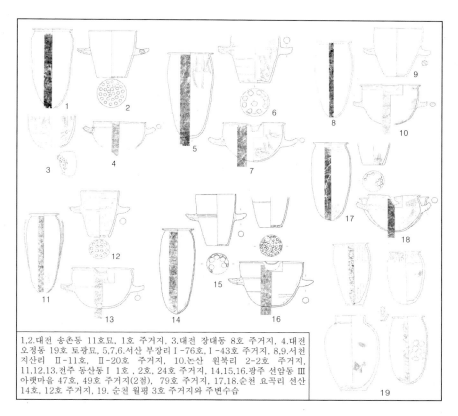

그림 2. 마한지역 출토 일상용 토기2(S1/16)

1,2.대전 송촌동 11호묘, 1호 주거지, 3.대전 장대동 8호 주거지, 4.대전 오정동 19호 토광묘, 5,7,6.서산 부장리 Ⅰ-76호, Ⅰ-43호 주거지, 8,9.서천 지산리 Ⅱ-11호, Ⅱ-20호 주거지, 10.논산 원북리 2-2호 주거지, 11,12,13.전주 동산동 Ⅰ 1호 , 2호, 24호 주거지, 14,15,16.광주 선암동 Ⅲ 아랫마을 47호, 49호 주거지(2점), 79호 주거지, 17,18.순천 요곡리 선산 14호, 12호 주거지, 19. 순천 월평 3호 주거지와 주변수습

에서도 시루공이 장타원형인 것도 보인다. 동이도 확인되는 경우 파수가 하향 된 것이며, 파수나 주구가 달리지 않은 것도 보인다[8]. 타날문의 장란형토기도 세장하지 않은 편인데 이는 시루 크기와 관련될 것이다. 이 지역에서도 세부적 인 지역 차이가 확인되는데, 인천, 김포, 파주 등 경기서해안지역은 다른 지역과

_____

8) 낙랑지역의 분형토기가 보이기도 한다.

달리 타날문토기가 성행하게 되어 경질무문토기보다 타날문토기가 자비용 토기의 주류가 되고 있으며, 동이도 파수가 하향되더라도 주구가 달린 것이 보인다. 시루의 바닥 시루공도 원공+말각삼각형이 주류를 이룬다.

그리고 천안 장산리나 아산 갈매리 유적의 자료로 보아 호서북부지역도 경질무문 옹형토기가 상당수 확인되며, 청주 풍정리주거지에서는 경질무문 옹형토기도 있지만 타날문(격자문)의 장란형토기도 보인다(그림 1-13~20). 시루는 원저a식으로 시루공은 소원공이 많고 중원공 또는 장타원형으로 째진 것도 있다. 동이는 파수나 주구가 뚜렷하지 않다.

이에 비해 서산 부장리유적 등 호서서해안지역(그림 2-5~7)과 서천 지산리와 논산 원북리 유적 등 호서서남부지역(그림 2-8~10), 그리고 전주 동산동, 광주 선암동Ⅲ 아랫마을, 순천 대곡리 도룡 유적 등 호남지역(그림 2-11~18)에서는 경질무문토기가 별로 보이지 않으며 타날문토기가 주류를 이루는 양상이 확인된다. 타날문토기 중 장란형토기, 시루, 동이가 세트를 이루어 나타나는데, 시루는 평저의 심발형으로, 바닥 시루공은 소원공이나 중원공+중원공이 뚫린 것이다. 시루와 동이는 파수가 상향되었다. 시루는 소문이 주류이지만[9], 원저인 동이와 장란형토기는 타날문(격자문)이 확인된다. 동이는 파수나 주구가 뚜렷하다.

이 지역 내에서도 세부적인 차이가 확인되는데, 대전지역은 장대동과 구성동 유적의 자료로 보아 일부 지역에서 원저 시루와 함께 경질무문토기인 옹형토기가 늦게까지 주류를 이루는 것으로 추정된다(그림 2-1~4). 그리고 호서 서해안과 서남부 지역의 장란형토기와 시루를 비교해보면, 서남부지역의 장란형토기는 전체적으로 세장한 편이며 상부쪽의 동최대경부분에서 급하게 좁아들면서 구연부와 연결되고 있다. 서해안지역의 장란형토기 또한 구연부쪽으로 갈수록

---

9) 점차 시기가 늦어지면서 타날문양이 추가되는 추세이다.

급하게 좁아드는 모습이지만 서남부지역보다 세장하지 않다. 이는 함께 사용되는 시루에서도 나타나는 현상이다[10]. 호서서남부지역의 토기 형태는 호남지역과 비슷하다. 호남지역에서도 남원 세전리와 순천 월평 유적(그림 2-19)등에서는 타날문의 장란형토기가 보이더라도 경질무문 옹형토기가 어느정도 공존하는 모습이 확인된다.

따라서 마한지역의 토기는 일상용 토기를 중심으로 볼 때 크게 경질무문토기가 성행하며 타날문토기 중 원저 시루가 사용되는 서울·경기지역과 호서북부지역, 경질무문토기는 상대적으로 적으며 타날문토기 중 평저 시루가 사용되는 호서 서해안과 서남부 지역, 호남지역으로 구분할 수 있다[11]. 시루(원저, 평저)나 동이(원저)에 달린 상향 또는 하향된 파수의 모습은 토기 제작방법의 차이를 보여주는 것이다. 세부적으로는 경기서해안과 호서북부 지역은 서울·경기북부지역에 비해 타날문토기가 좀 더 성행하며, 그 중 경기서해안지역은 시루의 시루공 형태나 주구달린 동이의 존재로 보아 다시 세분된다. 호남지역에서도 동부지역은 경질무문토기 성행에 따라 나눠질 수 있으며, 호서서해안지역도 장란형토기·시루의 크기에서 세분이 가능하다.

2. 분묘에서의 토기 공반 양상

마한지역의 분묘 매장시설에서 출토되는 토기는 대체로 2~3점, 또는 1점이며, 10점이 넘기도 한다. 마한지역에서도 이전 시기의 분묘 출토 토기는 지역성

---

10) 서현주, 2011, 「3~5세기 금강유역권의 지역성과 확산」, 『湖南考古學報』37, 湖南考古學會.
11) 호서지역의 북부와 남부의 시루 차이는 시루 저부 형태, 타날문양 등에서 원삼국시대~
한성기에 걸쳐 나타나는 것으로 파악된 바 있다(鄭鍾兌, 2006, 「百濟炊事容器의 類型과
展開樣相:中西部地方 出土資料를 中心으로」, 忠南大學校 碩士學位論文, 45~53쪽).

이 잘 드러나지 않으므로 타날문토기가 주류를 이루는 2~3세기대를 중심으로 분묘 출토 토기의 공반 양상을 살펴보고자 한다. 분묘에서의 토기 부장은 원삼국시대 후기에 타날문토기가 주류가 되면서 본격화된다고 보여지기 때문이다.

분묘의 토기 공반 양상에서 보이는 가장 큰 지역 차이는 원저단경호나 원저소호 등 원저호류와 심발형토기(경질무문토기나 타날문토기)가 세트를 이루는 것과 그렇지 않은 것이다. 대체로 3세기 이후 분묘에 원저호류와 심발형토기가 부장되는 것은 오산 궐동, 용인 구갈리 유적 등 경기남부지역과 아산 용두리 진터, 명암리 밖지므레, 천안 청당동, 연기 응암리, 청주 송절동과 송대리, 충주 금릉동 유적 등 호서북부지역이다. 이 지역들에서는 목관(곽)의 매장시설에 원저단경호, 원저소호 등 원저호류와 1점의 심발형토기가 부장되는데, 원저호는 대형이든, 중형이든간에 대부분 타날문양이 있는 것이다. 그리고 매장시설의 내부나 상부, 묘광과의 사이에서 의례용토기로 볼 수 있는 원통형토기도 보이며, 소옹이나 대옹이 1점씩 출토되기도 한다. 소옹이나 대옹은 연기 응암리, 청주 송대리, 송절동 유적에서는 매장시설에서 출토되었다. 아산 명암리 밖지므레[12]와 연기 석삼리, 공주 하봉리 유적 등에서는 주구에서 옹이 출토되었는데 사례가 많은 편은 아니다. 이와 함께 소문의 원저호, 평저호, 양이부호, 이중구연호 등도 보이는데 출토 수량으로 보아 이 지역에서 주류를 이루지는 못한다(그림 3-9~14). 이 지역 내에서도 세부적인 지역 차이가 확인된다. 원저호의 경우 1~2점만 사용하기도 하고, 규모가 큰 무덤을 중심으로 다수의 토기가 사용되기도 한다. 그리고 호서동남부지역인 대전 궁동유적의 경우 심발형토기 없이 원저단경호 1점만이 부장되고 있어서 부장유물이 간략화된 모습으로 추정된다(그림 3-15). 그런데 이 지역에서는 동일 또는 인근 유적에서 2세기대의 분묘들이 확

---

12) 이에 대해서는 옹관으로 보고되었다.

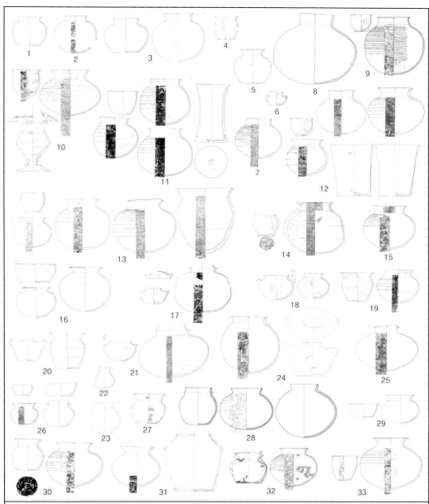

1,2,3,4.서울 석촌동 3호분동쪽 1호 토광묘,2호 토광묘,대형토광묘5호,8호 목관묘, 5,6,7.김포 운양동 11지점 1호분구묘,7호분구묘,20호목관묘, 8.인천 중산동 1호분구묘, 9.오산 궐동 1호주구토광묘,10.아산 용두리진터 5호토광묘, 11.아산 명암리밖지므래 3지점 16호주구토광묘, 12.천안 청당동22호묘,13.청주 송대리 14-2호토 광묘, 14.충주 금릉동84-1호토광묘, 15.대전 궁동 10호주구토광묘, 16.대전 송촌동6호묘, 17.서산 예천동 65 호분구묘, 18.홍성 석택리 A-1 6호 분구묘, 19,20.서천 오석리 94-7호 토광묘,95-6호 토광묘, 21.서천 봉선 리 17호주구토광묘, 22.영광 군동A18호주구토광묘, 23.영광 수동토광묘, 24.익산 간촌리Ⅱ3호토광묘, 25,26. 고창 만동4호목관묘,9-5호목관묘, 27.함평 송산1호옹관묘,28,29.함평 예덕리만가촌 12-2호목관묘,12-4호 옹관묘, 30,31.나주 용호12호분목관묘,9호분목관묘, 32.나주 장동 3호목관묘, 33.영암 금계리7-2호옹관묘

그림 3. 마한지역 분묘의 토기 공반 양상(S1/16, 13번중 옹 S1/24)

인된다. 평택 마두리, 오산 궐동, 아산 용두리 진터 유적 등에서 원저단경호, 원저심발형토기, 유개대부호 등이 모두 공반되거나 일부 보이고 있다(그림 3-10). 이로 보아 3세기대의 심발형토기, 원저단경호 등 공반 양상은 동일 지역의 2세기대 분묘에서부터 이어지는 것임을 알 수 있다.

이에 비해 서울·경기지역은 2~3세기대 분묘에서의 토기 출토 양상을 알 수 있는 자료가 많지 않다. 다만, 가평 달전리유적의 화분형토기, 평저호 등 낙랑계토기 공반 양상을 제외하면, 인천 중산동 1호 분구묘, 김포 운양동유적 1호와 17호 분구묘, 서울 석촌동 3호분 동쪽 1호 토광묘, 대형토광묘의 5호와 8호 목관묘 등에서 타날문이나 소문의 원저단경호, 단경평저, 양이부호, 심발형토기 등이 1점씩 부장되는 양상이 확인된다. 인천 중산동 1호와 2호 분구묘에서도 주구에서 소옹이 출토되었다(그림 3-1~8).

그리고 호서서해안지역은 서산 예천동유적에서 철기로 보아 2세기대로 추정되는 18-1호 분구묘가 확인되었지만 토기가 부장되지 않아 그 시기의 양상은 잘 알 수 없다. 이후 서산 예천동이나 여미리 방죽골, 홍성 석택리 유적의 3세기 이후 분묘에서는 타날문과 소문의 원저단경호와 원저소호(이중구연호 포함), 양이부호, 평저호, 완 등이 2~3점씩 부장되고 있다. 원저단경호나 원저소호는 소문인 것도 상당수 포함되어 있어 호서북부지역과 차이가 난다. 서천 오석리나 봉선리 유적도 마찬가지 양상이며, 호서동남부지역 중 대전 오정동, 송촌동 유적에서는 양이부호와 평저토기, 완 등이 부장되어 호서서남부지역과 대체로 유사한 모습을 보인다. 서산 여미리 방죽골이나 서천 봉선리 유적 등에서는 주구에 소옹이 매납되어 있는 사례도 보이며, 서천 오석리유적에서는 소옹을 이용한 옹관도 소수 확인되었다(그림 3-16~21).

호남지역도 비교적 이른 무덤인 영광 군동 A지구 18호 주구토광묘에서는 흑도원저호(그림 3-22), 영광 수동 토광묘에서는 경질무문토기로 볼 수 있는 소형

평저호(그림 3-23) 등이 부장되고 있다. 영광 수동 토광묘는 토기나 동경(방제경)으로 보아 좀 더 이른 시기로 보는 의견도 있지만 2세기대로 보고 있다[13]. 이후 3세기대 분묘유적인 익산 간촌리와 고창 만동 유적, 함평 송산, 순촌과 예덕리 만가촌고분군, 나주 용호와 영암 금계리 유적 등에서는 목관묘나 옹관묘에 원저단경호와 원저소호(이중구연호 포함), 이중구연평저호, 평저호, 양이부호, 완, 심발형토기, 조형토기 등 다양한 토기 2~3점이 공반되어 부장되었다. 이 지역에서도 영암 금계리 7-2호 옹관묘처럼 원저단경호(타날문), 심발형토기가 공반되는 사례도 확인되지만 그다지 많지 않다. 그리고 소옹이나 대옹이 동일 분구 내나 주구에서 옹관으로 사용되는 사례가 많은데, 옹 2점을 합구시키거나 다른 토기로 막음하였다(그림 3-24~33).

따라서 마한지역 분묘에서의 토기 공반 양상은 크게 3개의 지역권으로 대별되는데, 2세기대부터 타날문의 원저호류+심발형토기가 공반되어 3세기까지 이어지는 경기남부와 호서북부 지역, 3세기대를 중심으로 다양한 기종의 토기들이 대체로 1점씩 부장되는 서울·경기지역, 이보다 다양한 기종의 토기들이 2~3점씩 부장되는 호서 서해안과 남부, 호남 지역으로 나눌 수 있다. 서울·경기지역은 주구에 소옹이나 대옹이 매납되는 양상이 확인되는 경기서해안지역이 세분될 수 있으며, 호서서해안과 호남 지역은 옹의 옹관 사용 여부에 따라 세분된다.

3. 평저호와 기타호류

마한의 특징적인 토기로는 양이부호와 이중구연호가 대표적이다. 그리고 평

---

13) 박순발, 2005, 「土器相으로 본 湖南地域 原三國時代 編年」, 『湖南考古學報』21, 湖南考古學會; 李映澈, 2005, 「榮山江流域의 原三國時代 土器相」, 『원삼국시대 문화의 지역성과 변동』, 제29회 한국고고학전국대회.

저호도 마한지역에서 상당히 성행하고 있었기 때문에 이 토기에서도 지역 차이를 어느정도 확인할 수 있다.

1) 양이부호 · 이중구연호

마한지역의 양이부호는 동체 상부 양쪽에 구멍뚫린 귀가 달린 것으로, 구연부는 직구에 가깝다. 토기는 크기로 보아 대체로 소형에 속한다. 양이부호는 일찍부터 마한 토기로 알려졌는데 중국 漢代의 양이부호가 낙랑지역을 통해 3세기경 충남서부지역으로 전파 · 수용되어 나타나 주변지역으로 파급되어 평저토기가 선행하고 점차 연질에서 경질화되는 것으로 파악된 바 있다[14].

3~4세기대 양이부호는 서울 · 경기지역에서는 서울 풍납토성 경당 9호 유구, 석촌동고분군, 인천 운남동과 연희동, 김포 운양동 유적에서 출토된 바 있다(그림 4-1~4). 그리고 호서북부지역의 천안 두정동, 아산 갈매리, 연기 용호리, 공주 장원리, 청주 송절동, 충주 문성리 유적 등에서도 출토되었는데(그림 4-5~7). 수량이 많지는 않고, 평저보다는 원저 토기가 많은 편이다. 청주 송절동 93-A지구 1호 토광묘 출토품은 원저이며 타날문이 있는 것이다. 호서동남부지역인 대전 대정동 3-1지구 NM-001 토광묘에서도 양이부호가 출토되었다(그림 4-8). 그리고 호서서해안지역의 서산 예천동, 홍성 석택리 유적 등(그림 4-9~12), 호서서남부지역의 공주의 분강 · 저석리와 남산리, 덕지리, 서천 오석리와 봉선리 유적에서는 양이부호가 상당수 출토되었는데 이 지역들에서는 평저와 원저(소문,타날문) 토기가 공존한다(그림 4-13~20). 호남지역에서도 익산 간촌리유적, 고창 만동과 성남리, 영광 군동 유적, 함평 순촌과 예덕리 만가촌 고분군, 나주 용호, 영암 옥야리, 화순 용강리, 순천 대곡리 도롱 유적 등 넓은 지역에 걸쳐 확인되었는

---

14) 金鍾萬, 1999,「馬韓圈域出土 兩耳附壺 小考」,『考古學誌』10, 韓國考古美術研究所.

데, 수량은 호서지역에 비해 적은 편이다. 그리고 평저가 원저(소문,타날문) 토기보다 약간 더 많다(그림 4-21~29). 영암 만수리나 내동리 초분골 고분군 등에서 5세기대 경질 양이부호가 출토되어 영산강유역에서는 좀 더 늦게까지 이어졌음이 알려져 있다. 현재까지의 분포 양상으로 보아 양이부호는 호서 서해안과 서남부, 호남 지역에 많은데 특히, 호서지역에 많다. 호서북부지역과 서울·경기지역에서는 다른 토기에 비해 상당히 소수이다. 따라서 이 토기는 출현과 함께 성행했던 호서 서해안과 서남부, 호남 지역과 유물이 소수 확인되기는 하지만 그다지 성행하지는 않았던 나머지 지역으로 세분할 수 있겠다.

이중구연호는 구연부 중간에 턱이 돌려진 토기로, 양이부호와 함께 마한 토기로 알려져 있다. 그 기원에 대해서는 낙랑지역의 평저호와 연관시켜 나타난 것으로 본 바 있다[15]. 이 토기의 출현에 대해서는 평저와 원저(소문 중심)토기가 모두 보이면서 성행하는 호남지역에서 3세기대에 먼저 나타났다고 보기도 하며[16], 후한만기에 해당하는 요령반도와 낙랑지역의 절경호에 주목하여 마한 제세력이 중국군현이나 공손씨의 본거지인 요령 동부지방과 교섭하는 과정에서 받아들였고 3세기 전반경에 한강유역에서 가장 먼저 나타났을 것으로 보기도 한다[17]. 이 토기는 크기로 보아 대형이나 중형에 속하며, 평저호, 원저호, 난형호, 장란형토기뿐 아니라 소옹 등 다양한 기종에 이중구연의 요소가 채용되어 다양한 토기가 만들어졌다. 토기는 소성상태로 보아 적갈색이나 회색계의 연질이 주류를 이루며 경질도 있다.

---

15) 成正鏞, 2000, 『中西部 馬韓地域의 百濟領域化過程 研究』, 서울大學校 大學院 博士學位論文; 徐賢珠, 2006, 『榮山江 流域 古墳 土器 研究』, 學研文化社.

16) 徐賢珠, 2001, 「二重口演土器 小考」, 『百濟研究』 33; 徐賢珠, 2006, 『榮山江 流域 古墳 土器 研究』, 學研文化社.

17) 朴淳發, 2001a, 「帶頸壺一考」, 『湖南考古學報』 13, 湖南考古學會.

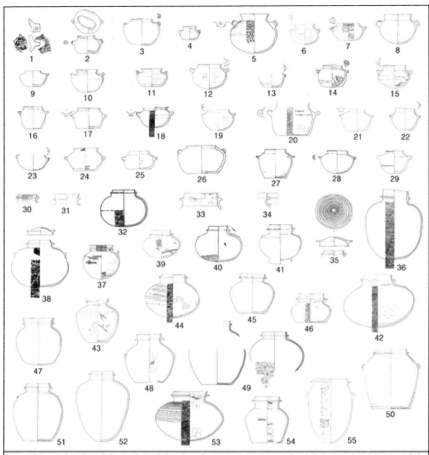

1,31.서울 풍납토성3 경당 9호유구,풍납토성1 가-7호주거지, 2,33.인천 연희동 3-2지점 지표,3-1지점, 3,34.인천 운남동 B지구 유물포함층,B5패총, 4.김포 운양동 7호분구묘, 5,35.청주 송절동 93-A지구 1호 토광묘,93-B지구 4호토광묘, 6.연기 용호리(국문원) 9호토광묘, 7.공주 장원리16호묘, 8.대전 대정동 3-1지구 KM-001토광묘, 9,38.10.서산 예천동65호(2점),21호분구묘, 11.서산여미리 방축골3-1호토광묘, 12.홍성 석택리A-1지구6호분구묘, 13,14.공주 덕지리 39호,4호토광묘, 15,39,40.공주 남산리 7호,22호,백제문화13 보고 토광묘, 16,17,18,41.서천오석리95-8호,95-3호,94-2호,95-9호 토광묘, 19,42,20,43.서천 봉선리3-1 지역17호주구토광묘(2점),9호토광묘,27호주구토광묘, 21.익산 간촌리 Ⅱ4호토광묘, 22,23.고창 만동 9-3호 옹관묘,7-1호토광묘, 24.영광 군동 A지구 10-1호토광묘, 25,48.함평 순촌 C-1-1호옹관묘,A-20호 주구토광 묘, 26,50.나주 용호 14-3호옹관묘,12호분 9호분옹관묘, 27.영암 선황리 34호주거지, 28.화순 용강리 4호 토광묘, 29,55.순천 대곡리 도롱 26호,56호주거지, 30.연천 강내리 원53호주거지, 32.서울 가락동 2호분. 36.청주 송대리 40-1호 토광묘, 37.충주 금릉동 90호토광묘, 44.완주 용흥리 8호주거지, 45,46.고창 남산리 2 구역 1호토광묘,5구역 가7호옹관묘, 47.영광 화평리 A호옹관묘, 49.함평 예덕리 만가촌 4-2호목관묘, 51.영암 월송리 송산용관묘, 52.광주 쌍촌동 54호 주거지, 53,54.해남 신금 51호,55호주거지

그림 4. 마한지역 출토 양이부호와 이중구연호(S1/16, 36, 52번 S1/20)

3~4세기대의 이중구연호는 서울·경기지역의 연천 강내리 원53호 주거지, 서울 풍납토성1 가-7호 주거지, 인천 연희동유적과 운남동패총 등에서 출토되었다(그림 4-30~34). 호서북부지역에서도 아산 명암리 밖지므레, 연기 용호리, 청주 송절동, 청주 송대리, 충주 금릉동, 대전 궁동 유적 등에서 소수 출토되었는데 대부분 원저이중구연호(타날문이나 소문)이며 청주 송대리 40-1호 토광묘에서는 이중구연의 소옹이 보인다(그림 4-35~37). 호서서해안지역의 서산 예천 동유적(그림 4-38), 호서서남부지역의 서천 오석리와 봉선리, 공주 남산리와 덕지리 유적 등에서는 주로 원저의 이중구연호(타날문, 소문)가 보이는데, 이 지역에서는 수량도 많은 편이며 소문도 많다. 서천 봉선리 3-1지역 27호 주구토광묘에서는 이 지역에서 드물게 평저의 이중구연호가 출토되었다(그림 4-39~43). 호남지역에서는 김제 심포리주거지, 완주 용흥리유적, 고창 예지리, 남산리, 만동 유적, 영광 화평리와 군동 유적, 함평 순촌과 예덕리 만가촌고분군, 광주 일곡동과 쌍촌동 유적, 영암 월송리 송산 옹관묘 등 상당히 넓은 지역에서 이중구연호가 출토되었다(그림 4-44~55). 호남지역은 출토된 토기의 수량도 많지만 평저와 원저(소문, 타날문)토기뿐 아니라 난형호, 소옹 등 다양한 기종의 토기들이 보이며, 그 중에서도 평저이중구연호의 성행이 두드러진다.

이 토기의 지역적인 양상도 양이부호와 마찬가지로 출현과 함께 성행하는 호서 서해안과 서남부 지역과 호남지역, 유물이 확인되기는 하지만 그다지 성행하지는 않았던 나머지 지역으로 구분할 수 있다. 그리고 평저이중구연호의 분포와 성행 양상에 따라 호서서해안과 호남 지역의 세분이 가능하다.

2) 평저호

마한지역의 평저호는 동체부가 소문인 토기로, 구연부와 동체부의 형태나 높이에 따라 외반구연평저호, 광구평저호, 단경평저호, 직구평저호로 세분하고자 한다. 동체부가 상당히 낮고 구연부는 직구이거나 짧게 외반되는 토기는 외반구연평저호, 동체부가 더 높고, 그에 비해 구연부(경부)가 크게 벌어진 토기는 광구평저호, 동체부에 비해 구연부(경부)가 좁은 편이며, 경부가 어느정도 형성된 토기는 단경평저호이다. 광구평저호에는 동체 상부 양쪽에 돌기가 붙어 있는 것이 많다. 마한지역의 평저호는 한강유역의 회흑색무문양의 평저호가 낙랑지역의 2세기대 평저호와 유사하므로 이러한 토기의 영향이 상정된 바 있다[18]. 호남지역의 평저호 또한 동체부 형태와 색조, 소문인 점에서 낙랑지역의 평저호와 관련된다고 보았다[19].

먼저 단경평저호는 가평 대성리과 김포 운양동 유적, 서울 석촌동 3호분 동쪽 등 서울·경기지역의 여러 유적들에서 출토된다(그림 5-1~5). 공주 덕지리와 서천 오석리 유적 등 호서지역에서도 단경평저호로 볼 수 있는 유물이 보이는데 동일 유적 내에서 다소 늦은 시기에 해당된다. 이와 유사한 토기가 청주 송대리유적에서 출토되었다. 외반구연평저호는 서산 예천동, 홍성 석택리, 서천 봉선리 유적에서 출토되었다(그림 5-6~10). 그리고 광구평저호[20]는 호서지역의 경우 a형은 홍성 석택리유적, 서천 오석리와 봉선리 유적 등에서 출토되었고, b형은 서산 여미리 방죽골유적(그림 5-11·12), 아산 명암리 밖지므레유적에서 출토되었다(그림 5-13~16). 호남지역의 광구평저호는 a형과 b형이 모두 보이는데, a형은 전주 송천동, 영광 보라리 새터, 영광 군동 유적, 함평 순촌고분

18) 박순발 1989,「漢江流域 原三國時代 土器의 樣相과 變遷」,『韓國考古學報』23, 韓國考古學會; 박순발, 2004,「百濟土器形成期에 보이는 樂浪土器의 影響-深鉢形土器 및 長卵形土器의 形成科程을 中心으로」,『百濟研究』40, 忠南大學校 百濟研究所.
19) 徐賢珠, 2006,『榮山江 流域 古墳 土器 研究』, 學研文化社, 56쪽.
20) 영산강유역의 광구평저호는 구연부(경부)의 외반도가 크고 동체부가 높은 편인 광구 a형, 구경부의 외반도가 작고 동체부가 낮은 편인 광구 b형으로 세분하였다(徐賢珠 2006,『榮山江 流域 古墳 土器 研究』, 學研文化社, 54~55쪽).

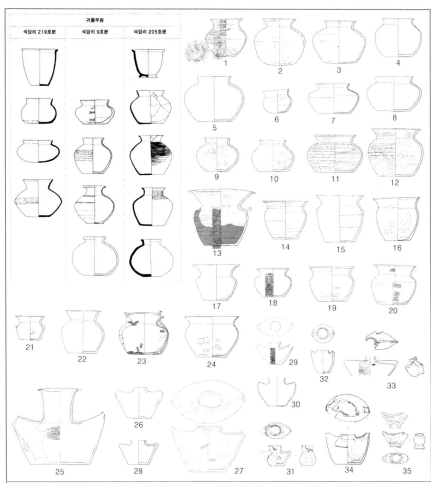

귀틀무덤		
석암리 219호분	석암리 9호분	석암리 205호분

그림 5. 낙랑지역 분묘 출토 토기
(상우-국립중앙박물관, 2001, 『낙랑』 p147일부, 축적부동), 마한지역 출토 평저호와 조형토기(S1/12)

1.가평 대성리 원10호 주거지, 2,3.김포 운양동 1호, 17호 분구묘, 4,5.서울 석촌동 3호분 동쪽 1호 토광묘, 대형토광묘 5호 목관묘, 6,7,8.서산 예천동 11호 분구묘, 3호 분구묘, 100호 분구묘, 9.홍성 석택리 A-1지구 6호 분구묘, 10.서산 봉천리 3-1지역 2호 토광묘, 11,12.서산 여미리 방죽골 10호 토광묘, 13호 토광묘, 13.홍성 석택리 A-2지점 17호 주거지, 14,15.서산 오석리 94-7호 토광묘, 95-6호 토광묘, 16.서천 봉선리 3-2지역 5호 토광묘, 17.전주 동산동 I 21호 주거지, 18.고창 만동 9-5호 목관묘, 19.영광 군동 B지구 1호 토광묘, 20.함평 송산 1호 옹관묘, 21.함평 순촌 A-3호 주구토광묘, 22.나주 용호 12호 목관묘, 23.나주 장등 3호 목관묘, 24.해남 신금 50호 주거지, 25.아산 명암리 밖지므레 2-2지점 23호 주구토광묘, 26.서천 오석리 95-6호 토광묘, 27.익산 간촌리 Ⅱ지구 3호 토광묘, 28.전주 송천동 A-4호 주거지, 29.전주 동산동 쪽구름 3호 주거지, 30.고창 예지리 1호 옹관묘, 31.영광 군동 라지구 A-6호 토광묘, 32.나주 용호 14-3호 옹관묘, 33.영암 금계리 7-2호 옹관묘(주구), 34.광주 선암동 Ⅲ-66호 주거지, 35.해남 군곡리패총

군, 광주 신창동, 함평 대성, 나주 용호유적, 영암 와우리 가 고분군 등에서 출토
되었으며, b형은 고창 만동과 화순 용강리 유적, 나주 용호유적과 복암리고분군
등 상당히 넓은 지역에 걸쳐 출토되었다(그림 5-17~24)[21].

이러한 분포 양상으로 보아 평저호는 단경평저호를 중심으로 하는 서울·경
기지역, 외반구연평저호를 중심으로 하는 호서서해안지역, 광구평저호를 중심
으로 하는 호서서남부와 호남지역으로의 구분이 가능하다고 판단된다. 단경평
저호는 낙랑지역의 석암리 9호분, 205호분 출토 단경평저호와 유사하므로 앞에
서 언급한 것처럼 이러한 토기의 영향으로 나타난 것이며, 외반구연호도 마찬
가지이다. 이와 비슷한 유물이 석암리 219호분과 9호분 등에서 출토되었기 때
문이다(그림 5-상우). 광구평저호는 형태나 분포지역에서 이중구연호의 성행
지역과 관련이 깊다. 따라서 낙랑지역의 평저호와 형태상 약간 차이가 있지만
이 토기에 원저단경호의 구연부(경부)가 채용되어 나타난 것으로 이해된다[22].

3) 조형토기

조형토기는 평저이며 동체부 형태가 새모양인 것이다. 토기의 기능에 대해
서는 액체를 담았을 것이며 제의에 사용된 것으로 보는 의견이 있다[23]. 이 토기
는 아산 명암리 밖지므레 2-2지점 23호 주구토광묘에서 출토된 바 있으며(그림
5-25), 논산 연산지역 수습(박만식 소장품), 서천 오석리 95-6호묘와 봉선리 3-
Ⅱ지역 5호 주구묘의 주구(그림 5-26), 익산 간촌리 Ⅱ-3호 토광묘, 전주 송천동
A-4호 주거지와 중인동 5호 주거지, 동산동 쪽구름 3호 주거지, 김제 대목리 1

---

21) 徐賢珠, 2006, 『榮山江 流域 古墳 土器 硏究』, 學硏文化社.
22) 徐賢珠, 2006, 『榮山江 流域 古墳 土器 硏究』, 學硏文化社, 56쪽.
23) 金永熙, 2013, 「호남지방 鳥形土器(조형토기)의 성격」, 『湖南考古學報』44, 湖南考古學會.

호 주거지, 고창 예지리 1호 옹관묘, 정읍 신면리 B-5호 옹관묘, 영광 군동 라지구 A-6호 토광묘, 나주 용호 14-3호 옹관묘, 장등유적 수습, 영동리 5호분 옹관묘, 영암 금계리 7-2호 옹관묘(주구), 광주 선암동 Ⅲ-66호 주거지, 동림동 Ⅱ-54호 주거지와 Ⅲ-52호 구, 담양 태목리 Ⅰ-56호 주거지 등에서 출토되었다. 해남 군곡리패총에서는 경질무문토기 2점이 출토되었다[24](그림 5-27~35). 이 토기는 대부분 적갈색계연질토기로[25], 취락유적 출토품이 분묘유적에 비해 약간 많다. 토기의 분포는 3~4세기대 호남지역에서 넓게 보이며, 호서지역에서도 소수 보인다. 그 중 호서북부지역의 아산 명암리 밖지므레유적 출토품은 다른 유물에 비해 상당히 크고 구연부(경부)도 길어서 다른 조형토기에 비해 이질적이다. 따라서 조형토기는 호서북부지역에도 소수 확인되지만 호남지역에 주로 분포하는 토기임을 알 수 있는데[26], 이러한 연유로 호남지역에서 5세기대까지 이어졌던 것으로 추정된다.

4. 의례용토기

마한지역에서는 특수 토기 중 그 형태가 원통형이나 기대형에 가까운 것이 있는데, 형태에 따라 원통형토기, 기대형토기, 사용방법에 따라 분주토기(또는 분구수립토기)[27] 등으로 불리고 있다. 이 토기들은 분묘나 취락 유적에서 출토

---

24) 金永熙, 2013, 「호남지방 鳥形土器(조형토기)의 성격」, 『湖南考古學報』44, 湖南考古學會.
25) 나주 가흥리 신흥고분과 광양 용강리 석정 9호 주거지에서 출토된 5세기대 자료는 회청색계 경질토기이다.
26) 서천 오석리유적의 조형토기는 호남지역과 이어지는 것으로 지적된 바 있다(成正鏞, 2006, 「中西部地域 原三國時代 土器 樣相」, 『韓國考古學報』60, 韓國考古學會.).
27) 林永珍, 2002, 「韓國の墳周土器(圓筒形土器)」, 『東アジアと日本の考古學』, 同成社; 林永珍, 2003, 「韓國 墳周土器의 起源과 變遷」, 『湖南考古學報』17, 湖南考古學會; 朴淳發,

되었는데, 상·하부나 바닥에 투창이 뚫려 있어서 실용성은 떨어지며 의례와 직접 관련되는 것으로 추정된다. 특히, 분묘의 주구에서 출토되는 분주토기는 분구 가장자리에 둘러세웠을 것으로 추정되고 있다. 이 토기들은 출토 수량, 형태, 사용방법에서 차이가 보이지만, 크기는 높이 30㎝ 내외로 비슷하다. 분묘에서 사용되는 의례용토기는 원통형토기, 분주토기(호형)가 있으며, 취락에서 출토되는 소위 기대형토기로 부르는 것도 있다. 이 토기들은 대체로 3세기 이후에 해당되며 적갈색계나 회색계 연질토기가 주류를 이룬다.

일찍부터 발견되어 주목된 바 있는 원통형토기는 천안 청당동 22호묘(주구 토광묘) 출토품이 대표적이며, 아산 명암리 밖지므레 2-2지점 23호 주구토광묘 등 24기, 갈매리유적 Ⅲ지역 2호 매납유구와 지표수습, Ⅰ지역(공주대박 조사)과 Ⅱ구역(충남역사문화원 조사)의 유물포함층에서 출토된 바 있다(그림 6-11~13). 현재까지 원통형토기는 아산과 천안 지역에만 분포하고 있는 것으로 확인된다. 토기의 형태는 원통형이며, 평저 바닥의 중앙에 원공이 뚫리지 않은 것도 있고, 뚫린 것도 있다. 바닥에는 짧지만 대각이 달린 것도 있다. 그리고 동체부의 상·하부에 대칭되게 소원공이 뚫린 것이 많다. 이 토기는 매장시설(목관)에 다른 토기들과 함께 1~2점이 부장되기도 하며[28], 아산 명암리 밖지므레 3지점 5호 토광묘처럼 매장시설과 묘광 사이에서 10여점 정도가 출토되기도 하였다.

호형의 분주토기는 배제대 박물관 소장품(출토지 미상), 전 부안 계화도 수습, 군산 축동 2호분과 3호분 주구, 축산리 계남 C지구 분구묘 주구, 나주 복암

2001,「榮山江流域 前方後圓墳과 埴輪」,『한·일 고대인의 흙과 삶』특별전 도록, 國立全州博物館.
28) 형태나 사용방법이 유사한 토기가 완주 신풍 49호 토광묘에서 흑도장경호, 점토대토기와 함께 출토되었다(그림 6-14).

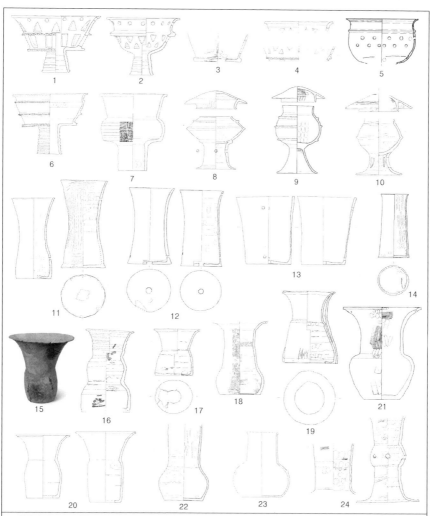

1.인천 운남동 B5패총, B지구 KC-001 주거지, 3.인천 강화 대룡리 3구역 패각층, 4.김포 양곡 2지구 지표, 5.김포 한강신도시유적(양촌 마산리) 다구역 1호 구상유구, 6,7.파주 와동리 7호 구,8.호 주거지, 8.평택 마두리 2호 토광묘, 9.오산 궐동 20호 토광묘, 10. 아산 용두리 진터 5호 토광묘, 11.아산 명암리 밖지므레 2-2 지점 23호 주구토광묘, 12.아산 명암리 밖지므레 3지점 16호 주구토광묘, 13.천안 청당동 22호묘, 14.완주 신풍 가지구 49호 토광묘, 15.전 부안 계화도, 16,17. 군산 축동 2호분. 3호분, 18.함평 신흥동 삼국시대 5호 제형분 주구, 19.나주 장등 4호분 주구, 20.나주 복암리 2호분 주구, 21.함평 성남 1호 옹관묘, 22.전주 동산동 I 7호 주거지, 23.전주 중인동 원삼국시대 1호 주거지, 24.완주 용흥리 2호 주거지

그림 6. 마한지역 출토 의례용토기(도면 S1/12)

리고분군 2호분 주구, 복암리유적 8호분 주구, 장등 4호분 주구, 함평 신흥동 유적 삼국시대 5호 제형분 주구 등에서 출토되었다(그림 6-15~20). 이 토기는 주구에서 약간 간격을 두고 20여점이 넘게 출토되기도 하여 대체로 제형의 분구 가장자리에 세워 사용했을 것으로 추정된다. 드문 사례이지만 함평 성남 1호 옹관묘에서는 옹관의 한쪽에 횡치시켜 막음옹으로 사용하기도 하였다(그림 6-21)[29]. 이 토기는 유적에 따라 다소 차이는 있지만, 평저이며 바닥에 원공이 뚫려 있고, 대체로 상부가 길게 나팔형으로 벌어져 올라가는 비슷한 모습을 보인다. 토기의 소성상태는 대체로 적갈색계연질토기이며 동체부 외면은 소문이다. 3~4세기대 호형 분주토기의 분포는 호남지역이 중심이 되고 있다. 앞에서 언급한 원통형토기와 비교해보면, 분묘에서 사용되는 점은 공통되지만 형태나 사용방법에서 차이가 있다. 영산강유역에서는 5~6세기대에도 분주토기가 사용되었는데, 호형의 경우 대형화되고, 타날문양도 보이며, 돌대(또는 돌선)도 추가되는 변화되었다.

그리고 특수 토기가 분묘에서 사용된 사례로 최근 발견되고 있는 유개대부호가 있다. 평택 마두리 2호 토광묘, 오산 궐동 20호 토광묘 등(7기), 아산 용두리 진터 5호 토광묘 등(11기), 연기 용호리 25호 토광묘, 청주 정중리 7지점 2구역에서도 여러점이 출토되었다. 이 토기는 개와 세트되는 토기로, 하부에 대각이 달려있는데 투창이 뚫린 것이 많고 상부에는 돌대나 돌선이 확인된다. 이 토기는 매장시설인 목관의 내부나 상부, 주위에서 출토되었다. 대부분 주구가 없는 토광묘에서 출토되며 원저심발형토기와 공반되고 있어서 2세기대 자료로 밝혀지고 있다. 이 토기의 현재까지의 분포 지역은 경기남부와 호서북부 지역에 해당된다.

---

29) 李映澈, 2007, 「壺形墳周土器의 登場과 時點」, 『湖南考古學報』25, 湖南考古學會, 94쪽.

취락유적에서 출토되는 의례용토기인 기대형토기는 인천 강화 대룡리유적 1구역 1층, 3구역 패각층과 지표, 인천 영종도 운남동 A패총, B패총, B지구 KC-001와 유물포함층, 인천 연희동 3-1지점 13호 주구묘와 35호 수혈유구, 김포 양곡 2지구 지표, 김포 한강 신도시유적1 다구역 1호 구상유구, 파주 와동리 15지점 8호 주거지, 8호와 59호 수혈, 7호 구 등에서 확인되었다(그림 6-1~7). 특히, 인천 운남동패총과 파주 와동리유적은 주거지 출토품을 포함하여 10점 정도의 유물이 출토되어 수량이 많은 편이다. 이 토기는 하부에 좁고 짧은 대각이 달렸으며, 상부는 큰 발형에 가까우며 상부와 대각부는 내부가 서로 트여 있다. 토기 상부에는 돌대나 투창이 있는 것이 많지만, 이러한 요소가 보이지 않거나 파주 와동리 8호 주거지 출토품처럼 상부에 토기를 그대로 이용하기도 하였다.

　완주와 전주 지역의 취락유적에서도 독특한 형태의 토기인 장경평저호가 출토되었다. 장경평저호는 전주 신정C 가지구 1호 주거지, 중인동 원삼국시대 1호 주거지, 원장동E 3호 주거지(원저에 가까움), 동산동1 7호 주거지, 완주 신풍 가지구 2호 주거지, 용흥리 2호와 8호 주거지 등에서 출토된 바 있고(그림 6-22~24) 완주 상운리 나지구 3호 목관묘에서도 출토되었다. 이 토기는 상당히 긴 목이 달린 점이 특징적인데 바닥이 넓은 평저이며, 동체부 양쪽에 돌기가 있는 것도 있다. 토기들은 대체로 적갈색계연질토기에 속하지만, 완주 용흥리 2호 주거지에서는 회청색계 경질토기 중 비슷한 장경호에 긴 대각이 달리고 동체부에 원공들이 간격을 두고 뚫려있는 것도 보인다. 원공이 뚫린 토기의 존재와 함께 목이 상당히 긴 장경호라는 점에서 토기의 실용성은 다소 떨어지는 것으로 여겨진다. 현재까지 토기의 분포는 전주·완주 지역에만 한정된다.

IV. 마한 토기의 지역성과 의미

1. 일상용 토기로 본 지역권

마한 토기는 일상용 토기를 중심으로 볼 때 경질무문토기 성행 여부, 타날문 토기에 있어서 시루 저부형태 등으로 보아 크게 호서북부 이북/호서서남부 이남(서해안 포함)의 2개 지역권으로 구분된다. 호서북부 이북 권역은 경질무문 토기가 성행하며 경질무문토기와 타날문토기의 원저 시루나 파수의 제작 방법이 동일하며, 호서서남부 이남 권역은 경질무문토기가 상대적으로 성행하지 않으며 경질무문토기~타날문토기의 평저 시루나 파수 제작 방법이 동일하다. 세부적으로 서울·경기북부지역, 경기서해안지역, 경기남부와 호서북부 지역, 호서서해안지역, 호서서남부와 호남서부 지역, 호남동부지역으로 구분이 가능하다(그림 7).

이러한 마한의 일상용 토기에 있어서 큰 지역권의 구분은 경질무문토기 성행이 주된 요인이다. 토기 형태나 파수 제작방법에서 타날문토기단계의 원저 시루는 경질무문토기 시루를 잇고 있어서 타날문토기단계까지 이어지는 토기의 지역 차이는 결국 경질무문토기문화와 관련된다. 이에 대해서는 강원지역을 포함하는 한반도 중부지역의 특징임이 알려져 왔는데, 여기에는 주거 구조도 연계되어 있다. 원삼국시대 중부지역 주거는 출입시설이 횡으로 나 있는 소위 呂 자형, 凸자형 주거가 대표적이며, 이는 경기 서해안과 남부 지역에 분포하는 사주식을 포함한 방형계 주거와 지역권이 구분된다[30]. 사주식 주거는 천안지역과

---

30) 권오영, 2009, 「원삼국기 한강유역 정치체의 존재양태와 백제국가의 통합양상」, 『고고학』 8-2, 중부고고학회.

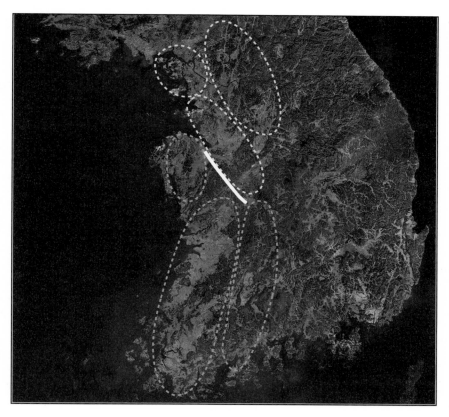

그림 7. 일상용 토기로 본 마한의 지역권

그 이남에서 주로 확인되어 마한 주거의 대표적인 것으로 규정한 이래[31] 천안 지역에서 출현하여[32] 그 전파 경로는 서산, 보령을 거쳐 전북 서해안과 영산강 유역으로 확산되거나, 천안에서 미호천과 갑천, 정안천을 통해 금강 하류의 서

31) 金承玉 2004,「全北地域 1~7세기 聚落의 分布와 性格」,『韓國上古史學報』44, 62쪽.
32) 李康承 · 朴淳發 · 成正鏞, 1996,『天安 長山里遺蹟』, 忠南大學校博物館.

해안으로 파급되는 것으로 본 바 있다[33]. 이러한 연구성과들로 보아 마한지역의 주거는 서울·경기북부지역의 출입시설이 횡으로 나 있는 것과 경기서해안, 경기남부, 호서, 호남 지역의 사주식을 포함한 방형계(원형계)의 주거로 지역권이 뚜렷하게 구별된다[34]. 이는 일상용 토기 분포와 어느정도 일치하지만 지역권의 범위에서는 약간 차이를 보인다. 경기서해안지역, 경기남부 일부(화성)와 호서북부 지역은 토기문화에 있어서는 중부지역권에 속하지만, 주거 구조는 호남지역권에 속하기 때문이다.

원삼국시대 중부지역의 경질무문토기문화(중도유형문화)에 대해서는 경질무문토기를 중심으로 명사리형토기[35]나 세죽리-연화보유형의 외반구연토기[36] 등 서북한지역에서 파급되어 나타난 것으로 보기도 한다. 경질무문토기뿐 아니라 출입시설이 횡으로 나 있는 주거, 쪽구들 등이 두만강유역이나 단결-크로보프카지역과 상당히 유사하여 그 지역의 토기나 주거 문화에 계보가 있고 동해안을 따라 유입된 것으로 보는 견해도 있다[37]. 이러한 문화가 중부지역에 유입되

---

33) 金承玉 2004, 「全北地域 1~7세기 聚落의 分布와 性格」, 『韓國上古史學報』44; 김승옥, 2007, 「금강 유역 원삼국~삼국시대 취락의 전개과정 연구」, 『韓國考古學報』65, 韓國考古學會.

34) 마한 사주식 주거의 출현 지역과 확산 문제는 다시 검토될 필요가 있다고 생각된다(서현주 2013, 「마한·백제 사주식주거지의 연구 성과와 과제」, 『주거의 고고학』, 제37회 한국고고학전국대회 발표요지, 221쪽).

35) 朴淳發, 1993, 「한강유역의 청동기·초기철기문화」, 『한강유역사』, 민음사; 박순발, 2009, 「硬質無文土器의 變遷과 江陵 草堂洞遺蹟의 時間的 位置」, 『강릉 초당동 유적』(사)한국문화재조사연구기관협회.

36) 崔秉鉉, 1998, 「原三國時代의 系統과 性格」, 『韓國考古學報』38, 韓國考古學會.

37) 盧爀眞, 2004, 「中島式土器의 由來에 대한 一考」, 『湖南考古學報』19, 湖南考古學會; 수보티나,A, 2005, 『鐵器時代 韓國과 러시아 沿海州의 土器文化 比較研究 -硬質無文土器를 중심으로』, 서울대학교 대학원 석사학위논문; 유은식, 2006, 「두만강유역 초기철기문화와 중부지방 원삼국문화에 대한 일 연구」, 『崇實史學』18, 崇實大學校 史學會; 유은식, 2011, 「동북계토기로 본 강원지역 중도식무문토기의 편년과 계통」, 『韓國基督敎博物館

어 정착되면서 생활문화가 새롭게 형성되기 시작하였고, 이후 낙랑 등 군현지역의 영향을 받으면서 다소 변화가 되고 있다. 이에 따라 호남지역 등 남쪽의 토기나 주거의 생활문화와는 뚜렷하게 차이를 보이게 된 것으로 추정된다. 이러한 중부지역 생활문화는 토기를 중심으로 볼 때 호서북부지역까지 영향을 미쳐 호서북부지역과 그 남쪽의 토기문화가 차이를 보이게 된 것이다. 다만 호서북부지역의 양상으로 볼 때 토기문화가 주거문화보다 좀 더 넓게 확산되었던 것으로 추정된다.

이와같이 한반도 남부지역에서 대체로 북쪽과 남쪽의 두 지

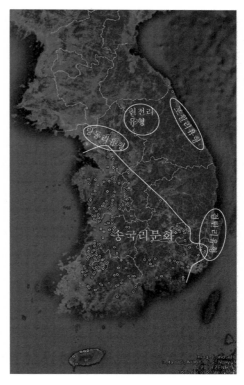

그림 8. 청동기시대 송국리문화권과 비송국리문화권의 분포 양상(조진선 2013, 그림 22 전재)

역권으로 구분되는 토기와 주거문화 양상은 청동기시대에도 확인된다. 청동기시대에 호서, 호남 지역을 중심으로 나타나는 송국리문화는 대체로 경기남부지역까지 분포되어 있다[38]. 그리고 주거지, 묘제, 토기, 석기 등으로 보아 경기북부와 강원, 영남동부 지역은 비송국리문화권에 속하는데, 좀 더 구체적으로 한

誌』7, 숭실대학교 한국기독교박물관; 유은식, 2014, 「한반도 북부지방 토기문화를 통해 본 중부지방 원삼국문화의 계통」, 『고고학』13-3, 중부고고학회.

38) 김승옥, 2006, 「송국리문화의 지역권 설정과 확산과정」, 『湖南考古學報』24, 湖南考古學會.

강유역의 당동리유형, 강원 영서지역의 천전리유형, 강원 영동지역의 포월리유형, 동남해안지역의 검단리유형 등으로 세분하고 있다(그림 8)[39].

그런데 경기남부와 호서북부 지역은 청동기시대에 송국리문화권에 포함되지만 이전 시기에 전기 청동기문화도 성행했던 곳이어서 그보다 남쪽 지역 양상과는 차이가 있다. 남쪽 지역에 해당되는 호남지역에서도 최근 전기 청동기시대 자료가 늘어나 본격적인 연구가 이루어지기 시작하였지만[40], 다음 시기의 송국리문화단계에 비하면 상대적으로 성행하지 않은 것으로 볼 수 있기 때문이다. 즉, 경기남부와 호서북부 지역은 전기 청동기문화가 성행하며 그 이후의 송국리문화 양상도 비교적 성행한 점에서 두 문화의 중복 지역임을 알 수 있다. 이 지역들은 원삼국시대에도 주거 분포에 있어 남쪽 지역, 토기에 있어 북쪽 지역과 이어지면서 북쪽과 남쪽의 문화가 중복되는 양상을 보인다. 따라서 원삼국시대 경기남부와 호서북부 지역의 문화 양상은 그 연원이 청동기시대까지 올라가는 것으로 볼 수 있다.

그리고 호남지역의 마한 토기문화는 기원전후부터 2세기대까지의 유적이 많지 않아 이에 대한 의견이 분분하다[41]. 서해안과 남해안지역 패총 등 일부 지역이나 호남동부지역에서는 경질무문토기가 이어지지만 호남서부지역은 기존의 점토대토기문화가 좀 더 늦게까지 이어졌고 경질무문토기는 그다지 성행하

---

39) 李秀鴻 2012, 『靑銅器時代 檢斷里類型의 고고학적 연구』, (재)울산문화재연구원 학술회의. 이후 세형동검문화가 일찍부터 성행하는 지역 또한 송국리문화권과 대체로 일치한다(조진선, 2013, 「동북아시아에서 울산지역의 청동기문화」, 『삼한시대 문화와 울산』, (재)울산문화재연구원 학술회의).

40) 김규정, 2010, 「호남지역 청동기시대 전기 취락 검토」, 『한국청동기학회 취락분과 제3회 워크숍』, 韓國靑銅器學會; 홍밝음, 2010, 「호남지역 청동기시대 전기 주거지의 변천과정」, 『湖南考古學報』36, 湖南考古學會.

41) 이동희, 2010, 「"호서와 서부호남지역 초기철기-원삼국시대 편년"에 대한 반론」, 『湖南考古學報』35, 湖南考古學會.

지 않았다. 이로 인해 오히려 호남지역은 타날문토기가 세트화되어 좀 더 일찍부터 성행하게 되었던 것으로 추정된다. 세부적으로 지역권이 구분되는 호남동부지역은 원형계 주거가 중심이 되고 기존의 경질무문토기의 토기문화가 좀 더 늦게까지 이어진 지역이다.

그렇다면 청동기시대와 원삼국시대에 토기와 주거에서 비슷한 지역권 차이가 나타나는 요인은 무엇일까? 이는 문화적 계통과 함께 차령산맥이라는 지형적 장애가 중요한 요인이었을 것으로 추정된다. 앞에서 언급한대로 원삼국시대 중부지역에 유입되는 새로운 토기나 주거 문화가 차령산맥 이남으로 확산되는 양상은 잘 확인되지 않기 때문이다. 원삼국시대 중부지역의 주거나 토기문화는 차령산맥을 넘어 확산되지는 못하지만, 원저 시루의 존재나 형태[42]로 보아 영남동부지역과는 연결된다. 영남동부지역에서 일부라도 비슷한 토기 양상이 나타나는 것은 청동기시대 비송국리문화권으로서 서울·경기북부 등 중부지역과 문화적 계통이 이어졌기 때문이 아닌가 판단된다. 따라서 일상용 토기에서 보이는 마한의 지역권 구분은 생활문화 차이와 관련되는데, 그 연원이 청동기시대까지 올라가는 것으로 추정된다. 다만, 토기와 달리 주거 구조에 있어서 서로 엇갈리는 모습을 보여주는 경기서해안, 그리고 경기남부, 호서북부 지역은 지리적 위치에서도 그러하지만 두 계통의 문화가 접촉하는 문화적 점이지대였던 것으로 볼 수 있겠다.

원삼국시대 중부지역의 문화적, 종족적 계통에 대해서는 韓과 濊가 존재한다고 보는 데에 문헌사학계나 고고학계에 별다른 이견이 없다. 중부지역의 고고학 자료를 중심으로 예계와 한계를 구분하려는 노력도 지속적으로 이루어졌는

---

42) 洪潽植, 2000, 「연질옹과 시루에 의한 지역권 설정 -3세기대 한강 이남지역을 중심으로」, 『韓國 古代史와 考古學』, 鶴山 金廷鶴博士 頌壽紀念論叢.

데, 지역적인 구분이 어느정도 가능하다고 보는 의견도 있지만[43], 한과 예의 이분적인 구분은 불가하다고 보는 의견[44]이 일찍부터 제기되어 현재 대세를 이루고 있다[45]. 후자의 견해는 韓濊 지역이 한·예계의 족속이 혼유되는 형태이며 [46] 지역에 따라 계통별 구성원의 과다 차이가 있을 수 있다고 하였다[47].

이러한 견해를 참고해보면, 영동 지역은 예계, 호서 서남부와 남부, 호남지역은 한계로 구분되며, 그 중간 지역인 서울·경기지역, 그리고 호서북부 지역까지 종족 구성은 韓濊의 혼재로 볼 수 있을 것이다. 일찍부터 제기된 것처럼 예족 문화는 기원전 3세기~ 기원후 3세기 전반에 걸쳐 강원지역은 물론 함경 동해안, 두만강유역과 연해주 남부, 吉林省 중부 및 압록강 중류 지역 등 광범위하게 분포하는데, 예족만 거주한 것이 아니라 지역에 따라 貊이나 韓, 漢 등 다른 종족과 거주하고 종족간 융합도 이루어졌을 것이고, 주변으로의 확산과 주변지역과의 교류 등에 의해 예계 문화의 범위가 확대되었다고 보았다[48]. 따라서 앞에서 언급한 중부지역 두만강유역 등의 생활문화 유입, 최근 경기서해안과 호서북부지역에 부여계 이식이나 동병철검 등 금속유물들이 유입될 수 있는

---

43) 朴淳發 1996, 「漢城百濟 基層文化의 性格 -中島類型文化의 性格을 중심으로」, 『百濟研究』 26, 忠南大學校 百濟研究所.

44) 宋滿榮, 2003, 「中部地方 原三國 文化의 展開 過程과 韓濊 정치체의 動向」, 『강좌 한국고대사 10 -고대사연구원 변경』, 가락국사적개발연구원, 138쪽.

45) 권오영, 2009, 「원삼국기 한강유역 정치체의 존재양태와 백제국가의 통합양상」, 『고고학』 8-2, 중부고고학회; 권오영, 2010, 「馬韓의 종족성과 공간적 분포에 대한 검토」, 『韓國古代史研究』60, 韓國古代史學會; 박중국, 2012, 「중도문화의 지역성」, 『中央考古研究』11, 中央文化財研究院.

46) 尹善泰, 2001, 「馬韓의 辰王과 臣濆沽國」, 『百濟研究』34, 忠南大學校 百濟研究所, 23쪽.

47) 宋滿榮, 2003, 「中部地方 原三國 文化의 展開 過程과 韓濊 정치체의 動向」, 『강좌 한국고대사 10 -고대사연구원 변경』, 가락국사적개발연구원, 138쪽.

48) 金昌錫, 2008, 「古代 嶺西地域의 種族과 文化變動」, 『韓國古代史研究』51, 韓國古代史學會, 28~29쪽.

것도 예계 문화의 광범위한 분포가 그 배경이라고 판단되므로 그 분포 범위는 좀 더 넓었을 것으로 추정된다. 다만, 韓濊의 서울·경기와 호서북부 지역 중 일상용 토기로 보아 북쪽과 남쪽 문화의 점이지대로 볼 수 있는 경기 서해안과 남부, 호서북부 지역은 나머지 지역에 비해 예계 구성은 상대적으로 적었을 것으로 추정된다[49].

2. 분묘 출토 토기로 본 지역권

마한지역 2~3세기대 분묘에서 출토되는 토기는 원저호+심발형토기가 부장되는 경기남부~호서북부, 원저호나 평저호가 1점씩 부장되는 서울·경기지역, 좀 더 다양한 기종의 토기들이 2~3점씩 부장되는 호서서해안과 호서서남부, 호남 지역 등 3개의 지역권으로 대별된다(그림 9). 호서지역에서 금강중하류와 서해안지역은 심발형토기 부장전통이 별로 없지만, 서해안지역으로 갈수록 양이부호와 평저호와 같은 토기의 부장이 선호되었다는 차이는 일찍부터 지적된 바 있으며[50] 분묘의 다른 유물인 청동제 마형대구나 마구, 그리고 철정 등 금속유물 분포에서도 지역간 차이가 뚜렷하다.

이러한 지역 차이는 일부 지역에 한정되지만 특수한 의례형토기의 형태나 사용방법에서도 나타난다. 즉, 서울·경기지역의 경우 분묘에서 특수한 의례용토

---

49) 경기남부의 화성이나 용인 지역에 대해서는 주거나 토기로 보아 濊系에 속하지만, 분묘의 내용으로 보아 韓으로 볼 수 있다고 하였다(권오영 2010, 「馬韓의 종족성과 공간적 분포에 대한 검토」, 『韓國古代史研究』60, 韓國古代史學會, 16쪽). 뚜렷하게 한계의 양상을 보이는 호서서남부, 호남 지역에 비하면 예계의 구성도 있었던 것으로 볼 수 있어서 경기남부나 호서북부 지역까지도 韓濊로 나타내었다.

50) 成正鏞, 2006, 「中西部地域 原三國時代 土器 樣相」, 『韓國考古學報』60, 韓國考古學會.

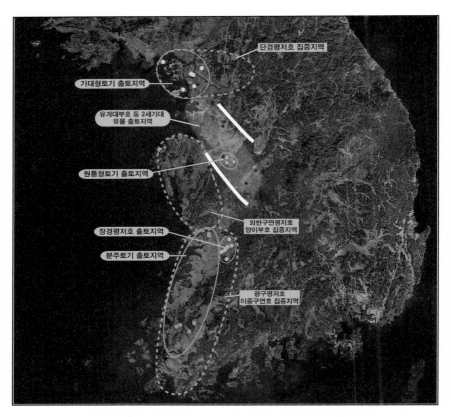

그림 9. 분묘 출토 토기의 공반과 의례용토기, 평저호로 본 마한의 지역권

기 사용이 그다지 확인되지 않지만, 호서북부지역은 매장시설의 부장이나 매납 유구에서, 호남지역은 분구 주변에 둘러 세워두는 분주토기로 나타나고 있다. 다만, 경기서해안지역에서도 일상적인 생활 토기가 아닌 의례용토기가 취락유 적에서 확인되고 있고, 전주·완주지역에서도 취락유적을 중심으로 의례용토 기로 볼 수 있는 토기가 출토되었다(그림 9).

이러한 분묘 출토 토기의 차이는 분묘 구조 차이와도 연계된다. 마한지역의 분묘는 중부지역에 주구가 없는 토광(목관)묘, 경기남부와 호서북부 지역에 매장시설은 지하에 있지만 주구가 달린 토광(목관)묘-소위 청당동형 주구토광묘 또는 주구토광묘, 호서서남부(서해안 포함)와 호남 지역에 매장시설이 거의 지면에 있으며 비교적 규모가 큰 주구(또는 분구)가 둘러진 소위 관창리형 주구토광묘 또는 분구묘로 구분되고 있다[51]. 그 중 소위 관창리형 주구토광묘 또는 분구묘는 규모가 큰 주구(또는 분구)를 갖고 있어서 의례용토기가 분묘에서 사용되기에 충분한 규모임을 알 수 있다.

그리고 분묘에서 대옹이나 소옹의 사용 또한 분묘 구조와 연계되어 차이를 보인다. 호남(호서서남부 일부 포함)지역은 대옹이나 소옹이 규모가 큰 분구나 주구에서 옹관으로 사용되지만, 호서북부지역은 대옹이나 소옹이 매장시설(목관)의 내부나 주위, 또는 주구에 매납되었다. 호서북부지역의 세부적인 양상을 보면, 옹이 주구에서 사용되는 유적들은 주로 천안, 아산, 연기 지역 등 서쪽에 위치하며, 청주지역 등 동쪽에서는 매장시설(목관)에 매납되는 양상을 보인다. 호서 서해안과 남부 지역, 경기서해안 지역에서도 주구에 매납된 옹이 확인되며, 주구가 확인되지 않는 경기북부지역에서는 옹의 사용 여부를 확인할 수 없다. 따라서 옹의 사용 방법에 따라 매장시설로 사용되는 호남지역, 그리고 주구 매납 지역과 목관 내 매납 지역으로 구분할 수 있다. 즉, 분구의 규모가 클수록 옹이 옹관으로 사용되었으며, 그러한 고분이 분포하는 지역에서는 주구와는 별개의 옹관묘도 확인된다.

그렇다면 분묘에서의 토기 차이는 왜 나타난 것일까? 앞에서 살펴본 것처럼

---

51) 李澤求, 2008, 「한반도 중서부지역 馬韓 墳丘墓」, 『한국고고학보』66, 한국고고학회; 권오영, 2009, 「원삼국기 한강유역 정치체의 존재양태와 백제국가의 통합양상」, 『고고학』8-2, 중부고고학회; 金承玉, 2011, 「중서부지역 마한계 분묘의 인식과 시공간적 전개과정」, 『韓國上古史學報』71, 韓國上古史學會.

생활문화에 있어서 점이지대적인 양상을 보이는 경기남부와 호서북부 지역은 분묘 토기에서 비교적 통일성이 보이지만, 나머지 지역은 동일 유적이라 하더라도 다양한 토기 기종이 사용되어 통일성이 떨어진다. 경기남부와 호서북부 지역이 3세기대 다른 지역과 분묘 출토 토기에서 뚜렷하게 차이가 나는 것은 2세기대부터 이 일대에서 보이는 새로운 분묘와 토기 문화 때문이 아닌가 추정된다. 원저심발형토기, 유개대부호 등을 포함한 2세기대 타날문토기[52]는 기존의 경질무문토기가 중심이었던 이 지역 토기문화와 비교해보면 다소 이질적인 것이다. 이에 대해서는 갑자기 출현하고 이후 일부만 이어진 점에서 외래적인 것으로 볼 수 있는데, 좀 더 구체적으로 중국 山東지역이 거론되고 있다[53][54].

3세기 이후 호서북부지역 분묘에는 주구가 채용되면서 기본적인 토기 공반 양상은 이어지지만 유개대부호가 점차 사라지고 원저에서 평저 심발형토기로 변화하여 토기 내용에 변화가 있다. 그리고 이 때부터 분묘의 조영도 활발해지는데, 이러한 변화는 외래계 토기가 유입되어 토착화되는 과정으로 이해된다. 그 과정에서 서해안지역의 소위 관창리형 주구토광묘의 주구라는 요소도 채용한 것으로 볼 수 있겠다[55]. 3세기대가 되면 호서 서해안이나 북부 지역 등 한반

---

52) 박순발, 2009, 「중서부지역 원삼국시대 토기 편년의 재고(再考)」, 『백제, 마한을 담다』, 백제역사문화관·충청남도역사문화연구원; 지민주, 2013, 「중부지역 마한 분묘 출토 토기류의 성격 -2세기대 유적을 중심으로-」, 『중부지역 원삼국시대 타날문토기의 등장과 전개』, 제10회 매산기념강좌 발표요지; 徐賢珠, 2016, 「湖西地域 原三國時代 墳墓遺物의 變遷과 周邊地域과의 關係」, 『湖西考古學』18, 湖西考古學會.

53) 유입 시기를 너무 올려본 문제가 있지만 원저심발형토기가 중국 山東지역의 회형토기와 이어지는 것으로 보고 있다(김장석, 2014, 「중부지역 격자문타날토기와 U자형토기의 등장」, 『한국고고학보』90, 한국고고학회.).

54) 박형열, 2015, 『榮山江流域 3~5세기 古墳 變遷』, 동국대학교 석사학위논문.

55) 호서북부지역의 2세기대 분묘와 달리 비슷한 시기의 서산 예천동 18-1호묘, 대체로 2세기대로 볼 수 있는 영광 군동 A-18호 주구토광묘에서도 주구가 보이므로 주구는 서해안지역에서 호서북부지역 등 내륙으로 확산된 것으로 추정되고 있다.

도 남부의 여러 지역에서 모두 분묘가 활발하게 조영되는데, 이로 보아 주구, 부장 토기 양상은 서로 영향을 미쳤던 것으로 추정된다. 즉, 경기남부와 호서북부지역은 2세기대 외래계 토기 양상에서 토기문화가 새롭게 형성되었고 그로 인해 지역성을 갖게 되었으며, 호서서해안지역 등도 그 영향을 받아 분묘의 조영과 토기 등에서 변화가 나타난다. 다만, 토기 내용에 있어서는 구별되는 모습이다. 오히려 호서 서해안이나 호남 지역은 원저단경호와 함께 평저호 등을 포함한 토기들이 상당수 부장되는 점에서 앞에서 언급한 석암리고분군 등 낙랑 분묘의 양상과 유사하다. 따라서 호서 서해안(서남부 포함), 호남 지역의 토기 부장 양상은 낙랑 등 군현지역으로부터의 영향도 있었던 것으로 이해된다.

그리고 3세기대 마한지역에서는 특수한 의례용토기 사용이나 형태에서의 차이도 확인된다. 그 사용 문제는 분묘 구조와도 연계되어 있지만, 토기 형태와 사용 방법은 토기 확산 과정을 어느정도 유추하게 한다. 호서북부지역에서 원통형토기 분묘 사용은 그 이전 시기의 유개대부호의 부장 양상과 연결된다. 다만, 토기 형태는 3세기 이후 토착화되는 과정에서 창원 다호리나 전주 신풍 49호 토광묘처럼 원통형토기로 바뀌고 있다. 이러한 토기 부장 또한 기본적으로 매장시설 내부나 주위에 매납되는 모습이다. 그런데 아산지역에서 이러한 토기 사용은 그다지 성행하지 못했을 뿐 아니라[56] 동쪽으로 거의 확산시키지도 못하였다. 다만 원통형토기 형태에 있어서 바닥의 원공은 호남지역 분주토기와의 교류에 의한 것으로 추정된다[57].

이에 비해 호남지역은 주구 규모가 큰 분묘를 사용하게 되어 다수의 의례용

---

56) 이러한 토기의 사용은 일부 유적에만 한정되어 나타나고 있다.

57) 徐賢珠, 2016, 「湖西地域 原三國時代 墳墓遺物의 變遷과 周邊地域과의 關係」, 『湖西考古學』18, 湖西考古學會.

토기 사용이 가능한데, 이 지역의 의례용토기는 호형 분주토기가 사용되고 있다. 그 형태는 기본적으로 호형이지만 세부적으로 상당히 다양하다. 다만, 그 사용 방법이 문제인데, 이에 대해서는 일본열도의 彌生시대 분구묘 등 특수토기, 古墳시대 埴輪 등과 이어지는 것으로 추정된다. 그런데 이러한 토기의 사용 방법은 호남지역보다 북쪽으로는 거의 확산되지 않았다. 따라서 호형 분주토기 사용은 한반도 서남부지역, 일본열도에서 보이는 남방적 요소로 볼 수 있으며, 대옹이나 소옹을 옹관으로 사용하는 것도 마찬가지라고 판단된다. 호서서해안 지역에서 분주토기 사용이 거의 없는 점[58]에서도 이는 호남지역을 중심으로 보이는 남방문화 요소로 이해된다. 조형토기도 후술할 다른 기타호나 평저호와는 달리 그 분포 양상이 거의 호서 서남부와 호남 지역에 국한된다. 토기의 출토 수량이 많지 않아서일 수도 있겠지만, 이 토기도 호서지역 북쪽으로 거의 확산되지 않는 점에서 남방적인 요소로 추정된다. 중국 江蘇省의 邳州 梁王城 출토 조형토기의 존재[59]나 소위 분구묘(관창리형 주구토광묘)가 중국 江南지역 土墩墓와 관련될 가능성이 제기된 점[60]에서도 한반도 서남부지역에는 남방문화적인 요소도 유입되어 있었던 것으로 추정된다[61].

경기서해안지역 취락유적에서 3세기대에 사용된 의례용토기는 사용 방법에서는 차이가 나지만 2세기대 경기남부와 호서북부 지역의 유개대부호와 기본적인 형태와 돌대, 투창 등이 유사하다. 2세기대 경기 서해안과 남부, 호서북부,

---

58) 서산 부장리유적 등 5세기대 고분에서도 보이지 않아 호남지역과는 차이가 난다.
59) 林永珍, 2015, 「韓·中·日 墳丘墓의 關聯性과 그 背景」, 『百濟學報』14, 百濟學會, 16쪽.
60) 林永珍, 2007, 「馬韓墳丘墓와 吳越土墩墓의 比較 檢討」, 『中國史研究』51, 中國史學會.
61) 마한의 지명 등을 분석한 결과 마한의 언어가 북방계의 부여계어, 남방계의 한계어로 구분되며, 그 기원이 북방과 남방의 복수일 가능성을 언급한 연구도 참고된다(도수희, 1993, 「마한어'에 관한 연구」, 『동방학지』80, 연세대학교 국학연구원).

영남동부 지역이 비슷한 철기문화로 이어진 점[62]에서 유개대부호가 변형·변용되었을 가능성도 있다. 호남지역 중 전주·완주지역의 장경평저호도 취락유적에서 출토되었는데, 현재까지의 출토상황으로 보아 이 지역은 분주토기가 확인되지 않는다. 따라서 이 토기도 일정 지역의 특징적인 의례용토기로 볼 수 있으며, 토기 형태는 바닥이 넓은 평저호에 무문토기인 흑도장경호의 긴 목이 채용된 것이 아닌가 추정된다. 토기 형태의 유사성과 함께 전주·완주 지역이 특히 흑도장경호 등 초기철기시대 문화(군집묘 등)가 집중적으로 확인된 곳이라는 점[63]에서도 이러한 추정이 가능하다.

따라서 3세기대에 마한지역이 지역마다 다양하게 토기들을 제작·사용하고, 그 과정에서 주변지역 문화의 유입, 교류나 교섭 등이 나타나는 것을 단적으로 보여주는 토기가 의례용토기라 할 수 있겠다. 이러한 토기를 통해 마한지역에 북방문화뿐 아니라 호남지역을 중심으로 남방문화적인 요소도 포함되어 있었음을 알 수 있다. 마지막으로 2세기대 분묘 관련 유물의 문화 양상이 생활문화와 마찬가지로 경기남부와 호서북부 지역을 거쳐 영남동부지역까지 이어지고 있는 점이 주목되는데, 두 지역의 문화 양상이 호서서남부지역 이남 권역보다 오히려 영남동부지역과 연계되는 것은 우선 앞에서 언급한 생활문화에 있어서 나타났던 문화권의 동질성에 기인한 것으로 판단된다. 그리고 이러한 양상은 三國志 魏書 東夷傳에 언급된 '마한의 목(월)지국을 진왕이 다스린다'(辰王治月支國 -三國志 魏

---

62) 金새봄, 2011, 「原三國後期 嶺南地域과 京畿·忠淸地域 鐵矛의 交流樣相」, 『한국고고학보』81, 한국고고학회; 김길식, 2014, 「2~3世紀 漢江 下流域 鐵製武器의 系統과 武器의 集中流入 背景 -김포 운양동유적 철제무기를 중심으로-」, 『百濟文化』50, 공주대학교 백제문화연구소.
63) 김승옥, 2016, 「만경강유역 점토대토기문화의 전개과정과 특징」, 『한국고고학보』99, 한국고고학회.

書30 東夷傳, 韓)와, '진한 12국은 진왕에게 신속되고, 진왕은 항상 마한 사람으로 삼았다'(其十二國屬辰王. 辰王常用馬韓人作之, 世世相繼. 辰王不得自立爲王. -三國志 魏書30 東夷傳, 韓, 弁辰傳)[64]라고 하는 문헌기록과 관련이 있지 않을까 추정된다. 이에 나타난 馬韓의 目支國, 辰王, 辰韓의 연계에 대해 구체적으로 설명하기는 어렵지만, 목지국 위치가 문헌사학이나 고고학계 모두 아산, 천안 등 호서서북부지역으로 비정되는 의견이 많은 점에서 고고학적으로 나타난 호서북부와 영남동부 지역의 밀접한 관계를 보여주는 기록이 아닌가 판단된다.

3. 평저호류로 본 지역권

취락과 분묘 유적에서의 토기 공반 양상은 2~3세기대 큰 지역권별 차이를 잘 드러내준다. 타날문토기 중 다양한 기종이 보이는 호서 서해안과 서남부와 호남 지역은 양이부호, 이중구연호, 평저호 등에서 세부적인 지역성을 드러내고 있다. 이 토기들은 모두 3세기를 전후하여 나타난 것으로 추정된다.

양이부호는 평저와 원저 토기 모두 호서 서해안과 서남부, 호남 지역에 집중되고 있고, 호서북부지역은 원저 토기이다. 나머지 지역은 파편이어서 확인이 어렵다. 이중구연호는 호서 서해안과 북부 지역, 그 이북에서 확인할 수 있는 자료가 거의 원저 토기이며, 호서서남부 일부와 호남 지역에서는 평저와 원저 토기가 모두 보인다. 특히, 평저의 이중구연호는 호남서부지역에 많다. 그리고

---

64) 後漢書 東夷列傳에 의하면, '마한이 가장 강대하여 그 종족들이 함께 王을 세워 辰王으로 삼아 目支國에 도읍하고 三韓의 王으로 군림하는데, 諸國王의 선대는 모두 마한 종족의 사람이다.'(馬韓最大, 共立其種爲辰王, 都目支國, 盡王三韓之地. 其諸國王先皆是馬韓種人焉. -後漢書, 東夷列傳, 韓)라고 하였는데, 辰王이 三韓의 왕이라고 하여 三國志 내용과는 차이가 있다.

평저호 중 단경평저호는 서울·경기지역, 외반구연평저호는 호서 서해안지역, 광구평저호는 호서서남부지역과 호남지역에 다소 집중되는 모습이다. 호서북부지역에서는 이 토기들이 출토되는 수량은 많지 않다. 따라서 이 토기들이 분포하는 지역은 서울·경기지역을 중심으로 하는 단경평저호 분포권, 호서 서해안과 남부 지역을 중심으로 하는 양이부호와 외반구연평저호 분포권, 호서서남부 일부와 호남지역을 중심으로 하는 이중구연호(평저)와 광구단경호 분포권으로 세분이 가능하다. 이 외에도 경기남부와 호서북부 지역은 이러한 기종의 토기들이 상당히 소수여서 다른 분포권으로 구분할 수 있을 것이다(그림 9).

　주거나 분묘의 양상에서 어느정도 동일 문화권으로 구분되었던 호서서해안과 호남 지역이 평저호 등으로 인해 토기 양상이 구분되는 모습이 확인되는 점은 주목된다. 물론 이 토기들은 모두 낙랑 등 군현지역 토기와 관련되는 것이지만 지역별로 기종을 달리하면서 분포한다는 것은 어느정도 차별화하려는 의도가 있었다고 볼 수 있을 것이다. 특히, 서울·경기지역보다 좀 더 남쪽에서 양이부호나 이중구연호가 집중 분포되는 점에서도 이 토기를 사용하면서 갖는 차별화가 의도되었던 것으로 여겨진다. 이러한 토기 사용의 의미에 대해 단순한 편의성으로만 보기는 어려운데, 만일 그러했다면 다른 일상용 토기처럼 다른 지역에서도 더 많이 나타났을 것이기 때문이다. 현재의 분포 양상으로 본다면 이 토기들은 낙랑 등 군현지역을 포함하여 중국 기물의 영향을 받아 나타났지만 이에 가까운 경기북부지역부터 순차적으로 확산되었다고 볼 수는 없다고 판단된다. 이중구연호가 연천 강내리유적을 포함한 경기북부지역에서 출토되더라도 상당히 소수여서 경기서해안지역 등 다른 지역과의 교류를 통해 들어왔을 수도 있다고 판단되기 때문이다. 호서서해안과 호남 지역은 분묘의 주구 형태에서 방형, 제형이 각각 주류를 이루며, 특히 호남지역(호서서남부 일부 포함)은 분주토기, 소옹이나 대옹의 옹관 사용, 조형토기 등 앞에서 남방적인 요소로 언급한 몇가지 토기 양상들이 중심을 이루고 있어서 두 지역간에도 어느정도 차별화가 있었던 것으로 추정된다. 서울·경기지역의 단경평저호는 일찍부터 지적된 것처럼 지리적으로 가까운 낙랑지역의 단경평저호의 영향으로 나타난 것으로 추정된다. 그리고 경기서부지역의 양이부호나 이중구연호는 좀 더 서해안을 따라 이어지는 남쪽과의 활발한 교류로 인해 나타난 것으로 보아야 할 것이다. 이 시기에 낙랑이나 대방의 군현지역에서 일본열도까지 서해안과 남해안을 따라 교섭이나 교류가 활발했기 때문이다.

이렇게 3세기대에 경기 서해안과 호서서해안, 호남 지역의 세부적인 지역성을 보여주는 양이부호, 이중구연호, 평저호의 분포 양상은 소국이나 그 연맹체와 연계된 지역권의 정체성을 표현하려는 의도도 있었던 것으로 볼 수 있다. 이러한 토기들이 나타나는 시점이 분묘가 군집을 이루며 조성되어 지역별로 소국의 부상을 추정해볼 수 있는 때이기도 하기 때문이다. 그런데 마한의 토기문화는 특징적인 토기를 중심으로 세부적으로 지역권을 달리하여 서로 영향을 주고 받기도 하는데, 중심지역이건 외곽지역이건 간에 이를 그대로 받아들이기보다는 그 지역의 양상에 맞게 변형·변용시키고 있다. 그리고 동일 지역권이나 동일 유적의 토기라 하더라도 그 분포가 집중되지 못하고 경기남부와 호서북부지역을 제외하면 토기의 세부적인 모습도 통일성이 약한 편이다. 이는 당시 대부분의 마한 소국들의 정치적인 결속력이 그다지 강하지 못했음을 보여주는 것으로 추정된다. 그리고 이러한 양상이 마한의 소국이나 소국연맹체와 바로 연결시켜 이해되기 어렵더라도 소국이나 그 연맹체의 차별화 의도와 함께 문화적 동질성도 주된 요인이었던 것으로 추정된다.

V. 맺음말

이제까지 마한의 여러 지역에서 출토되는 토기가 갖는 공통성과 지역성에 대해 유적 성격을 고려하면서 기종이나 형태, 분묘에서의 공반 양상 등을 중심으로 살펴보았다.

마한 토기의 지역적인 차이는 시기나 토기 기종별로 다른 배경을 갖는다. 일상용 토기는 주거 구조와 함께 2개의 지역권으로 대별된다. 이는 두만강유역 등으로부터의 중부지역으로 유입되는 새로운 생활문화의 정착, 확산과 함께 청동기시대까지 연원이 올라가는 자연지형상의 구분, 문화적 계통 차이가 중요한 요인이었던 것으로 추정되며 그 경계지역에는 문화적 점이지대도 있었던 것으로 파악된다. 이는 이 시기의 종족적 구성과도 연계되는데 韓濊, 韓으로 구분할 수 있다. 그리고 분묘 출토 토기, 분묘 구조는 2세기대 새로운 분묘와 토기문화의 유입으로 인해 생활문화에 있어서 문화적 점이지대였던 경기남부, 호서북부 지역이 별도의 지역권을 형성하게 되면서 3개의 지역권으로 구분된다. 특히, 경기남부와 호서북부 지역은 토기나 철기 문화로 보아 2세기대부터 영남동부지역과도 상당히 밀접한 모습을 보여주어 주목된다. 이는 구체적인 상황은 알 수 없지만 삼국지 위서 동이전 등에서 보이는 馬韓의 目支國, 辰王, 辰韓 등이 연계되어 있는 문헌기록 양상을 반영하고 있는 것이 아닌가 추정된다.

마한지역은 양이부호, 이중구연호, 평저호 등 특징적인 호류로 보아 경기서해안지역, 호서 서해안과 남부, 호남 지역의 경우 지역권의 세분이 가능하다. 이러한 양상이 마한의 소국이나 소국연맹체와 바로 연결시켜 이해되기 어렵지만, 소국과 연계된 지역권별 차별화 의도는 어느정도 있었다고 볼 수 있을 것이다. 토기들이 지역권들간에 영향을 주고 받은 경우가 종종 있는데 그대로 받아들이기보다는 그 지역의 양상에 맞게 변형·변용시키고 있다. 그리고 동일 지역권이나 유적의 토기라 하더라도 그 분포가 집중되지 못하고 경기남부와 호서 북부 지역을 제외하면 토기의 세부적인 모습도 통일성이 약한 편이다. 이로 보아 당시 마한 소국들의 정치적인 결속력은 그다지 강하지 못했으며, 마한 토기 문화의 지역성은 소국이나 그 연맹체의 차별화 의도와 함께 문화적 동질성도 주된 요인이었던 것으로 추정된다.

이 글에서는 마한 토기의 지역성에 대해 전반적으로 다루지 못하고, 지역성이 비교적 잘 파악되는 2~3세기, 거의 3세기 이후를 다루었다. 상당히 넓은 지역의 토기 양상을 파악하려다보니 세부적인 지역 차이에 대해서는 언급하지 못한 부분도 많다. 이에 대해서는 앞으로 보완해 나가고자 한다.

주거유적 출토 마한토기

이영철 대한문화재연구원

마한은 54개국 내외로 구성된 소국들이 지금의 경기, 충청, 전라 지역을 무대로 기원전 3~1세기경에 출현한 후, 백제 국가의 성립과 확장으로 인해 지역 혹은 소국마다 병합의 시기를 달리하면서 소멸하였다. 한강유역은 3세기 중엽 전후, 금강유역은 4세기 중엽 전후, 영산강유역은 4세기 중엽(5세기 혹은 6세기 전반)에 이르러 백제 국가에 편입된 것으로 알려져 있다. 마한 출현 시기도 그러하지만 소멸 시기 또한 지역 내지 공간에 따라 달리 이루어졌다는 그간의 연구는 결국 마한사회의 생활사를 포함한 문화와 정치적 실체를 확인하는데 매우 어려운 과제를 남겨두었다.

본 발표 주제인 "주거유적 출토 마한토기"를 정리하는데 있어, 우선 풀어야할 과제는 어떤 주거유적을 마한의 주거유적으로 볼 것인가에 대한 고민에서 출발해야 할 것이다. 그간 조사된 주거유적을 검토해 보면 한 세기 이내로 단기간 유지되다 소멸된 경우도 있지만, 백년 혹은 수백 년에 걸쳐 지속된 사례들이 적지 않다. 특히 후자에 해당하는 경우 마한으로부터 백제로 이행해가는 과도기적 시간이 포함된 주거유적들이 상당수임을 감안할 때, "이 취락유적이 마한의 주거유적이다"라고 단정하기가 쉽지 않다. 이는 주거유적 출토 마한토기를 정리하는데 있어서도 마찬가지다. 따라서 본 발표에서는 중심 시기가 원삼국시대에 해당하는 주거유적 사례를 검토하여 마한토기를 정리해 보고자 한다.

Ⅰ. 마한(계) 주거지[1]와 출토 토기의 유역별 검토

마한 주거지는 일찍이 김승옥[2]에 의해 규정되었는데, 호남지역의 마한세력이 백제에 편입되는 시기가 다른 지역에 비해 최소한 '문화적으로'늦은 시기에 통합되었다는 점에 주목하여 그 명칭을 사용함을 밝힌 바 있다.

마한 주거지는 단면삼각형점토대토기가 발견되는 초기철기시대로부터 논할 수 있지만, 출현기의 자료가 아직은 절대적으로 부족한 실정이다. 최근 한강유역을 중심으로 한 중부지방에서 이른 시기의 마한 주거지 사례가 늘어나고 있지만[3], 금강유역의 호서지역과 영산강유역의 호남지역도 별반 다르지 않는 상황이다. 주거나 취락 연구자들이 이해하는 마한 주거지는 '마한계 주거지'혹은 '원삼국시대 주거지'라 할 수 있다. 마한 주거지는 지역에 따라 유형과 점유 시기가 달리 확인되는데, 발표문에서는 한강유역과 금강유역 그리고 영산강유역으로 구분해 마한의 주거유형을 살피고 출토된 토기류를 검토해 보겠다.

1. 한강유역

한강유역을 중심으로 한 중부지방의 원삼국시대 주거 문화는 중도식 주거지와 마한계 주거지 구분하고 있다. 마한계 주거지는 경기 남서부지역과 인천을 중심으로 분포하고 있는데, 주거유적은 주로 낮은 구릉과 하천을 낀 충적지에 형성된다. 경기 남서부와 인천 지역에는 마한계 주거유적뿐만 아니라 분구묘,

---

1) 마한계주거지는 마한의 주거 전통을 가진 주거지라는 의미이지 마한 주거지만을 의미한 것은 아니다(송만영, 2013, 『중부지방 취락고고학 연구』, 서경문화사, 138쪽)
2) 김승옥, 2000, 「호남지역 마한 주거지의 편년」, 『호남고고학보』 11, 호남고고학회.
3) 김승옥, 2000, 「호남지역 마한 주거지의 편년」, 『호남고고학보』 11, 호남고고학회.

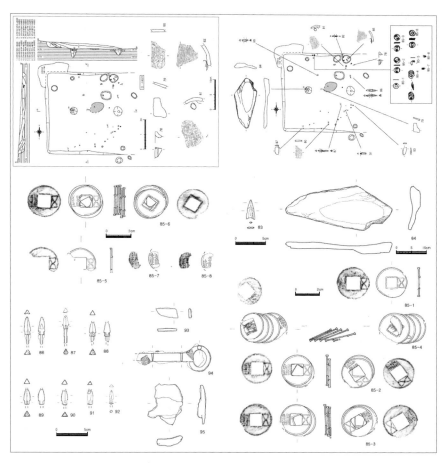

그림 1. 인천 운복동유적 2호주거지 및 출토유물

주구토광묘와 같은 마한계 고분들이 일정한 분포권을 형성하고 있는데, 이는 호서 · 호남지역과도 닮아 있음을 알 수 있다[4].

---

4) 권오영, 2009, 「원삼국기 한강유역 정치체의 존재양태와 백제국가의 통합양상」, 『고고학』 8-2, 서울경기고고학회.

한강유역을 중심으로 한 중부지역의 마한계 주거지는 장방형과 방형의 평면 형태가 주류를 이루나, 네 모서리가 둥글게 처리되어 장타원형인 경우도 있다. 주거지 내부에는 취사, 난방 시설인 노지 내지 구들이 설치되며, 네 벽면 아래로 벽구가 설치되기도 한다.

주거지 네 모서리 안쪽에 기둥이 배치되어 사주식 주거지로 이해하고 있는데, 이 같은 유형은 경기 서남부지역에서 차지하는 비율이 10% 내외이며, 3~4세기에만 존재한[5] 것으로 알려져 있다. 중부지역 주거와 취락을 연구한 송만영[6]은 중도식 주거지와 마한계 주거지를 구분할 때, 돌출된 출입시설이 없는 점과 사주식의 기둥 배치를 마한계 주거지의 가장 큰 특징으로 파악하였다. 이외에도 취사, 난방시설의 변화과정에 차이가 있다고 지적하였다. 그의 연구에 따르면 마한계 주거지는 지면을 얕게 파거나 특별한 시설 없이 지면 위에 불을 피우는 무시설식 노지가 일반적이며, 외줄 구들은 중도식 주거지와는 반대로 'ㅣ'자형에서 'ㄱ'자형으로 변화한다. 또한 구들을 만들 때 기반토를 그대로 남겨 만든 경우가 많다고 보았다. 인천 운북동유적 2호 주거지는 중부지역에서 가장 이른 마한계 주거지로 알려져 있는데, 장방형의 평면 형태에 중앙에 무시설 노지가 설치된 이주식(二柱式) 구조이다. 주거지에서는 삼각형점토대토기와 낙랑계 분형토기(혹은 백색토기), 철경동촉, 환두도자, 오수전이 출토되어 기원전 1세기 전반으로 비정되고 있다.

이후 확인된 마한계 주거지로는 기원후 2세기[7] 중후반으로 알려진 시흥 목감동유적 1호 주거지를 들 수 있다.

---

5) 송만영, 2012, 「경기 남부 마한계 주거지의 변천」, 『고문화』 80, 한국대학박물관협회.
6) 송만영, 2012, 「경기 남부 마한계 주거지의 변천」, 『고문화』 80, 한국대학박물관협회.
7) 저부 굽이 퇴화되고 동최대경이 상위에 위치한 형식의 외반구연옹은 4세기 중후엽(Ⅲ-2분기)을 중심으로 출현한다고 보고 있어(김무중, 2016, 우정의 고고학, 188페이지 도9 참조) 주거지의 연대 검토가 요구된다.

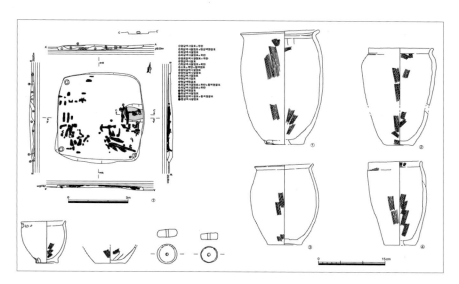

그림 2. 시흥 목감동유적 1호 주거지 및 출토유물

방형의 평면 형태에 점토로 만든 짧은 'ㅣ'자형 외줄 구들(점토부뚜막)이 설치
하고 발을 뒤집어 지각으로 사용하였다. 네 모서리 안쪽에 기둥을 배치한 사주
식 구조이다. 유물은 구들 주변에서 자비용기로 볼 수 있는 평저의 경질무문토
기옹과 굽이 딸린 발 그리고 방추차가 출토되었다. 주거지 출토 토기는 옹류 일
색의 단순한 자비용기 중심으로 구성되며, 공반된 타날문토기는 없다.

'ㅣ'자형 외줄구들과 무시설식 노지는 3세기 후반까지 공존하며 지속되는데,
사주식 구조를 띤 마한계 주거지 또한 이 무렵부터 출현한다. 화성 발안리, 고
금산, 요리, 석우리유적, 인천 운남동, 파주 문산 당동리유적 등에서 확인된다.
한강유역에서 사주식 주거지를 포함한 마한계 주거지의 모습은 백제가 고대국
가의 기틀을 잡는 3세기 중엽 이후로 몸·凸자형(육각형) 주거지가 출현하면서
변형된다.

한강유역을 중심으로 조사된 사주식 주거지에서 출토된 토기류는 공반된 토

제품, 철기류, 석기류 가운데 빈도가 가장 높다. 다만 몇몇 유적을 제외하면 출토량이 적고 대부분이 편으로 수습된 한계점이 있다. 때문에 유물 출토가 양호한 유적 일부를 대상으로 주거출토 토기를 정리해 보겠다.

기원후 2세기대 내지는 3세기 중반 이전의 마한계 주거지로 볼 수 있는 파주 문산 당동리 유적 사주식 주거지는 1지점 8호 주거지로 방형의 평면형태를 갖추고 북벽 중앙에 노지를 시설하였다, 주거지 내에서는 중도식경질무문토기 외반구연호와 타날문토기 등이 출토되었는데, 대부분 편으로 보고되었다. 보고서에서는 64개체로 구분하여 보고되었는데, 중도식경질무문토기 43개체, 타날문토기 21개체이다. 중도식경질무문토기는 구연부가 외반된 평저 발과 옹이 주류를 차지하며, 타날문토기는 정격자와 사격자 문양이 타날된 평저발과 옹 기종이 중심이다. 용량이 큰 저장용기보다는 자비용 중심의 일상용기로 구성된 토기류는 기종구성이 옹과 발 중심으로 단순하며, 시루는 출토되지 않았다. 다만 시기 차이가 크지 않은 다른 주거지에서 시루, 발, 외반구연의 단경호 등이 출토되고 있어, 주거지마다 기종의 보유·사용 정도는 달랐을 가능성이 커 보인다. 시루는 중도식경질무문토기에서 타날문토기로 대체되는 단계라 할 수 있다. 자비용기의 대표적 기종은 장란형토기 역시 평저를 갖춘 이른 시기의 속성을 유지하고 있다[8]. 이외 낙랑계토기가 출토되어 주목되는데, 이는 서북한지역과 문화 교류의 일면을 보여주는 것이라 할 수 있어, 인천 운봉동유적 2호 주거지와 연계해서 살펴볼 필요가 있다[9].

---

8) 장란형토기는 저부가 말각평저를 이룬다. 경부는 짧고, 구연은 외반되면서 끝을 편평하게 마감하였다. 외면에은 사격자문을 타날한 후 경부와 구연부를 물손질로 소문 처리하였다. 3세기 중반 이전의 속성으로 판단된다(京畿文化財團 附設 京畿文化財研究院, 2009, 『汶山 堂洞里 遺蹟』)
9) 낙랑계토기는 호형토기 1점, 분형토기 1점, 기종을 알 수 없는 동체부편 1점이 출토되었다.

중도식경질무문토기와 타날문토기가 함께 출토되는 유적은 화성 고금산 유적, 당하리 I 유적, 마하리유적 등이 있다. 화성 고금산 유적은 유적의 점유시점을 3세기 중반으로 보고 있으며, 토기는 중도식경질무문토기 평저호와 백제 한성양식의 심발형 타날문토기가 공반되고 있어 유적의 하한 근거로 볼 수 있다. 이는 화성 고금산유적 보다 늦은 화성 당하리 I 유적과 마하리유적도 유사하다. 당하리 I 유적은 출토된 토기에 대해 2개의 분기를 설정하고 있는데, I 기는 2세기 후반~3세기 전반으로 중도식경질무문토기와 타날문토기가 공반되며, II 기는 3세기 전반~3세기 후반으로 원삼국토기 복합체(중도식토기+타날문토기)와 백제토기 복합체가 혼재하는 양상이다[10]. 마하리유적의 경우에도 2기의 주거지가 중복관계를 보이며 원삼국에서 백제로의 토기변화상을 잘 보여준다[11].

이 세 유적은 백제 한성양식 토기의 출현과 더불어 소멸되는 모습을 보이는데, 백제의 국가성립과 관련된다고 이해된다.

한편, 백제의 지방 지배체제에 편입된 이후, 장란형토기, 심발형토기, 호 등에서 백제화된 한성백제 양식의 토기가 출토되는 유적은 화성 당하리 II 유적, 왕림리 유적, 발안리 유적, 석우리 먹실 유적, 천천리 유적, 파주 능산리 유적, 안성 도기동 유적, 김포 양촌 유적 등이 있다. 이 시기 유적에서는 장란형토기, 심발형토기, 호와 같은 생활용기만이 출토되는 주거지와 고배, 삼족기, 흑색마연토기 등의 소위 위세품으로 분류되는 유물이 함께 출토되는 주거지가 구분되는 경향을 보인다. 한 예로 거리적으로 인접한 화성 왕림리 유적과 당하리 II유적을 들 수 있다. 당하리 II유적에서 고배와 흑색마연토기와 같은 위세를 상징하는 토기가 출토된 반면, 왕림리유적에서는 생활용기만이 출토되었다. 취락유

---

10) 숭실대학교박물관 · 서울대학교박물관, 2000,『華城 堂下里 I 遺蹟』.
11) 서울대학교박물관, 2005,『華城 馬霞里 百濟 집터』.

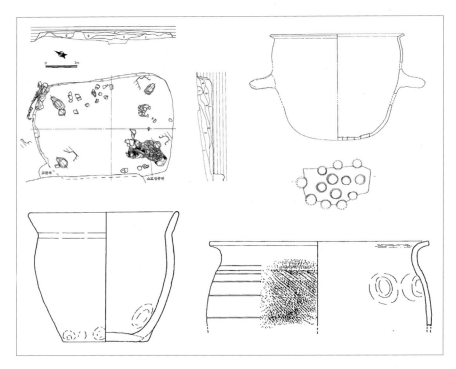

그림 3. 화성 고금산유적 2호 주거지 및 출토유물

적 내 주거지 출토유물의 기종과 질적 변화는 백제 국가로의 편입과정에서 드러난 취락 간 위계화의 근거로 이해할 수 있는데, 마한계 주거지와 취락이 유행하던 원삼국시대에서는 좀처럼 드러나지 않는 현상이라 할 수 있다.

　3세기 중엽을 전후해 백제 영역화가 진행된 한강유역의 주거지와 취락 정황을 정리해보겠다. 마한의 출범이 진행된 기원전 2세기를 전후해서는 중도식경질무문토기류가 주거지의 일상토기로 자리하는데, 발과 옹 중심의 자비용기류가 중심 기종인 듯하다. 한편, 인천 운복동유적 2호 주거지와 같이 낙랑계토기를 보유한 일부 주거지의 경우 공반된 외래유물의 출토율이 높다는 점에서 마한계 주거지의 범주로 포함시킬 수 있는지는 의문이다.

2. 금강유역

금강유역을 중심으로 한 호서지역의 원삼국시대 주거 문화는 마한계 주거지와 백제계 주거지로 구분된다. 또한 마한계 주거지는 사주식 주거지가 출현하는 3세기를 전후하여 세분되는데, 2세기 말까지는 비사주식의 원형계와 방형계

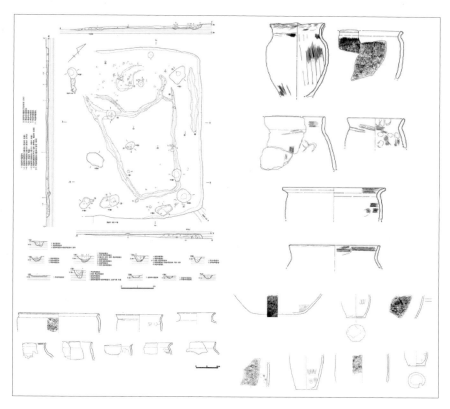

그림 4. 파주 당동리유적 사주식 주거지 및 출토유물

주거형태가 주를 차지한다. 이후 사주식의 방형계 주거지가 출현하면서 비사주식의 원형계 주거형태와 병존해가다가 4세기 중엽 이후로는 백제계 주거형태가 출현하는 변화를 보인다.

일찍이 금강유역권 고고자료는 한남정맥과 금북정맥의 산계와 금강의 본류와 지류를 기준한 수계 등의 자연 경계를 근거로 지역권을 구분해 왔다. 미호천의 상류역권과 중하류역권, 갑천유역권, 정안천유역권, 논산천·석성천유역권, 금강하류역권, 곡교천유역권, 서해안유역권으로 구분[12]하거나, 동북부지역, 서북부지역, 동남부지역, 서남부지역, 서해안지역으로 구분[13]한 연구 등이 참조된다. 이와 같은 지역 구분은 연구 대상인 해당 유적과 유물을 분석한 결과를 토대로 주장되었는데, 본 발표와 관련된 주거유적과 출토토기에서도 크게 다르지 않는 것 같다.

금강유역의 사주식 주거지는 곡교천과 미호천 하류역 중심의 서북부 쪽에 주로 분포한 반면 미호천 상류와 중류역 등의 동북부와 당진 서천 등의 서해안 쪽은 비사주식의 방형계가, 대전을 중심으로 한 동남부 쪽은 원형계 주거형태가 중심을 이루고 있어, 원삼국시대에는 지역에 따라 주거지의 평면형태가 달리한다고 볼 수 있다.

주거지의 지역적 차이는 시루와 장란형토기, 동이와 같은 주거출토 자비용기 분석[14] 결과에서도 유사함을 알 수 있다. 원삼국시대 금강유역권의 시루는 평

---

12) 성정용, 2006, 「중서부지역 원삼국시대 토기 양상」, 『한국고고학보』 60, 한국고고학회.

13) 서현주, 2011, 「3~5세기 금강유역권의 지역성과 확산」, 『호남고고학보』 37, 호남고고학회.

14) 정종태, 2006, 「백제 취사용기의 유형과 전개양상:중서부지방 출토자료를 중심으로」, 충남대학교석사학위논문; 서현주, 2011, 「3~5세기 금강유역권의 지역성과 확산」, 『호남고고학보』 37, 호남고고학회.

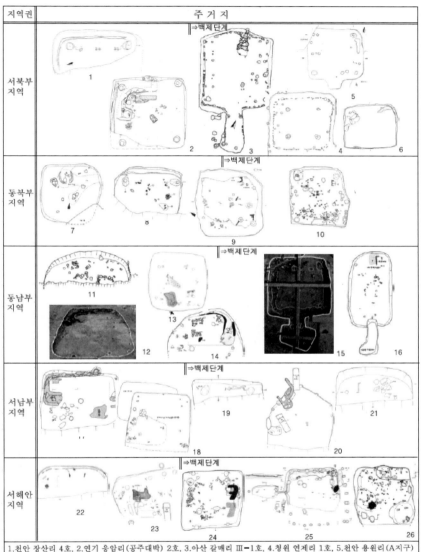

지역권	주 거 지
서북부 지역	⇒백제단계
동북부 지역	⇒백제단계
동남부 지역	⇒백제단계
서남부 지역	⇒백제단계
서해안 지역	⇒백제단계

1.천안 장산리 4호, 2.연기 응암리(공주대박) 2호, 3.아산 갈매리 Ⅲ—1호, 4.청원 연계리 1호, 5.천안 용원리(A지구)
Ⅰ—4, 6.Ⅱ—21호, 7.청주 명암동 Ⅰ—4호, 8.진천 신월리 3호, 9.청주 명암동Ⅱ—1호, 10.청원 풍정리, 11.대전
오정동 5호, 12.대전 용계동 29호, 13.대전 장대동 3호, 14.대전 판암동 1호, 15.대전 지족동 2호, 16.대전 추목동 1호,
17.서천 지산리 Ⅱ—11호, 18.서천 송내리 Ⅰ—12호, 19.서천 봉선리 1—1호, 20.3—Ⅰ—1호, 21.2—3호,
22.서산 기지리 Ⅱ—2호, 23.당진 원당리 2—2호, 24.서산 부장리 Ⅰ—76호, 25.서산 언암리 가—1호, 26.가—6호

그림 5. 금강유역권 지역권별 주거지 변화(서현주 2011)

저를 띤 경질무문토기 기종과 타날문 토기로 구분되는데, 후자는 원저계와 평저계로 세분된다. 원저계 타날문 시루는 아산 갈매리, 청주 명암동유적 등 금강 이북을 중심으로, 평저계 시루는 대전 오정동, 서천 송내리지산리, 당진 원당리 등 금강이남을 중심으로 한 분포권을 가진다.

시루, 장란형토기, 동이와 같은 자비용기는 주거지의 가장 중요 요소인 점토로 만든 부뚜막과 쪽구들 구축과 관련해 검토가 요구되는데, 노 시설은 원형계와 방형계 주거지 모두 원삼국시대부터 나타난다는 점에서 주목할 필요가 있다. 결국 주거지 내부에 고정된 노 시설의 구축은 자비용기 중심인 일상토기에도 영향을 끼쳤음을 알 수 있으며, 경질무문토기와 타날문토기로 제작된 원삼국시대 토기는 4세기 중반부터 백제 한성양식토기의 영향이 증가되어 백제토기로 교체됨으로써[15] 마한 관련 주거출토 토기를 정리하는데 유효한 자료가 아닌가 싶다.

호서지역에서 조사된 원삼국시대 대표 주거유적은 해미 기지리, 천안 장산리 · 두정동, 아산 갈매리, 진천 삼룡리, 서천 송내리, 대전 오정동 · 구성동 · 용계동, 전주 동산동유적 등을 들 수 있다. 이 가운데 대전 용계동유적과 만경강 수계에 위치한 전주 동산동유적을 검토하여 금강유역권의 주거유적 출토 마한토기 내용을 살펴보도록 하겠다.

대전 용계동유적은 갑천이 동쪽으로 조망되는 구릉에 위치한다. 주거지 443동과 환호, 토기가마 등이 어우러진 중심취락이다. 원형계의 주거형태가 선행한 후 방형계의 소형 주거지와 사주식 주거지가 들어서는 변화를 보인다. 부뚜막과 쪽구들을 갖춘 노 시설이 대부분의 주거지에서 확인되고 있으며, 벽구와 장타원형수혈, 주혈 등이 조사되었다. 주거지에서는 경질무문토기와 함께 격자문타날

---

15) 성정용, 2006, 「중서부지역 원삼국시대 토기 양상」, 『한국고고학보』 60, 한국고고학회.

의 발, 장란형토기, 시루를 비롯하여 대옹, 직구옹, 단경호, 양이부호, 이중구연
호(241호), 주구토기, 뚜껑, 파수부완, 조형토기(128호), 파배 등이 출토되었다.
주거 내 노 시설이 갖추어지면서 가장 눈에 띄는 토기 구성은 역시 자비용기류
라 할 수 있다. 장란형토기와 시루, 그리고 발의 경우는 경질무문토기 전통으로
부터 연질의 타날문이 가해진 질적 변화가 감지된다. 타날문의 경우도 격자문이
주를 차지하지만, 평행문 혹은 평행문+침선이 가미된 늦은 요소들도 나타나고
있다. 장란형토기는 평저보다는 환저를 띠는 형식이 대부분인데, 기면에 타날을
가하지 않거나 타날 후 소문 처리한 기법이 눈에 띈다. 또한 구연부의 외반 정도
가 미약한 경질무문토기 요소를 담는 사례도 적지 않다는 점에서 역시 경질무문
토기 제작 기법이 타날문토기 유입 이후에도 지속되었음을 알 수 있다.

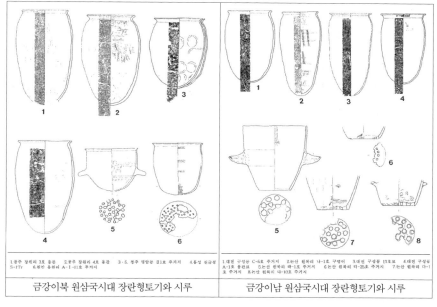

| 금강이북 원삼국시대 장란형토기와 시루 | 금강이남 원삼국시대 장란형토기와 시루 |

그림 6. 금강이북·이남 출토 원삼국시대 장란형토기와 시루 비교(정종태 2006)

이 같은 현상은 시루나 발 기종에서도 확인된다. 중기공이 촘촘하고 말각 저부를 이룬 형식의 시루, 기면에 타날을 가하지 않은 경질무문토기 요소를 남기고 있는 발의 출토가 이를 뒷받침해준다.

한편 구릉 상에 입지한 유적의 환경 탓에 완벽한 원형을 보이는 사례가 많지 않아 단정하기는 어렵지만, 자비용기의 주거별 보유량은 높지 않은 것으로 판단된다. 물론 주거 규모와 상관된 결과일수도 있겠지만, 영산강 마한계 주거유적과 비교해 볼 때 다른 점임은 분명해 보인다. 보고서 검토 과정에서 눈에 띈 현상 가운데 하나는 곡물의 종자 등을 보관했던 용기로 추정되는 단경호의 출토율이다. 많게는 5개체 정도가 하나의 주거지에서 출토된 단경호는 소성도가 높지 않은 연질 소성품인데, 기면에 평행타날과 침선 조정이 복합적으로 베풀어진 사례들이 많다.

원삼국시대 분묘 유적에서 부장품으로 선호했던 단경호와 양이부호가 주거지에서도 출토되는 사례가 증가함을 보여주고 있는 용계동유적을 통해 주거지에서 사용된 몇몇 기종(호형토기와 양이부호, 발)들은 분묘 부장토기로도, 주거 일상토기로도 사용되었음을 알 수 있다.

이밖에 저장용기로는 대옹과 직구옹이 일부 주거지에서 사용되고 있으며, 조형토기가 출토된 경우도 있어 주거 간 구성원들의 성격이 달리하였을 가능성도 검토해 볼 필요가 있다. 유적의 규모나 지리적 위치에서 알 수 있듯이 중심취락 규모를 갖춘 용계동유적 사람들은 외부 지역과의 교류관계도 활발히 진행되었던 것으로 판단된다. 이는 가야계 양이부호(357호)와 단경호(80호) 그리고 서해안지역의 화분형토기(평저토기 83호,219호) 등을 통해 유추할 수 있다.

대전 용계동유적은 일상토기에 타날문토기 요소가 본격적으로 확산·보급되는 과정을 보여준 대표적 주거유적이라 할 수 있다. 또한 타날문토기 제작기술의 유입은 주거지에서 사용된 일상토기의 기종 다양화와 주거별 토기 보유량의

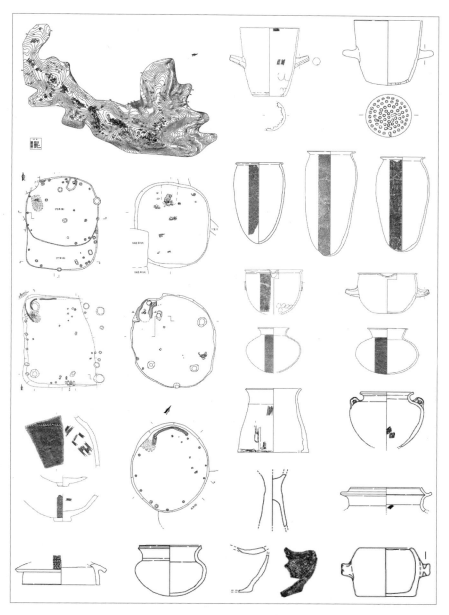

그림 7. 대전 용계동 유구 배치도와 주거유형·출토유물

확대라는 결과를 가져왔으며, 특정 기종들은 분묘의 부장토기로도 사용되었다고 판단된다.

전주 동산동유적은 만경강으로 합류하는 전주천 지류의 충적대지에 위치한다. 가·나지구에서 원삼국시대 주거지 137동과 옹관묘 6기, 수혈 등의 유구가 조사되었다. 주거지는 모두 방형계(1:1.15기준으로 방형과 장방형으로 세분)이며, 한 변의 길이가 6m 이내의 중·소형급으로 구성되어 있다. 주거지 내부시설은 노시설과 장타원형수혈, 돌출부 등이며, 벽구시설은 없다. 남원 세전리유적을 제외한 전북지역 원삼국시대 주거지는 모두 방형계라는 점에서 동산동유적도 예외는 아니었다.

더불어 방형계 주거지 모두 비사주식 구조를 띰으로써 전북 서해안지역을 중심으로 확인된 사주식 주거 분포권과 다른 지역권 설정도 가능해 보인다.

다만 인근의 전주 송천동유적에서 사주식과 비사주식이 혼재한 현상이 확인되고, 사주식이 후행한다는 점을 참조하면 서해안지역과 내륙지역의 원삼국시대 주거문화가 달리 형성된 후 지역 간 교류의 결과로 해석해볼 만하다. 결국, 전북지역 주거문화는 서해안지역 중심의 사주식 방형계와 내륙지역 중심의 비사주식 방형계로 정리할 수 있었다. 한편 벽구시설 또한 사주식 구조와 연동되는데, 내륙지역의 주거유적에서 벽구시설의 확인이 희소하다는 점에서 원삼국시대 비사주식 주거지는 벽구시설이 없는 것이 기본구조인 듯하다. 동산동유적 주거지들의 노 시설은 점토로 구축한 부뚜막식 구조가 절대적이며, 굴절된 배연부를 갖춘 쪽구들 구조는 확인되지 않는다.

주거지 출토 토기 기종은 장란형토기, 시루, 동이(주구토기), 발과 같은 자비용기류를 비롯하여, 단경호, 양이부호, 이중구연호, 광구평저호, 뚜껑, 파수부호 등이다. 장란형토기는 소문 마감한 경우도 있지만 격자문 타날이 주를 이루며, 동최대경이 상위에 위치한 이른 형식이 많은 편이다. 시루는 모두 평저이며, 우

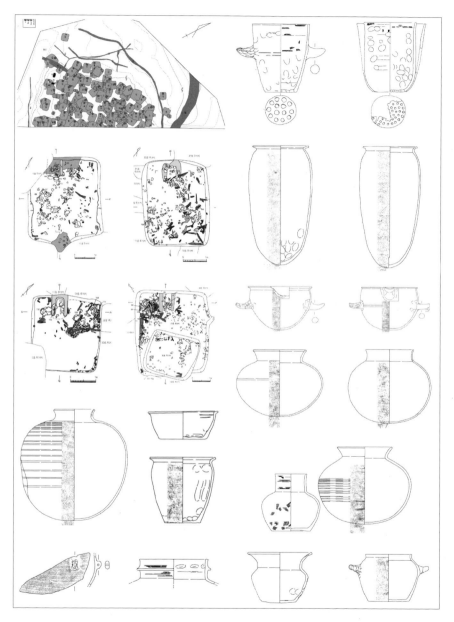

그림 8. 전주 동산동유적 유구 배치도와 주거유형·출토유물

각형 혹은 절두형 파수로 부착하였다. 증기공은 경질무문토기 시루와 같이 말각 굽에 촘촘한 작은 증기공을 갖춘 것과 큰 증기공을 뚫은 것으로 나뉘며, 기외면에 격자문을 타날한 사례도 확인된다. 동이는 모두 파수를 부착하고 있는데, 금강유역 이남과 서해안지역 형식과 상통된다.

금강 이남의 전·남북 서해안지역과 영산강유역권에 집중되는 이중구연호와 광구평저호의 출토율은 매우 낮으며, 양이부호 또한 그러하다. 반면, 단경호는 40동 내외의 주거지에서 출토됨으로써 용계동유적과 닮아 있다. 4점의 단경호가 출토된 21호에서는 함안계 승석문 단경호와 이중구연호가 공반 출토되었는데, 주거 규모는 5m 이내이다. 3점 이상의 단경호가 출토된 주거지들의 경우 규모 차가 없다는 점에서 구성원 간의 계층 구별을 설정하기 어렵지만, 전남·북 서남해지역이나 가야계토기와 같은 외래계 기종이 함께 출토되고 있어, 구성원의 지위나 성격과 관련된 것이 아닌가 싶다. 단경호를 분묘 부장품으로 선호하였던 마한 묘제들의 특징과도 결부시켜볼 필요가 있다.

3. 영산강유역

영산강유역은 곰소만 이남의 고창 일원을 북계로, 남해안 수계로 유입되는 탐진강을 동계로 한 한반도 서남부 일대를 단일 권역으로 설정할 수 있다. 영산강 본류를 따라 집중된 유적군을 근거로 영산강유역권은 정치·문화적으로 독립된 정치체가 마한 단계부터 형성되었다고 보았다. 또한 목지국이 중심인 54개 소국 중 일부가 마한 영역의 남쪽에 자리함으로써 백제 중앙에 편입되기 전까지 마한의 정치·문화적 전통이 가장 오랫동안 유지된 곳으로 이해하였다. 그런 연유로 영산강유역권이 백제에 편입된 시기 또한 늦게는 6세기 전반까지 보는 견해들이 분묘자료를 근거로 주장되고 있다. 그러나 문헌 연구자들 일부는 편입시기를 4세기 중엽 근초고왕 남정과 관련해 보아야한다는 주장도 있으며, 주거와 취락자료 분석을 통해서는 늦어도 5세기 중엽 전후로 백제 영역화가 진행되었다는 견해도 제기되고 있다[16].

본 절에서는 발표자에게 주어진 주제가 주거유적이기에 분묘 자료를 제외한 주거유적 내용만을 중심으로 마한토기 관련 부분을 살펴보도록 하겠다.

먼저, 영산강유역에서 조사된 주거유적 중 마한계 주거유형은 비사주식 (타)원형계·방형계와 사주식 방형계 주거지를 논할 수 있다. 비사주식의 (타)원형계 주거지는 해남, 무안, 광주, 담양일원에서 조사되었는데, 영산강상류역인 담양지역에 집중된다. 타원형계 주거유형이 영산강 상류지역에 집중된 연유는 섬진강 수계에 속한 순창과 연접된 지리적 여건에서 찾아진다. 동일 수계에 위치한 남원-곡성-구례-순천을 포함해 남해안의 광양, 고흥지역은 원삼국시대 주거유형이 (타)원형계 중심이라는 점에서, 담양지역은 영산강유역과 섬진강유역 문화권이 만나는 결절지이기에 (타)원형계 주거유형이 방형계와 더불어 혼재됨을 알 수 있다. 이에 반해 해남 군곡리와 무안 양장리에서 보고된 (타)원형계 주거지는 1~2동에 불과해 지역권을 설정하기는 어렵다.

반면 비사주식 방형계 주거지는 영산강유역권에 속한 서남부 전역에서 조사되는데, 출현 및 성행 시기를 딱히 제시하기가 어렵다. 다만 함평 표산유적에서 3세기 이전의 비사주식 방형계(혹은 타원형계) 주거지가 확인된 점을 참조하면, 원삼국시대 한강·금강유역권에서 확인된 비사주식의 방형계 주거지 상황과 비슷했다고 판단된다.

3세기 전반에 출현하는 사주식의 방형계 주거지의 경우는 한강이나 금강유역에 비해 절대적으로 많은 수가 확인되고 있어, 사주식 주거지로 대표되는

---

16) 이영철, 2015, 「영산강 유역 고대 취락 연구」, 목포대학교박사학위논문.

마한계 주거지를 이해하기에 가장 적합한 지역임은 분명한 사실이다. 이 같은 사주식 주거지의 절대적 분포권은 5세기 중엽 전후로 출현하는 백제계 주거유형이 확산되는 6세기 전후까지도 사주식이라는 마한계 주거 요소의 전통이 지속되는 현상을 자칫 '마한의 주거유형 지속'이라는 오해를 불러오기도 하였다.

때문에 5세기 중엽 이전의 마한계 주거 요소와 동일한 색체와 무게감으로 보아서는 곤란하다. 마한과 관련한 전형적인 주거유형은 벽주건물이나 판석재부뚜막과 같은 백제계 주거 요소가 나타나는 5세기 중엽 이전의 자료를 통해 정리될 필요가 있을 것이며, 마한토기 또한 같은 맥락에서 정리되는 것이 타당할 것이다.

발표문에서는 영산강유역의 대표적 원삼국시대 주거유적인 담양 태목리유적을 대상으로 주거유형 변화에 따른 일상토기 내용을 정리해보겠다.

먼저 출현시기가 가장 이른 비사주식 (타)원형계 주거지를 검토해 보겠다. 2세기를 중심으로 축조된 비사주식 (타)원형계 주거지는 벽 안쪽에 무시설식 노를 시설하여 집 안에서 조리하면서, 온방과 조명을 밝히는 구조를 갖춘다. 주거지에서는 경질무문토기 기법으로 제작된 발, 옹(장란형토기), 직구옹, 시루 등이 일상토기로 출토된다.

담양 태목리유적의 경우 (타)원형계 주거지 출토 토기 기종은 자비용기인 장란형토기와 시루, 발과 저장용기인 직구옹으로 대별된다. 비사주식 (타)원형계 주거지는 무시설식 노 시설을 갖추고 있는데, 장란형토기의 저부가 평저인 것과 상관된다. 점토 부뚜막식 구조의 경우, 솥걸이부에 환저의 장란형토기를 거치함으로써 열 효율을 배가시킬 수 있는 반면 평저의 장란형토기는 솥걸이부가 없는 무시설식에 적합한 형식이기 때문이다. 역시, 타날문이 가해진 환저의 장란형토기 출현은 부뚜막식 노 시설의 설치와 관련됨을 이해할 수 있다.

직구옹 또한 평저내지 말각평저이고 시루 또한 저부가 말각이거나 원저가 선행 형식임을 볼 때 무시설식 노 시설은 경질무문토기 제작기술이 유행한 (타)원형계 주거유형에서 사용됨은 당연한 것이다. 한 가지 주목되는 점은 태목리유적 비사주식의 (타)원형계 주거지(Ⅲ-33호)에서 출토된 장란형토기 가운데에는 종집선문(평행문)이 타날된 경질무문토기 제품이다[17].

다음은 3세기를 전후해 출현하는 비사주식 방형계 주거지를 살펴보겠다. 이 단계에는 주거지 북벽이나 서벽의 중앙 지점에 점토로 구축한 부뚜막식 노시설이 갖추어진다. 그에 따라 일상토기의 기종과 형식에도 변화가 일어난다. 이전 단계의 자비용기인 장란형토기, 발, 시루 이외에 파수부동이가 더해지며, 저장용기인 직구옹과 더불어 단경호, 이중구연호, 광구평저호도 확인된다.

이밖에 양이부호, 뚜껑을 비롯해 조형토기 등도 출토된다. 자비용기 기종은 경질무문토기 전통인 평저 형식에서 환저로 대체되면서 격자문이 타날된 제품들이 제작된다. 동최대경이 주로 상위에 위치한 이른 형식들이 주를 차지하는데, 역시 솥걸이부를 만든 부뚜막식 노시설의 구축과 관련됨을 알 수 있다. 발과 직구옹, 옹이 또한 기면에 격자문을 남긴 타날문토기로 대체되며, 시루는 타날문 연질토기 기술로 제작되며, 봉상형이 아닌 우각형파수를 부착한다. 평저에 투공한 증기공은 다수의 작은 크기로 제작하는 경질무문토기 형식을 유지한다.

---

17) 종집선문이 타날된 장란형토기의 출현은 백제계 장란형토기(환저)의 영향과 관련되어 논의되고 있다. 물론 태목리 출토품의 경우는 종집선문의 박자단위가 달라 문양의 일치만으로 관련성을 논하기 불가하다. 전남 동부지역이나 경남 서부지역에서 경질무문토기 제작기술로 성형된 평저의 장란형토기는 횡집선문이 대부분이며, 종으로 기면을 마감한 사례는 경남 서부와 남해안 일원에서 출토되는 목리조정된 경우에 한정된다. 추후 검토가 요구된다.

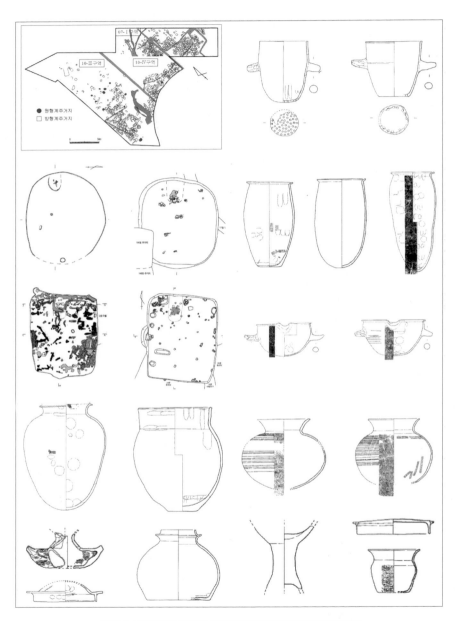

그림 9. 담양 태목리유적 유구 배치도와 주거유형·출토유물

저장용기로 새롭게 출현한 단경호와 이중구연호, 광구평저호, 양이부호는 분묘 부장품으로도 사용되는데 금강유역권에서 일치하는 내용이다. 이중구연호는 영산강유역 주거와 분묘유적에서 가장 많은 출토율을 보이는데, 기면이 소문 마감된 초기 형식의 경우 지역권이 확연히 구분된다. 저부가 장란형(첨저)를 띠는 형식은 영산강 상류에 집중된 반면, 중하류와 서해안 지역에서는 평저로 제작된 형식이 유행한다[18].

이에 반해 공반된 단경호와 광구평저호, 양이부호 기종은 영산강유역권과 더불어 금강유역권에서도 대동소이하게 확인되고 있는데, 이는 사주식 방형계 주거지의 확산과 결부되는 것이 아닌가 싶다. 사주식 방형계 주거지는 고창, 영광, 함평을 중심으로 한 서해안권역에서 3세기 전반에 출현한 후 내륙으로 확산되는 것으로 알려져 있기 때문이다. 사주식 방형계 주거지는 점토로 구축한 부뚜막식 노시설과 더불어 벽구시설을 갖춘 구조가 특징적인데, 단경호, 광구평저호, 양이부호가 출토되는 사례가 많다. 영산강 내륙으로 사주식 방형계 주거지가 출현하는 것은 3세기 후반부터로 이해되는데, 이 즈음부터 장란형(첨저) 이중구연호 또한 영산강 중하류와 서남해안 일대에서 출토되기 시작한다. 잠정적인 결론이지만, 영산강유역권에 사주식 방형계 주거지가 확산되면서 지역 간의 교환과 교류 또한 활발히 전개되었던 단서의 하나로 판단된다. 또한 남해연안 벨트를 따라 전남 동부지역, 경남서부지역은 물론이고 일본열도로까지 이어지는 해상루트 개척도 동일한 배경에서 시작되었다고 볼 수 있을 것이다.

더불어 사주식 방형계 주거지가 영산강유역 원삼국시대의 대표적 주거유형

---

18) 이영철, 2005, 「영산강유역의 원삼국시대 토기상」, 『원삼국시대 문화의 지역성과 변동』제 29회 한국고고학전국대회, 한국고고학회.

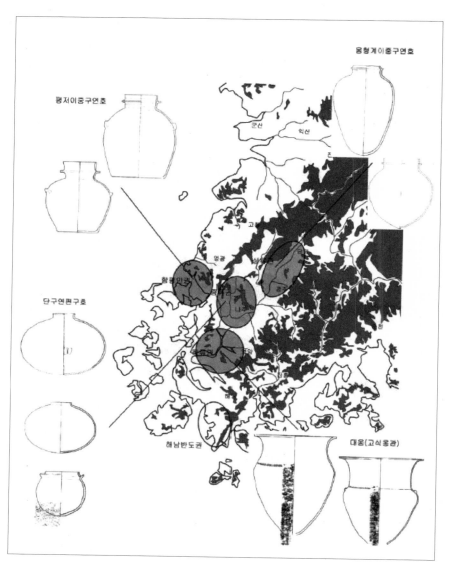

그림 10. 영산강유역 출토 지역성 기종 분포권(이영철 2005)

으로 정착된 4세기~5세기 전반에는 일상토기 중에 경질토기류가 증대되고 적잖은 외래계 토기들도 모방 제작되는데, 이 즈음의 토기자료를 검토하여 '영산강유역양식토기'의 성립을 주장한 연구[19] 또한 이러한 맥락에서 이해할 필요가 있다.

Ⅱ. 원삼국시대 주거유적 출토 마한토기상

이제까지 원삼국시대 대표 주거유적을 한강·금강·영산강유역권으로 대별하여 주거유형과 출토된 일상토기의 내용을 살펴보았다. 따라서 발표자에게 주어진 마한토기 검토는 마한계 주거유형에서 출토된 것에 한정할 수밖에 없었다.

마한계 주거유형과 관련해서는 원삼국시대와 백제시대를 구분한 김승옥[20]의 수차례 논문을 통해 주요 특징과 유물 구분의 기준이 제시된 바 있다. 발표자 또한 큰 틀에서 그에 견해에 동의한다.

---

19) 박순발, 1998, 「4~6세기 영산강 유역의 동향」, 『제9회 백제연구 국제학술대회-백제사상의 전쟁-』충남대학교 백제연구소.
20) 김승옥, 2000, 「호남지역 마한 주거지의 편년」, 『호남고고학보』 11, 호남고고학회; 김승옥, 2004, 「전북지역 1~7세기 취락의 분포와 성격」, 『한국상고사학보』 44, 한국상고사학회; 김승옥, 2007, 「금강유역 원삼국~삼국시대 취락의 전개과정연구」, 『한국고고학보』 65, 한국고고학회; 김승옥, 2014, 「취락으로 본 전남지역 마한 사회의 구조와 성격」, 『전남지역 마한제국의 사회성격과 백제』, 학연문화사.

표 1. 원삼국~삼국시대 주거 및 건물의 주요 구조와 유물[21]

계통	주거유형	구들시설				벽구	표지기종	문양	경도	비고
		점토화덕	점토구들	판석화덕	판석구들					
원삼국	비사주식원형	○	○				경질무문토기, 발, 장란형	경질무문, 격자	대부분연질	동부산간집중
	비사주식방형	○					발, 장란형, 호	대부분 격자	대부분연질	
	사주식방형	○				○	발, 장란형, 호, 이중구연, 양이부호, 거치문토기	대부분 격자	대부분연질	서부평야집중
백제	사주식방형			○			직구호, 고배, 기대, 삼족기	승문계 다수	경질증가	
	비사주식방형			○			직구호, 고배, 기대	승문계 다수	경질증가	
	벽주식방형	○		○			발, 장란형, 호	승문계 다수	대부분연질	
	벽주식원형		○				발, 장란형, 호	승문계 다수	대부분연질	
	벽주건물			○	○		삼족기, 고배, 기대	승문계 급증	경질증가	
가야	비사주식방형			?	○		장경호, 고배, 기대	내벽면타날문 내박자 문양	경질증가	

따라서 (표 1)에 제기된 내용 가운데 '주거유적 출토 마한토기'검토는 마한의 고지로 알려진 한강으로부터 금강, 영산강유역권에서 조사된 원삼국시대 주거 유형(비사주식 원형계, 비사주식 방형계, 사주식 방형계 주거지) 출토 토기를 대상으로 진행하였다. 주거유적 출토 토기 검토 결과 드러난 몇 가지 특징을 정 리하였다.

1. 토기 제작기술

원삼국시대 마한계 주거유형에서 출토된 일상토기는 경질무문토기와 연질

---

21) 김승옥, 2007, 「금강유역 원삼국~삼국시대 취락의 전개과정연구」, 『한국고고학보』 65, 한 국고고학회, 18쪽.

타날문토기 제작기술로 성형되었다. 따라서 삼각형점토대토기가 등장하는 초기철기시대 주거지 자료부터 살펴봄이 당연하겠지만, 경질무문토기 단순기[22] 주거유적이 매우 드문 상황에서 연질 타날문토기가 공반되는 기원후 1세기중엽~2세기 말엽(금강유역 : Ⅱ단계)[23]의 출토 토기가 주 대상이 되었다.

이 시기에 주거지에서 사용된 경질무문토기는 수날(手捏) · 윤적(輪積) · 권상(卷上)법으로 성형하였다. 수날법 성형은 소형 발이나, 토제품 등 작은 제품 제작에, 윤적법과 권상법은 발 혹은 옹, 시루 등 용량이 상대적으로 큰 기종을 제작하는데 적용하였다. 기면 정면기법은 조개껍질이나 나무판을 위아래로 긁어 면을 매끈하게 마감하였다. 시루는 안쪽이 돌출된 봉상형 파수를 제작한 후 동체부에 끼워 넣어 결합하였으며, 증기공은 주로 바깥쪽에서 안쪽으로 둥근 모양으로 투공하여 완성하였다. 시루 저부는 환저 혹은 말각 굽을 갖는 형식이 주를 이룬다.

연질 타날문토기는 회전판의 회전력을 이용하여 토기 형태를 완성하는 회전대 성형법이 적용되면서 출현하였다. 고정된 작업대가 아닌 원심력 원리의 회전대 사용은 토기 제작 시간의 단축과 함께 효율성이 더해져 동일한 시간에 많은 양을 성형케 하였다. 더불어 내면에 박자를 대고 외면에 타날을 가함으로써 소성 시 불량품을 최소화하고, 토기의 미를 추구하게 되었으며, 무게 또한 줄어들어 사용의 편리를 가져왔다. 기면에 가해진 문양은 격자문이 대세였으며, 백제토기의 영향을 받은 후에는 새로운 타날 문양(집선문과 승문)이 유행하였다. 장란형토기와 직구옹은 평저로 제작한 후 분할 성형하여 접합하였다. 타날문토

---

22) 박순발, 1998, 「전기 마한의 시 · 공간적 위치에 대하여」, 『마한사 연구』, 충남대학교 출판부.
23) 김승옥, 2007, 「금강유역 원삼국~삼국시대 취락의 전개과정연구」, 『한국고고학보』 65, 한국고고학회.

기 유입 후 저부가 둥근 원저 형식의 다양한 기종이 유행하는데, 대부분은 이와 같은 성형 기법으로 제작되었다. 밀폐된 소성실을 갖춘 등요에서 구워진 연질 토기들은 800~900°정도의 저화도에서 생산됨에 따라, 색조가 적갈색 혹은 회색, 백색을 띠었다.

2. 기종 구성

마한계 주거유형에서 출토된 일상토기 기종은 경질무문토기 단계와 연질 타날문토기가 출현하는 단계에 따라 변화가 확인된다.

경질무문토기 단계에는 크게 자비용기류와 저장용기 중심으로 기종이 구분된다. 자비용기는 평저발과 평저옹, 시루가 중심이며, 저장용기는 용량이 다른 직구옹을 들 수 있다. 자비용기 기종은 모두 평저를 띠는데, 무문토기 전통에 연속된 요소로 판단된다. 한 가구당 5개체 내외의 자비용기가 사용된 것으로 보이지만, 파주 문산 당동리 8호 주거지와 같이 수십 개체가 출토된 사례도 확인되었다. 발, 옹, 시루 기종 구성으로 보아 끓이거나 찐 음식을 조리하였던 것으로 짐작된다. 저장용기인 직구옹은 평저 형식이 중심인데, 곡물의 종자나 물 등을 담은 용도로 사용되었을 것이다.

타날문토기가 유입되면서 일상토기 기종은 좀더 다양해지는데, 발과 장란형토기, 시루, 동이(주구부) 등의 자비용기류가 확인된다. 회전대 성형법을 이용해 제작된 자비용기류 중 발과 시루는 평저 전통을 지속해가지만, 장란형토기와 동이는 환저로 변화된다.

저장용기류는 직구옹 이외에 단경호, 이중구연호, 양이부호를 비롯하여 토제 뚜껑과 같은 새로운 기종이 추가되며, 지역에 따라 형식과 종류가 달리 전개된다. 단경호와 양이부호는 마한 고토 전역에서 확인된 반면, 이중구연호는 금강

이남의 서해안과 영산강유역권을 중심으로 집중 출토된다. 더불어 평저 형식의 이중구연호는 고창, 영광, 함평 중심의 서해안연안에 주로 유행한 반면, 장란형 (첨저) 형식의 이중구연호는 영산강 상류역에 집중된다. 금강유역과 영산강유역에서 3세기 이후로 주거유형과 토기 구성에서 지역색이 드러나는 것과 무관하지 않는 것으로 판단된다. 사주식 방형 주거유형이 서해안을 낀 평야 일대에 집중된 반면, 비사주식 주거는 미호천, 갑천, 금강상류 등 호서와 호남 동부 산간지대에 확인되는 현상[24]이나, 청당동형 주구토광묘가 비사주식 원형주거가 분포하는 미호천과 갑천일대에 나타난 반면 방형 주구를 두른 관창리형 분구묘는 서해안 일대에서 발견[25]된다는 연구가 참고된다.

이외에도 광구평저호도 확인되며, 조형토기와 같은 의례 기종들도 주거지에서 출토된다. 광구평저호는 양이부호, 단경호와 함께 마한 고토지역 분묘에 부장되는 주요 기종인데, 이 기종들이 주거지 일상토기로도 사용된 점은 검토해 볼 만하다. 조형토기는 의례용 토제품이라 할 수 있다. 서산, 서천, 익산 등지의 서해안권과 영산강유역권에서 집중 출토되고 있는데, 주로 원삼국시대 거점(중심)취락 내에서 소수 출토된다는 점에서 구성원들의 지위나 성격을 구분하는데 지표가 되는 마한토기 기종이라 할 수 있다.

이렇듯 연질 타날문토기 유입 후 일상토기 기종의 확대 현상은 당시 사회의 물질자료 변화를 읽을 수 있는 근거로 논의가 가능하며, 사주식 주거유형의 양적·공간적 확대 현상과도 결부해 3세기 이후 마한사회를 이해하는데 주요한 자료가 아닌가 싶다.

---

24) 김승옥, 2007, 「금강유역 원삼국~삼국시대 취락의 전개과정연구」, 『한국고고학보』 65, 한국고고학회.
25) 성정용, 2006, 「중서부지역 원삼국시대 토기 양상」, 『한국고고학보』 60, 한국고고학회; 이택구, 2006, 「한반도 중서남부 마한 분구묘 연구」, 전북대학교석사학위논문.

3. 자비용기의 변화

경질무문토기 단계를 지나 연질 타날문토기가 유입되면서도 자비용기류 기종에는 큰 변화가 감지되지 않는 듯 보일 수 있다. 그러나 타날문토기로 제작된 장란형토기와 직구옹, 동이 등을 검토해보면, 평저 일색인 경질무문토기 전통과 다르게 환저나 첨저 형식으로 변화하고 있음을 알 수 있다. 이 기종들은 음식 조리과정에서 불에 직접 닿는 조리용기로서 밑이 둥글다는 특성 상 곧게 세우기가 어렵다. 때문에 바로 세우기 위해서는 고정대나 지지대가 필요하다. 그럼에도 불구하고 보다 발전된 타날문 제작기술을 가지고 밑이 둥근 자비용기를 제작한 이유는 무엇일까?

이 변화는 음식을 조리하였던 노 시설의 구조에서 찾을 수 있다. 마한계 주거 유형의 특징 중 하나인 점토 부뚜막시설과 관련된 것이다. 점토를 이용해 평면 ∩자형으로 구축한 부뚜막시설은 용기를 걸치는 솥걸이부를 필수적으로 구성한다. 무시설식 노의 경우는 자비용기가 거의 불에 닿게 놓아 사용함으로써 음식 조리에 불편함을 주지만, 부뚜막시설은 자비용기를 솥걸이부에 끼워 고정시킴으로써 보다 안정된 조리를 가능케 하였다. 또한 기벽을 얇게 성형함으로써 열전도율도 빨라지고 땔감이 적게 소모되는 효과를 가져왔다. 더욱이 밑이 둥근 용기는 불의 열기를 고르게 기면에 전달케 함으로써 조리 음식의 맛을 배가 시킬 수 있었다.

결국, 타날문토기 유입으로 제작된 장란형토기와 직구옹, 동이와 같은 자비용기의 제작은 주거지 내 노 시설의 변화와 상관된다고 볼 수 있으며, 점토 부뚜막시설이라는 마한계 주거유형의 주요 특징을 이해하는데 중요한 부분이라 할 수 있다.

한편 한강 유역의 하남 미사리와 포천 성동리 등에서 확인된 비사주식 원형 주거는 백제 등장 이전의 원삼국시대 말기에 유행한 현상[26]인데, 이는 한강 유역의 비사주식 원형주거 또한 마한의 주거 유형으로 보고 있다[27] 비사주식주거의 최초 등장 지역은 천안일대, 미호천과 갑천 일대의 비사주식 원형주거지에서 타날문토기와 경질무문토기가 공반된다는 점에서 한강유역 비사주식보다 선행했을 가능성이 있다는 주장[28]을 전제할 때, 사주식 주거유형의 출현은 점토 부뚜막시설과도 연계해 볼 필요가 있다. 무시설에서 부뚜막시설로의 변화 속도는 매우 빨리 전개되었을 것이다. 주거 형태가 꼭 사주식의 방형계 구조가 아니더라도 일상생활에서 가장 중요한 먹거리 관련 정보가 무엇보다 우선되었기 때문이다.

4. 기종 쓰임새의 다양화

연질 타날문토기 등장 이후 주거지에서 사용된 일상토기 가운데에는 단경호와 양이부호, 광구평저호 같은 기종들이 확인된다. 이 기종들은 마한 고토 지역의 분묘 부장토기로 애용된 것들이다. 또한 기종의 특성상 자비용기 보다는 곡물이나 물 등을 담았던 저장용기들이다. 그런데, 분묘에 부장토기로 애용된 이유는 무엇일까? 물론 일상토기를 부장토기로 사용하지 말라는 법은 없겠지만, 쓰임새가 다양화된 이유가 있을 것이다. 타날문토기 출현과 더불어 새롭게 제작된 이 기종들은 임시 저장이라는 주 용도를 가지고 있다는 점에서, 분묘에 묻

---

26) 송만영, 2013,『중부지방 취락고고학 연구』, 서경문화사.
27) 김승옥, 2007,「금강유역 원삼국~삼국시대 취락의 전개과정연구」,『한국고고학보』65, 한국고고학회.
28) 김승옥, 2007,「금강유역 원삼국~삼국시대 취락의 전개과정연구」,『한국고고학보』65, 한국고고학회.

힌 피장자가 사후세계로 가는데 필요한 음식과 물을 넣어 부장하는데 사용되기도 하였다. 마한 사람들의 물질문화가 발전하면서 풍부해진 음식 자원은 죽은 자에게도 배려를 가능케 한 배경이 된 것이다.

Ⅲ. 맺음말

마한 고토에서 조사된 주거유적을 검토하여 일상토기로 사용된 마한토기를 살펴보았다. 마한계 주거유형에서 출토된 마한토기는 경질무문토기와 격자문이 타날된 연질토기로 나눌 수 있었다. 주거지 출토품이라는 특성 상 일상생활에 사용된 기종들이 주로 검토되었다. 토기류는 자비용기인 발, 장란형토기, 시루, 동이와 저장용기인 직구옹, 호형토기, 이중구연호, 양이부호, 광구평저호, 토제뚜껑 정도를 논의할 수 있었으며, 조형토기와 같은 의례용 토제품을 살펴보았다.

발표문에서 다룬 시기가 원삼국시대 중심인 연유로 마한 고토 지역은 공간에 따라 마한이라는 실체를 적용하는데 있어 시기적 폭이 달리될 수 있다. 때문에 '이 기종이 마한을 대변할 수 있는 토기다.'라고 단정하기에는 아직 주저됨이 많다. 다만, 앞서 언급한 토기 기종들은 특정 지역에 관계없이 범 마한권역에 자리하였던 주거의 일상토기로 이해할 수는 있다고 본다. 굳이 정의하자면 '마한 주거토기양식'이라고도 할 수 있겠다.

분묘 출토 토기로 살펴본 마한의 성장과 지역성

김낙중 전북대학교 고고문화인류학과

I. 머리말

백제와 마한은 대나무와 죽순[1] 혹은 동전의 양면[2]과 같은 관계로 어디까지가 마한이고 어디서부터 백제라고 할 수 있는지 분명하지 못한 특징이 있다. 따라서 여기서는 연구의 대상을 한정하기 위해 직접 지배 영역으로 통치 구획을 分定하고 지방관을 파견하여 직접적으로 수취하며 각종 의무는 공납이 아니라 세금의 형식이며 이 지역 범위 내의 民은 군사적으로도 중앙정부의 지휘 하에 있는 것을 영토라고 정의[3]하고, 이러한 관점에서 제소국으로 병립하였던 시기의 '國'들과 백제가 국가로 성장한 이후에도 그 영토에 속하지 않고 세력권이나 영향권에 머문 지역을 마한으로 여기고자 한다. 따라서 단계별로 중심국이 있고 이를 중심으로 정치적, 문화적인 유대 관계가 형성되었다고 생각하지만 마한 전역을 아우르는 통합된 정치체를 상정하지는 않는다.

(馬)韓의 상한에 대해서 문헌사학계에서는 『三國志』 등 문헌기록[4]에 따라 기원전 3·2세기로 보고 있다. 반면, 고고학계에서는 초기의 韓과 이후의 馬

---

1) 천관우, 1976, 「삼한의 국가형성(하)」, 『한국학보』 3, 일지사.
2) 임영진, 2009, 「영산강유역 마한 사회의 해체」, 『마한-숨쉬는 기록』, 국립전주박물관.
3) 김영심, 2003, 「웅진·사비시기 백제의 영역」, 『고대 동아세아와 백제』, 忠南大學校百濟研究所.
4) 『三國志』卷30 魏書30 東夷傳 第30 韓 "[朝鮮]侯 準이 참람되이 王이라 일컫다가 燕나라에서 亡命한 衛滿의 공격을 받아 나라를 빼앗겼다. [準王]은 그의 近臣과 宮人들을 거느리고 도망하여 바다를 경유하여 韓의 지역에 거주하면서 스스로 韓王이라 칭하였다." "辰韓은 馬韓의 동쪽에 위치하고 있다. [辰韓의] 노인들은 代代로 傳하여 말하기를, [우리들은] 옛날의 亡命人으로 秦나라의 苦役을 피하여 韓國으로 왔는데, 馬韓이 그들의 동쪽 땅을 분할하여 우리에게 주었다고 하였다."
『後漢書』東夷列傳 韓 "과거에 朝鮮王 準이 衛滿에게 패하여, 자신의 남은 무리 수천 명을 거느리고 바다로 도망, 마한을 공격하여 쳐부수고 스스로 韓王이 되었다."

韓이 연속성을 가지고 있다는 관점에서 한의 시작을 점토대토기와 토광묘의 출현으로 보고[5] 기원전 5세기까지 올려보기도 하지만 삼한의 분립 이후의 마한에 대해서는 대부분 기원전 100년 무렵으로 상한을 설정하고 있다. 최근 점토대토기의 출현을 기원전 6세기까지 올려보는 견해도 제기되고 있어[6] 문헌에서 확인할 수 있는 기원전 3·2세기보다 상한이 소급되는데, 세형동검 등 청동기류의 출현 연대와 차이를 보이기 때문에 점토대토기만의 출현으로 韓의 시작을 상정하는 데는 논란의 여지가 있다. 점토대토기가 사용되던 시대의 물질문화는 이후 원삼국시대의 그것과 계승되는 점도 있다. 즉, 점토대토기에서 원삼국시대 토기로의 변화는 점토대토기 옹에서 와질토기 주머니호로 변화하는 사례 등을 통해서 연속성이 확인된다. 이러한 변화는 영남지역뿐만 아니라 완주 신풍유적 등에서 보는 것처럼 호남지역에서도 확인된다. 물질문화의 변화 속에서도 韓의 연속성을 찾을 수 있는 증거이다. 그렇지만 전체적으로는 획기를 설정할 수 있을 정도로 변화의 폭이 크므로 고고학적으로 하나의 시대로 설정하기는 어렵다. 물질문화가 사회의 변화와 연동된다면 이 획기에 한반도 남부사회에 큰 변화, 예를 들면 韓 사회의 분립 등이 있었을 것으로 가정할 수 있다.

이러한 점을 고려할 때 한의 시작은 앞으로 더 논의가 필요하겠지만 三韓으로 세분된 시점은 기원전 1세기로 보는 것이 타당할 것이다[7]. 왜냐하면『史記』나『漢書』에는 朝鮮傳만 입전되어 있을 뿐 삼한에 대한 내용이 없는 반면

---

5) 성정용, 2013,「韓의 시작과 馬韓」,『마한·백제의 분묘 문화 I 』, 진인진.
6) 이창희, 2010,「점토대토기의 실연대-세형동검문화의 성립과 철기의 출현연대」,『문화재』43-3, 국립문화재연구소.
7) 박순발, 2009,「마한 사회의 변천」,『마한-숨쉬는 기록』, 국립전주박물관; 성정용, 2009,「중서부지역 마한의 물질문화」,『마한, 쉼쉬는 기록』, 국립전주박물관.

에『後漢書』및『三國志』에는 삼한에 대한 내용이 자세히 기록되어 있기 때문이다. 그리고 (통나무)목관묘, 와질토기, 단면삼각구연점토대토기, 단조철기, 칠기 등 새로운 물질문화 요소가 등장하는 시점이기도 하기 때문이다. 토기류는 크게 변진한과 마한지역이 차이를 보인다. 이 시기는 원삼국시대의 시작과 대체로 일치한다. 한의 시작을 마한의 시작과 동일시할 수도 있지만 점토대토기와 세형동검이 사용되던 단계에는 한반도 남부를 거의 동일한 문화권으로 상정할 수 있을 만큼 구별하기 어려우므로 여기서는 삼한의 분립을 기점으로 본격적인 마한의 시작으로 삼고 그 이전은 마한의 草創期 단계 정도로 설정해 둔다. 이후 마한의 변동은 백제의 발전과 연동한다. 따라서 백제의 성장과 관련하여 단계별로 구분하여 보아야 마한의 역사상을 제대로 파악할 수 있을 것이다.

마한의 변천에 대해서는 이미 백제의 국가 형성을 기준으로 한 2기 구분(전기 마한, 후기 마한)8), 목지국의 위치(천안-익산-나주로 이동)를 기준으로 한 3기 구분9), 묘제의 변천 내용을 바탕으로 한 5기(성립기-초기-중기-후기-소멸기) 구분10) 등이 있다.

여기서는 마한을 넓은 의미로서 남한지방의 韓 사회를 뜻하던 삼한 분립 이전의 초창기를 포함하여 변천 과정을 5단계로 설정한다. 삼한 분립 이후의 마한은 4단계로 구분할 수 있는데 우선 한이 삼한으로 분립하는 시기로 통나무 목관이 사용되며 새롭게 단조철기가 등장하고, 간헐적으로 낙랑(계)토기가 등장하지만 여전히 단면삼각구연점토대토기와 경질무문토기 등 무문토기계열의 토

---

8) 박순발, 1998,「전기 마한의 시·공간적 위치에 대하여」,『馬韓史硏究』, 충남대학교출판부.
9) 최몽룡, 2003,「한성시대의 백제와 마한」,『文化財』36, 국립문화재연구소.
10) 임영진, 2010,「묘제를 통해 본 마한의 지역성과 변천 과정-백제와의 관계를 중심으로」, 『百濟學報』3, 百濟學會.

기류가 부장되고 청동의기류가 일부 남아 있는 단계(기원전 1세기~기원후 1세기, 早期 馬韓)이다. 다음으로 여러 소국이 병립하면서 목지국 등 특정 소국이 성장한다. 백제국도 하나의 소국에 불과하던 단계(2세기~3세기 중엽, 前期 馬韓)를 설정할 수 있다. 낙랑·대방 등 북방, 서해안, 남부내륙 루트를 연결하는 교역망의 결절점에 위치하면서 목지국이 크게 성장한 시기이다. 소국연맹을 통해 삼국이 형성되는 단계이다. 다음으로 백제가 한강유역을 중심으로 국가단계에 접어들었으며 서진과의 대외교섭을 통해 얻은 위세품으로 경기 일대의 지역집단을 통치하던 단계이다. 그러나 아직 '신미제국' 등 중국 남조에 遣使할 만큼 백제와 어느 정도 대등한 관계를 유지한 정치체가 영산강유역권에 존재하며, 천안, 청주 일대에도 여전히 유력세력이 크게 성장하지만 마한 전체를 아우를 뚜렷한 중심지는 형성되지 않은 단계(3세기 후엽~4세기 중엽, 中期 馬韓)이다. 마지막으로 近肖古王의 군사적 활동 등에 의해 백제의 영역이 크게 확장되며 백제국가가 완성된 단계이다(4세기 후엽~6세기 전반, 後期 馬韓). 백제의 직접적 지배력은 점차적으로 확대되어 시기에 따라 영토의 범위가 달라진다. 세력권에 대한 백제 왕권의 지배 방식은 위세품을 통한 간접지배이다. 후기 마한은 백제의 직접 지배가 미치지는 않았지만 강한 勢力圈 아래에 있어 완전히 배타적인 정치체(國家) 단계에는 이르지 못하였다.

그런데 이유가 제대로 밝혀지지 않았지만 변진한과는 달리 기원후 2세기까지 마한과 관련된 물질자료가 아직 절대적으로 부족한 편이다. 따라서 여기서는 마한 관련 분묘 등이 분명하게 보이는 2세기 이후부터 마한 전체 영역을 공시적으로 비교할 수 있는 4세기 중엽, 즉 중기 마한까지의 분묘에서 출토된 토기를 중심으로 몇 가지 문제를 다루면서 마한의 성장과 지역성을 살펴보고자 한다.

II. 마한의 분묘와 마한 토기

2세기 이전의 마한 분묘는 주로 통나무 목관으로 단면삼각구연점토대토기, 경질무문토기 등 무문토기 계열의 토기류와 철단검, 철모 등 단조철기, 그리고 청동의기류가 소수이지만 여전히 부장된다. 아직 많은 사례가 조사되지 않아 자세하게 분석하기는 어려운 단계이다. 2세기 이후 마한의 분묘는 주구를 돌린 것이 대부분이다. 지역, 입지 등에 따라 매장시설의 위치, 부장품의 구성 등에서 차이를 보인다. 존속기간도 백제의 영향력 확대와 궤를 같이 하며 지역에 따라 다른 양상을 보인다. 여기서는 2세기 이후의 양상을 주로 살펴보고자 한다.

1. 마한의 분묘

마한의 분묘는 분구묘와 주구토광묘가 대표적이다. 두 묘제는 분포 지역, 입지, 매장시설의 위치, 부장품의 구성, 유행 기간 등에서 차이가 있다. 두 묘제는 분포가 완전히 배타적이지 않으며 경계 부근에서는 함께 보이기도 한다. 이외에도 단순 목관(곽)묘가 있는데, 이것은 따로 무리를 이루기도 하고, 분구묘, 주구토광묘 등에 혼재하기도 하며 지속적으로 조성되었다. 서울 가락동 2호분 등 매장시설 추가와 함께 봉분을 확대해 가는 묘제도 있는데 이것은 분구 조성 후 매장시설을 안치하는 등의 속성을 가진 전형적인 분구묘와는 다르지만 지상에 매장시설이 위치하며 그 수가 복수인 점 등 분구묘의 요소가 토광목관묘에 복합된 절충형이라고 할 수 있다. 한편 북한강, 남한강 및 임진강유역에서 보이는 적석분구묘도 마한 권역에 포함될 가능성이 높지만 濊와의 관련성이 지적되는 등 마한만의 묘제로 보기는 어려워 여기서는 제외한다.

우선 분구묘에 대해 살펴보면, 이에 대한 연구가 진전되면서 많은 사실을 알게 되었다. 하지만 아직 기원에 대한 논의가 분분하고[11], 등장 시점도 기원전으로 올라갈 가능성은 있으나 매장시설과 주구 및 주구 내 출토유물의 상관관계, 출토유물의 역연대에 대한 치밀한 분석이 자료의 한계로 아직 미진한 편이다[12].

이런 상황에서 중서부지역에서 2세기 중·후엽에 축조된 것으로 추정되는 분구묘의 사례가 늘어나고 있어 주목된다. 즉, 김포 운양동 27호묘, 서산 예천동 18호묘, 보령 관창리 KM-423호묘, 부여 중산리 6호묘, 공주 덕지리 12호묘 등이 그것이다. 그런데 이러한 고분은 고분군 내에서도 극소수로 여타 고분과의 시기적인 연계성이 분명하지 않으며, 일부는 주구와 매장시설의 상관성도 불분명하다. 이처럼 2세기 중·후엽까지의 자료는 아직 불충분한 면이 있어 추후 자료의 증가를 기다려야 하겠지만 3세기 이후 김포부터 남쪽으로 서해안의 낮은 구릉지대를 따라 분구묘가 크게 유행한 것은 분명하다.

경기 지역에서는 김포, 인천 일대 등 서해안의 저평한 구릉에서 분구묘가 조사되었는데, 김포는 현재 분구묘 분포의 북한계이다. 이 지역의 분구묘에서는 백색 옹 등 토기, 동혈합장과 같은 낙랑의 요소가 확인된다. 분구의 평면은 기본적으로 방형이다. 주구의 개방부는 분구 모서리에 한두 곳 남아 있다. 한 변의 중앙에 개방부를 두는 경우는 없다. 매장시설은 목관으로 單葬이 유지된다. 김포 운양동 27호 분구묘 출토 세형동검, 낙랑토기 백색 옹 그리고 철모, 철촉

---

11) 임영진, 2014, 「마한 분구묘의 조사·연구 성과와 과제」, 『한국고고학의 신지평』(자유패널1분과 마한 분구묘 사회의 비교 검토), 한국고고학회.

12) 金承玉, 2011, 「중서부지역 마한계 분묘의 인식과 시공간적 전개과정」, 『韓國上古史學報』 71, 韓國上古史學會.

등으로 보아 2세기 중엽 경에는 축조되기 시작하였으며 3~4세기에 성행하지만 인천 연희동 1-5지점 4호분, 화성 요리 유적처럼 5세기 전반까지 일부 지속된다. 출토유물 중에 철검 등 철기류가 특징적인데 영남지역의 목곽묘 출현기 단계의 무기류와 유사한 양상을 보인다[13].

충청 지역에서 분구묘는 서해안 일대와 금강 중·하류역에서 확인된다. 서산 예천동 18호묘처럼 2세기 중·후엽으로 올라가는 사례도 있지만 3세기 이후 유행하며 서산, 당진, 홍성 등 일부 지역에서는 삼족토기 등 전형적인 백제양식토기가 부장되면서도 5세기까지 계속 축조된다. 매장시설은 거의 단수의 목관(곽)이다. 4세기 후반 이후에는 분구 연접, 분구 확장 현상이 나타난다. 5세기 이후에는 서산 부장리 유적에서 보이는 것처럼 하나의 분구에도 수평·수직적 확장을 통해 복수의 매장시설이 설치되기도 한다[14]. 평면형은 방형과 마제형이 주를 이루며 제형도 일부 등장한다. 개방부는 장축 방향의 한쪽 단변에 두는 사례가 많은데 매장시설의 장축과 일치하는 방향이다. 이것은 제형분 등장의 전제가 되는 특징이다. 충청 지역의 분구묘는 주구가 겹치면서 분구가 연접하는 현상, 추가 매장에 따른 분구 확장, 대형화, 철정 매납 등에서 서남부지역 제형분과 상통하는 측면이 있으나 여전히 평면이 방형을 유지하고 매장시설이 목관 위주인 점은 경기 지역과 상통한다. 이처럼 한성백제의 정치적 영향을 보여주는 금동관 등 금속유물이나 흑색마연토기 등이 부장된 지역에서는 분형에 일부 梯形化의 경향이 보이지만 결국은 평면이 방형계에 머물고 매장시설도 목관(곽)이 중심적으로 사용되었다.

---

13) 김기옥, 2015, 「경기지역 마한 분구묘의 구조와 출토유물」, 『마한 분구묘 비교 검토』, 학연문화사.
14) 정해준, 2015, 「충청지역 마한 분구묘의 구조와 출토유물」, 『마한 분구묘 비교 검토』, 학연문화사.

전북 지역은 서북부와 서남부의 양상이 조금 다르다. 서북부에서는 충남 지역과 유사한 분형을 유지하지만 매장시설에 목관과 옹관뿐만 아니라 나중에는 석축묘도 포함되며 전주와 완주 등 일부 지역에서는 분구의 규모가 커지며 분구묘 전통의 지속 정도가 영산강유역과 유사한 양상을 보인다. 전북 지역에서 제형이 주류를 이루는 곳은 전북 서남부지역이다[15]. 다만 분구묘의 고총화 현상은 고창을 포함하는 영산강유역권에 한정되어 있다. 이러한 현상은 백제의 지방 통치 과정과 해당 지역의 정치적 성격을 잘 반영하는 것으로 추정된다.

영산강유역의 분구묘는 처음부터 목관과 옹관이라는 서로 다른 종류의 매장 시설이 복합되어 있는 양상을 보이며, 분구의 형태는 梯形으로 수렴되어 가고, 낮지만 성토한 분구가 분명하게 존재한다. 물론 이러한 복합제형분 단계에도 주구를 돌리지 않은 단독의 목관묘와 옹관묘가 병행하여 축조되고, 영암 옥야리 고분군, 나주 화정리 마산 고분군 등과 같이 옹관만을 매장시설로 사용한 제형분 혹은 원형분도 공존한다. 그렇지만 복합제형분이 순수 옹관분보다 수적으로 우세하고 영산강유역권에 고루 분포하는 점을 고려하여 3~5세기 영산강유역의 표지적인 묘제로 보고자 한다.

한편 경기 남부와 충청 북부지역을 중심으로 한 지역에서는 주구토광묘가 유행하였다. 경사진 산 혹은 구릉 사면부에 입지하며 매장주체부는 등고선과 평행하게 설치되었다. 지하에 구덩이를 파고 시신을 안치하고 제사를 지낸 후 봉토를 씌웠으며 경사면의 위쪽에 주로 눈썹형의 주구를 돌렸다. 분구의 확장은 보이지 않으며 따라서 추가되는 매장시설도 없다. 원저단경호와 심발

---

15) 李澤求, 2008, 「한반도 중서부지역 馬韓 墳丘墓」, 『한국고고학보』 66, 한국고고학회.

형토기 조합이 특징적이다[16]. 최근에는 여주 용은리 유적에서도 주구토광묘군이 발굴되어 이러한 묘제를 사용한 마한의 동쪽 경계와 관련하여 주목을 받고 있다.

이처럼 분구묘와 주구토광묘는 마한의 고지에서 마한계 주거지와 공반하는 범마한계 묘제이지만 분포와 축조방식이 상이한 지역형 묘제로 볼 수 있다[17].

2. '마한 토기'

마한, 즉 한반도 중서부 및 서남부지역의 원삼국시대 토기는 제작 기술 측면에서 볼 때 크게 경질무문토기, 타날문토기 및 회(흑)색무문양토기로 구분된다[18]. 한편 삼각구연점토대토기도 지속되는데 이것은 발전된 무문토기라는 측면에서 경질무문토기에 포함할 수도 있다. 타날문토기는 산화염 소성의 적갈색 계통 및 환원염 소성의 회갈색 계열로 나뉘며 환원염 소성은 다시 연질과 경질로 구분된다. 회흑색무문양토기는 영남지역의 와질토기와 유사한 것으로 낙랑의 토기제작 기술이 영향을 미쳐 등장한 것으로 추정된다.

중서부·서남부지역 원삼국시대의 대표적인 토기 유형 중 하나가 경질무문토기이다. 경질무문토기 단순기 설정에는 의문이 제기되고 있는 상황이지만 이른 단계부터 타날문토기와 공존하였으며, 전남 동부지역의 경우 5세기대까지

---

16) 李澤求, 2008, 「한반도 중서부지역 馬韓 墳丘墓」, 『한국고고학보』 66, 한국고고학회.
17) 金承玉, 2011, 「중서부지역 마한계 분묘의 인식과 시공간적 전개과정」, 『韓國上古史學報』 71, 韓國上古史學會.
18) 朴淳發, 1989, 「漢江流域 原三國時代 土器의 樣相과 變遷」, 『韓國考古學報』 23, 韓國考古學會.

도 남아 있어 마한의 대표적인 토기로 볼 수 있다. 다만 서남부지역에서는 거의 보이지 않는 것처럼 지역에 따라 집중도가 다르고, 韓만이 아니라 濊와 관련되는 것으로 추정되는 강원 일대에서 유행하였기 때문에 마한의 고유기종으로 분류하기는 어렵다.

그런데 이러한 기술적인 속성은 마한 이외의 토기에서도 보인다. 따라서 여기서는 이러한 기술적 속성을 가지는 토기 중에서 백제 중앙, 변진한 등 여타 정치체의 토기와 다른 독특한 형태와 양식을 기준으로 구분할 수 있는 것을 마한 토기로 보고자 한다. 취사, 저장 등 동일한 용도에 따른 기종은 어느 지역이나 전체적인 형태는 유사하지만 세부적인 형태 속성이나 양식에서 서로 차이를 보이고 있다. 이러한 형태나 양식의 차이를 기준으로 변진한, 왜 등에서 마한 토기를 식별해 내고 그를 바탕으로 교류 양상을 추정하기도 한다[19]. 시루, 장란형토기 등 생활용기도 변진한 지역의 그것과 형태, 문양 등에서 뚜렷한 차이를 보이지만 여기서는 무덤에서 출토되는 것 중에서 대표적인 마한 토기를 상정하고자 한다.

대표적인 마한 토기로는 원저단경호, 심발형토기, 이중구연호, 양이부호, 평저광구호 및 조형토기를 상정한다. 마한에서 유행한 특수한 문양으로는 거치문과 조족문을 들 수 있겠다. 범마한적인 토기 이외에도 시기적으로 늦으며 지역적으로 영산강유역에 한정하여 유행하는 유공광구소호 등 영산강유역양식토기도 일종의 마한 토기로 볼 수 있겠으나 여기서는 다루지 않겠다.

타날문 원저단경호는 마한 토기의 주요 기종이다. 타날문 원저단경호는 창원 다호리 1호분의 사례로 볼 때 기원전 1세기에 이미 한반도 남부에서 만들어

---

19) 白井克也, 2002, 「土器からみた地域間交流―日本出土の馬韓土器・百濟土器」, 『検証 古代日本と百済』, 大巧社; 복천박물관, 2015, 『가야와 마한·백제-1,500년 만의 만남』(2015 복천박물관 특별기획전 도록).

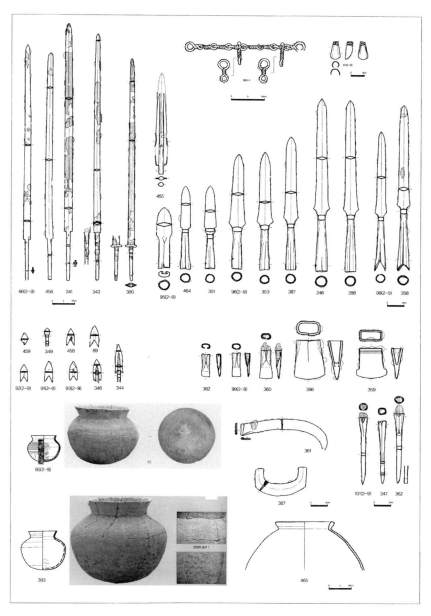

그림 1. 김포 운양동 Ⅰ-1기 출토유물(김기옥 외 2013을 일부 수정)

지기 시작하였다. 변진한 지역의 목관묘 단계에는 승문타날 단경호가 유행하였다. 다만 마한권역에서는 아직 이와 비교할 만한 자료가 김포 운양동 유적 2-9 지점 1호 분구묘 출토품(그림1의 85) 정도를 제외하면 거의 없다. 물론 중부지역에 이보다 앞서는 단경호는 있다. 즉, 가평 대성리 유적에서 출토된 기원전 2세기의 전국계 타날문 단경호와 가평 달전리와 춘천 우두동 유적에서 출토된 기원전 1세기 후반의 낙랑토기 등이 그러한 사례이다. 다만 이러한 단경호들과 마한 단경호와의 관련성을 직접적으로 밝히기는 아직 어려운 점이 있다. 분명한 마한권으로 볼 수 있는 경기·충청권에서도 아산 용두리 진터 유적 등에서 유개대부호 등과 공반된 사례로 보면 2세기 중엽 이후에는 마한사회에서 격자문 등 다양한 무늬를 타날한 단경호가 본격적으로 사용되었다. 한편 원저단경호는 변진한에서도 보인다. 따라서 기형만으로는 원저단경호를 고유한 마한토기라고 할 수는 없다. 그런데 문양 구성에서 차이가 난다. 마한지역에서는 승문, 격자문, 평행집선문을 단독으로 타날한 경우도 있지만 동부와 저부를 문양이 다른 타날판으로 두드린 특징이 있다. 동일한 격자문이라도 동부와 저부의 격자 크기가 다르다. 동부에는 평행집선문을 타날한 후 횡침선을 두르고 저부에는 격자문을 타날한 것이 가장 많다. 영남지역에서는 동부에서 저부에 걸쳐 한 종류의 문양만을 시문하는 경우가 많다.

심발형토기는 취사용기로 주거지에서 주로 출토되지만 주구토광묘에서는 원저단경호와 공반한다. 심발형토기란 무문토기 전통의 경질무문 鉢形土器를 이어 등장한 것으로 격자문 혹은 승문을 타날한 토기를 말한다. 백제 중앙의 한강 하류 지역에서는 승문을 타날한 것이 격자계 심발형토기보다 약간 늦게 나타나 유행하여 마한의 심발형토기와는 다른 모습을 보인다. 이에 따라 승문계 심발형토기의 공간적 확산과 그에 따른 마한 제지역의 격자계 심발형토기의 소멸이라는 정형성은 백제의 영역 확대 과정과 밀접하게 연계되어 있다고 본다[20]. 그런데 타날 심발형토기의 출현 연대에 대해서는 3세기 1/4분기 늦어도 3세기 중엽[21], 4세기 중엽[22] 등 여러 가지 견해가 있다.

다음으로 이중구연호, 양이부호, 평저광구호 등은 마한의 고유한 기종으로 들 수 있다.

이중구연호[23]는 이중구연토기[24], 頸部突帶附加壺[25], 帶頸壺[26]로도 불리는 토기로 외반 구연에 또다시 구연부를 곧추세워 덧붙여서 결국은 경부에 돌대를 돌린 것처럼 보이는 항아리로 마한 권역에 전반적으로 분포하며 3~4세기에 집중적으로 유행하였다. 영산강유역에서 가장 성행하였다. 평저와 원저가 있다.

이중구연호의 기원지에 대해서는 낙랑[27], 더 나아가 백제 등 마한 제세력이 교섭한 공손씨 정권의 지배지역인 요령지역이 거론되었다[28]. 그러나 먼저 성행한 지역에 대해서는 출토자료의 과소가 영향을 미쳐 호남지역에서 먼저 나타나

---

20) 박순발, 2006, 『백제토기 탐구』(백제문화개발연구원 역사문고 26), 주류성.
21) 박순발, 2006, 『백제토기 탐구』(백제문화개발연구원 역사문고 26), 주류성.
22) 李盛周, 2011, 「漢城百濟 形成期 土器遺物群의 變遷과 生産體制의 變動-實用土器 生産의 專門化에 대한 檢討-」, 『韓國上古史學報』71, 韓國上古史學會.
23) 金鍾萬, 1999, 「馬韓圈域出土 兩耳附壺 小考」, 『考古學誌』10, 韓國考古美術研究所; 徐賢珠, 2006, 『榮山江 流域 古墳 土器 研究』, 學研文化社.
24) 徐賢珠, 2001, 「二重口緣土器 小考」, 『百濟研究』33, 忠南大學校百濟研究所.
25) 성정용, 1998, 「금강유역 4~5세기 분묘 및 토기의 양상과 변천」, 『백제연구』28, 충남대학교백제연구소.
26) 朴淳發, 2001, 「帶頸壺 一考」, 『湖南考古學報』13, 湖南考古學會.
27) 金鍾萬, 1999, 「馬韓圈域出土 兩耳附壺 小考」, 『考古學誌』10, 韓國考古美術研究所; 徐賢珠, 2006, 『榮山江 流域 古墳 土器 研究』, 學研文化社.
28) 朴淳發, 2001, 「帶頸壺 一考」, 『湖南考古學報』13, 湖南考古學會.

충청지역으로 확산된 것으로 여기는 견해가 유력하였다[29]. 이에 대해 이중구연호의 기원이 낙랑에 있다고 보는 관점에서 거리가 먼 호남지역에서 먼저 출현하여 주변으로 확산되었다고 보는 것은 부자연스럽다고 하면서 3세기 중엽 이전으로 비정 가능한 연천 강내리 53호 주거지 출토 이중구연호 구연부편을 사례로 들며 대경호는 낙랑과 인접한 지역에서 가장 먼저 출현하는 것이 자연스럽다는 견해가 제시되었다. 태성리 2호 벽화묘 출토 녹유 대경호 구연부편을 고려하면 이미 완성된 형태의 대경호가 낙랑지역에 있었고, 그것이 한강유역에 먼저 유입, 확산되었을 가능성을 제기한 것이다[30]. 한편 호남지역에서 평저와 원저 이중구연호의 등장 시점에 큰 차이가 보이지 않고, 원저단경호가 외반구연평저호보다 중서부지역에서 먼저 등장한 점을 고려하면 원저호에 이중구연의 요소가 먼저 채택되었을 가능성도 생각해 볼 필요가 있겠다.

이중구연의 속성은 영산강유역에서는 원저·평저 단경호만이 아니라 난형호, 장란형토기, 소옹 등 여타 기종에서도 나타나고 있다[31]. 이것은 이중구연(복합구연)이 여러 기종에서 공통으로 관찰되는 속성으로 양식(style)의 의미가 있음을 보여준다. 뒤에 살펴볼 양이부호의 양이도 마찬가지이다[32].

다음으로 양이부호는 평저나 원저 소호의 동체 견부에 대칭으로 귀(耳)가 부착된 토기를 말한다. 마한의 양이부호는 두 귀에 뚫려 있는 구멍의 방향이 대부분 수직이다. 이에 비해 영남지역의 양이부호는 수평이 대부분이어서 구분된

29) 徐賢珠, 2001,「二重口緣土器 小考」,『百濟研究』33, 忠南大學校百濟研究所; 徐賢珠, 2006,『榮山江 流域 古墳 土器 研究』, 學研文化社.
30) 박순발, 2016,「금강유역 원삼국시대 유물 양상에 대한 토론문」,『금강·한강 유역 원삼국시대 문화의 비교연구』, 호서고고학회·중부고고학회.
31) 徐賢珠, 2006,『榮山江 流域 古墳 土器 研究』, 學研文化社.
32) 김성남, 2001,「中部地方 3~4世紀 古墳群 細部編年」,『百濟研究』33, 忠南大學校百濟研究所, 136쪽.

다. 상면의 가장자리에 대칭으로 원형 구멍이 뚫려 있는 뚜껑과 조합되기도 한다[33]. 호서지역에서 가장 많이 출토되었다.

平底廣口壺는 회색 또는 흑회색을 띠는 연질 또는 경질에 가까운 굳기의 토기로 정선된 점토를 사용하였다. 바닥은 평저이고 최대경이 동체 상위에 있으며 목은 짧고 구경은 동체 최대경에 가깝거나 크다. 무문이고 표면을 정면하였다. 나주 용호 12호 목관묘 출토품에는 暗文도 나타나는데 유사한 기형에 암문이 시문된 것이 낙랑의 회색계토기인 평저호에도 나타나 주목된다. 徐賢珠(2006)도 영산강유역의 평저호는 동체부의 형태, 회색계가 많은 점이나 대부분 동체가 무문인 점에서 낙랑지역의 평저호에서 영향을 받아 나타난 토기로 추정하고 있다. 영산강유역권에서 가장 유행하였다.

鳥形土器는 서천 오석리 유적 등 금강 하류역 이남에서 주로 확인되는데 전라도지역에서 집중적으로 출토된다. 새는 이승과 저승을 연결해주는 영혼의 전달자로서 조형토기로 형상화하여 장례에 사용하였는데 영남지역에서도 출토된다. 영남지역 조형토기는 오리모양 등 사실적인 데 비해 마한의 조형토기는 몸통과 약간 튀어나온 머리와 꼬리 부분만 간략하게 표현된 것이 특징이다.

마한에서는 특징적인 형태만이 아니라 특수한 문양도 유행하였다. 대표적인 것이 거치문과 조족문이다.

거치문은 단경호 등 일반적인 토기에도 가끔 보이지만 영산강유역의 전용 옹관에서는 거의 예외 없이 보인다. 특정한 매장시설과 결합하여 그러한 묘제를 사용한 집단의 정체성을 표현한 하나의 양식으로 작용하였을 가능성이 있다[34].

---

33) 金鍾萬, 1999, 「馬韓圈域出土 兩耳附壺 小考」, 『考古學誌』10, 韓國考古美術研究所.
34) 김낙중, 2005, 「榮山江流域 甕棺古墳의 發生과 그 背景」, 『文化財』第三十七號, 국립문화재연구소.

조족문은 마한 전지역에 일반적으로 나타나는 것은 아니다. 4세기 중·후반에는 청주 신봉동 고분군을 중심으로 한 중서부지역에서 주로 단경호에 시문하는 것이 유행하다가[35] 5세기 후반~6세기 전반에는 영산강유역에서 다양한 기종에 확대되며 유행하였다. 두 지역 모두 백제의 영향력이 확대되는 과정에 유행하다가 사라졌다[36].

III. 분묘 출토 마한 토기와 관련한 몇 가지 문제

1. 중서부지역 분묘 출토 2세기대 토기의 의미

최근 중서부지역의 분묘 유적에서 2세기대의 유물이 출토되어 주목된다. 공백으로 남아 있는 이른 시기의 마한의 성장 과정과 대외 교류 양상을 파악할 수 있는 자료로 중요하다.

대표적인 유적으로 평택 마두리 유적[37], 아산 용두리 진터 유적[38], 오산 궐동 유적[39] 등을 들 수 있다. 이 유적들에서는 목관·목곽을 사용한 단순토광묘에서 주구토광묘로 묘역을 달리하며 변화하는 양상이 관찰된다. 단순토광묘에서는 원저단경호 이외에 유개대부호 및 원저소옹이 조합을 이루는데 후자는 의

---

35) 崔榮柱, 2007,「鳥足文土器의 變遷樣相」『韓國上古史學報』55, 韓國上古史學會.

36) 김낙중, 2012,「토기를 통해 본 고대 영산강유역 사회와 백제의 관계」『湖南考古學報』42號, 湖南考古學會.

37) 현남주·현남주·송윤정·심영옥·이수미·권윤경, 2011,『平澤 馬頭里 遺蹟』, 韓國文化遺産研究院.

38) 이호형·지민주·최상철, 2011,『아산 용두리 진터 유적(II)원삼국시대』, 충청문화재연구원.

39) 중앙문화재연구원, 2013,『오산 궐동 유적』.

례에 사용된 토기로 추정된다. 이러한 토기 조합은 영남지역에서도 목관묘에서 목곽묘로 전환되는 과도기에 산발적으로 보인다. 이와 함께 영남지역에서 유행한 關部突出形 철모, 二段關式 철검, 마형대구 등이 함께 부장된다. 가장 이른 마두리 유적의 조성 연대는 이단관식 철모, 철단검, 마형대구의 특징을 영남지역 자료와 비교하여 2세기 전·중엽으로 추정하고 있다[40].

이처럼 목곽이 많이 보이는 단순토광묘의 구조, 유개대부호, 원저소옹 및 철기류 등 부장유물의 조합양상은 그동안 인식되어 왔던 분구묘나 주구토광묘로 대표되는 마한 분묘의 범주에서 쉽게 설명되지 않는다[41].

1) 有蓋臺附壺 및 圓底小甕

여기서는 이러한 2세기대 분묘에서 처음 등장한 후 3세기까지 유행한 유개대부호와 원저소옹(원저심발형토기, 원저옹, 옹형토기, U자형토기로도 불린다)에 대해 좀 더 살펴보고자 한다.

유개대부호와 원저소옹이 함께 출토되거나 하나라도 출토된 대표적인 유적으로 평택 마두리 유적[42], 아산 용두리 진터 유적[43], 아산 명암리 밖지므레 유

---

40) 김새봄, 2011, 「원삼국후기 영남지역과 경기·충청지역 철모의 교류양상」, 『한국고고학보』 81, 한국고고학회; 현남주·권윤경, 2012, 「중서부지역 출토 마형대구의 검토」, 『선사와 고대』 35, 한국고대학회; 姜志遠, 2012, 「原三國期 中西部地域 土壙墓 硏究」, 公州大學校 碩士學位論文; 박장호, 2012, 「한반도 중남부 출토 동물형대구의 전개와 그 의미」, 『영남고고학』 62, 영남고고학회; 지민주, 2014, 「중부지역 2세기대 마한 분묘의 성격-토기류를 중심으로」, 『숭실대학교 한국기독교박물관지』, 숭실대학교한국기독교박물관; 박형열, 2015, 「원삼국시대 유개대부호의 편년」, 『호남고고학보』 50, 호남고고학회.

41) 지민주, 2014, 「중부지역 2세기대 마한 분묘의 성격-토기류를 중심으로」, 『숭실대학교 한국기독교박물관지』, 숭실대학교한국기독교박물관.

42) 현남주·현남주·송윤정·심영옥·이수미·권윤경, 2011, 『平澤 馬頭里 遺蹟』, 韓國文化遺產硏究院.

43) 이호형·지민주·최상철, 2011, 『아산 용두리 진터 유적(Ⅱ)원삼국시대』, 충청문화재연구원.

적44), 오산 궐동 유적45), 연기 용호리 유적46), 연기 봉기리 유적47), 청주 정중리 유적48), 청주 봉산리 유적49), 청주 송절동 테크노폴리스 유적 Ⅲ지구50)・Ⅴ지구51) 등이 있다.

이 중 가장 대표적인 사례인 평택 마두리 유적 출토 유개대부호(그림2)는 사립이 거의 함유되지 않은 매우 정선된 니질 점토를 사용하였으며, 연질이다. 뚜껑은 삿갓모양이며 드림부는 내경하였는데 드림턱을 신부와 드림부의 접합 지점 외측에 덧붙였다. 신부와 드림턱은 약간 굴곡이 있지만 호형으로 자연스럽게 이어진다. 대부호의 대각과 동체는 따로 만들어 접합하였는데, 대각이 호를 받치고 있는 모습이다. 동체 단면은 납작한 육각형이며 구연부 아래와 동최대경 부위에 돌대가 돌아간다. 대각은 원통형으로 내려오다 접지면에서 바깥으로 벌어지는 형태이다. 대각 상단에는 소형의 원형 투공이 4개 뚫려 있다. 원저소옹은 출토되지 않았다. 철단검과 관부가 2단을 이루는 철모 등이 공반되었다.

진터 유적에서는 유개대부호와 원저소옹이 함께 출토되었다. 진터 유적은 원저단경호 제작기법의 특징, 공반된 철기류의 조합상을 기준으로 3단계로 구분

44) 충청남도역사문화연구원, 2011, 『아산 명암리 밖지므레 유적』.
45) 중앙문화재연구원, 2013, 『오산 궐동 유적』.
46) 公州大學校博物館, 2008, 『燕岐龍湖里遺蹟』.
47) 慶尙北道文化財硏究院, 2015, 『燕岐 黃龍里・鳳起里・芙蓉里・石橋里遺蹟Ⅱ』.
48) 중앙문화재연구원, 2015, 『오송 제2생명과학단지 문화재 발굴(시굴)조사 약식보고서』.
49) 중앙문화재연구원, 2015, 『오송 제2생명과학단지 문화재 발굴(시굴)조사 약식보고서』.
50) 이미란, 2015, 「청주 테크노폴리스 원삼국-백제 분묘유적 조사개보-Ⅲ지구 E지점을 중심으로-」, 『청주, 백제를 품다』, 충청북도문화재연구원.
51) 호서문화유산연구원, 2015, 「청주 테크노폴리스 조성사업부지 내 Ⅴ지구 문화재 발굴조사 자문위원회의 자료집」.

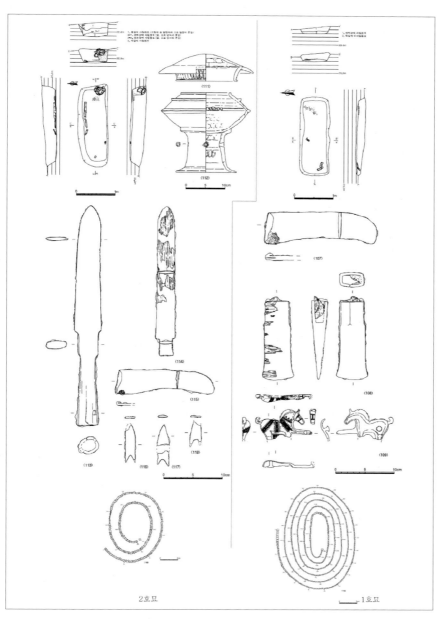

2호묘

1호묘

그림 2. 평택 마두리 유적(현남주 외 2011의 도면을 편집)

되는데[52], Ⅰ~Ⅱ단계에서 유개대부호 등이 출토되었고, Ⅲ단계에는 유개대부호는 소멸하고 원저소옹 대신 경질무문의 발형토기가 등장한다(그림3).

진터 유적 Ⅰ단계의 유개대부호는 돌대가 부착된 단면 육각형에 가까운 몸체에 대각이 달린 공통점 이외에 태토, 색조, 기형 및 크기 등 외형적인 형태가 매우 다채롭다. 대부호의 동체는 단면 육각형과 盌形이 있다. 대각부의 투창모양도 장방형, 세장방형, 역삼각형, 원형 등으로 매우 다양하다. 뚜껑 모양은 삿갓형, 반구형, 편평형 등이 있다. 평택 마두리 유적 출토품과 비교하면 뚜껑은 드림턱까지 호선으로 연결되는 신부를 만들고 그 안쪽에 드림부를 덧붙였는데 대부분 직립하거나 외반한다. 대부호의 동체는 동최대경 대비 기고가 높고, 별도의 구연부가 형성되어 있다. 삿갓형 뚜껑 상면에는 나선문이 돌아가며 일부는 방사선문도 추가되었다. Ⅰ단계는 2세기 중·후엽으로 추정하고 있다.

다음으로 원저소옹을 살펴보면, 태토는 니질토 혹은 점질토에 세립질의 석립이 조금 혼입되었다. 회갈색 연질, 회색 경질로 나뉘며 외면은 격자문이 전면에 타날 시문되거나 타날문을 일부 지운 것, 무문양으로 처리된 것 등이 있다. 모두 점토띠를 쌓아 올려 성형하였으며 구연부쪽으로는 느린 회전물손질 정면이 가해졌다. 크기는 보통 13~15㎝ 정도가 많다. 진터 유적의 원저소옹들은 원저와 외반구연이라는 공통적인 속성 이외에는 색조, 경도, 타날문 등 여러 속성이 표준화되어 있지 않고 각기 다른 양상을 보인다.

Ⅱ단계의 유개대부호는 전반적으로 크기가 작아지며 대부호의 동체에서 장식 돌대가 사라진다. 원저소옹은 크기가 10㎝ 내외로 작아지면서 연질소성에

---

52) 이호형·지민주·최상철, 2011, 『아산 용두리 진터 유적(Ⅱ)원삼국시대』, 충청문화재연구원; 지민주, 2014, 「중부지역 2세기대 마한 분묘의 성격-토기류를 중심으로」, 『숭실대학교 한국기독교박물관지』, 숭실대학교한국기독교박물관.

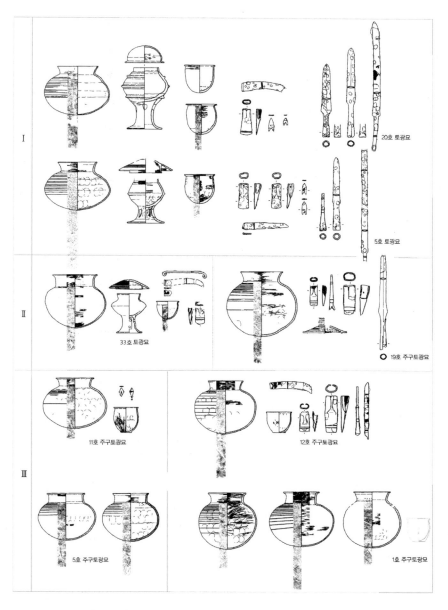

그림 3. 아산 용두리 진터 유적 단계별 양상(지민주 2014 일부 수정)

타날된 격자문을 그대로 남겨두었다. 일부 원저소옹에는 경질무문토기에서 보이는 정면기법인 수직방향의 목리조정흔이 관찰된다.

한편 16호 주구토광묘에서는 신부 중앙이 완만한 호선을 이루고 드림턱은 수평으로 뻗었으며 드림은 약간 외반된 뚜껑과 동체는 단면 육각형이지만 편구형에 가깝고 구연부가 직립하는 유개대부호가 출토되었는데(그림4), 이러한 형태는 3세기 중·후엽으로 편년되는 청주 봉명동 47호묘 및 송절동 48호묘 출토품과 매우 유사하다. 진터 유적에서 가장 후행하는 분묘 출토품으로 여겨진다.

다음으로 유개대부호 등의 성격에 대하여 살펴보고자 한다. 유개대부호와 원저소옹은 제의 토기로 집단 혹은 피장자의 정체성을 나타내는 표지적인 유물로

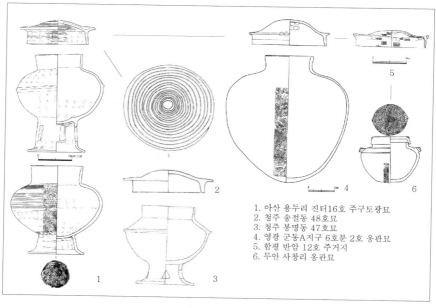

1. 아산 용두리 진터16호 주구토광묘
2. 청주 송절동 48호묘
3. 청주 봉명동 47호묘
4. 영광 군동A지구 6호분 2호 옹관묘
5. 함평 반암 12호 주거지
6. 무안 사창리 옹관묘

그림 4. 뚜껑의 확산

서 부장된 것으로 추정되고 있다[53]. 구체적으로는 영남지역산인 철모를 교역하는 주체의 신분을 표출하는 부장품으로 추정하였다. 다만 중서부지역 출토 유개대부호와 원저소옹 자체는 영남지역 그것의 기형과 제작기술을 인지한 상태에서 현지에서 제작되어 표준화되지 못한 것으로 여겼다[54]. 그런데 이러한 견해에는 몇 가지 의문이 든다. 우선 피장자는 철모를 교역하는 주체로서 영남지역 출신으로 추정한 반면 토기는 현지에서 제작된 것으로 여기고 있다. 그런데 교역에 종사한 사람들이 왜 타지에 묻혀 분묘군을 형성해야 하는지 선뜻 이해가 되지 않는다. 그리고 유개대부호 등은 당시 영남지역에서 유행한 전기 와질토기의 대표적인 기종도 아니다. 따라서 이러한 기종으로 집단의 정체성을 표현하였다고 보는 것이 타당한지도 의문이다.

한편 짧은 기간 동안 돌출적으로 여러 유적에서 산발적으로 등장하는 점에서 현지와는 다른 계통의 이민 집단을 상정할 수도 있겠다[55]. 다만 유개대부호, 원저소옹이 넓게 보면 중서부 해안지역에서 충청내륙을 거쳐 영남지역까지 이어지는 주요 루트에 분포하면서도 현지화의 과정이 점진적으로 이루어져 지속되지 않고 곧 사라지는 점은 이민과는 다른 요인을 고려할 필요성도 제기한다.

진터, 궐동 유적 등에서 단순토광묘군과 주구토광묘군은 묘역을 달리하지만 인접하여 존재한다. 아산 진터 유적 등에서 유개대부호가 부장된 단순토광묘가 먼저 조영되었다. 그런데 외부인들이 먼저 무덤을 만들고 나중에 현지인들이

53) 지민주, 2014, 「중부지역 2세기대 마한 분묘의 성격-토기류를 중심으로」, 『숭실대학교 한국기독교박물관지』, 숭실대학교한국기독교박물관, 53쪽.
54) 지민주, 2014, 「중부지역 2세기대 마한 분묘의 성격-토기류를 중심으로」, 『숭실대학교 한국기독교박물관지』, 숭실대학교한국기독교박물관, 66쪽.
55) 김장석, 2014, 「중부지역 격자문타날토기와 U자형토기의 등장」, 『한국고고학보』 90, 한국고고학회.

동일한 지점에 주구토광묘와 같은 다른 양식의 무덤을 조성하는 과정은 자연스럽지 않다. 그리고 두 분묘군에서 원저단경호, 유개대부호는 기형에서 연속적인 변화를 보이며, 철촉, 철모 등 철기의 구성도 유사하다. 따라서 두 분묘군을 조성한 집단을 계통이 전혀 다른 집단으로 구분하기 어렵다. 따라서 유개대부호가 외래품이라고 하여도 그것을 사용한 단순토광묘군 조영집단을 유이민이라고 단정하기는 어렵다.

유개대부호는 똑같은 형태의 토기가 한 점도 없을 정도로 정형성이 떨어진다. 따라서 이 토기는 현지 공방에서 대량으로 생산되었다고 보기 어렵다. 그리고 무덤에서만 출토된다. 이러한 상황은 외부 유입의 상정을 자연스럽게 한다. 형태적인 특징과 비정형성은 일상용기가 아니라 葬制와 관련된 특수 용기였을 가능성을 시사한다. 정형성이 떨어지는 것은 단일한 기종이 아니라 우물이나 창고 등 각종 형상을 모방하여 만든 의례용의 형상 기물이기 때문일 것이라는 견해도 제기되었다[56]. 다만 이 시기의 취락이 확인되지 않았으므로 현지인과 이러한 분묘 출토품을 사용한 사람들과의 관계가 어떠했는지 파악하기 어렵다. 아산 진터 유적 등에서 보이는 유개대부호, 원저소옹은 단순토광묘에서 주로 보이며 주구토광묘에서는 소멸하고 원저소옹과는 태토나 제작기술도 이질적인 경질무문 발형토기가 등장하는 점으로 보아 주구토광묘의 원저단경호, 경질무문 발형토기와는 계통을 달리하는 외래의 것으로 추정된다[57]. 그렇다면 유개대부호는 어디서 유래되었을까?

이와 관련하여 우선 영남지역에서도 유개대부호가 출토된다는 점이 주목된

---

56) 성정용, 2016, 「종합토론문: 마한토기와 관련된 몇 가지 문제」, 『동북아시아에서 본 마한토기』, 마한연구원.

57) 김장석, 2014, 「중부지역 격자문타날토기와 U자형토기의 등장」, 『한국고고학보』 90, 한국고고학회.

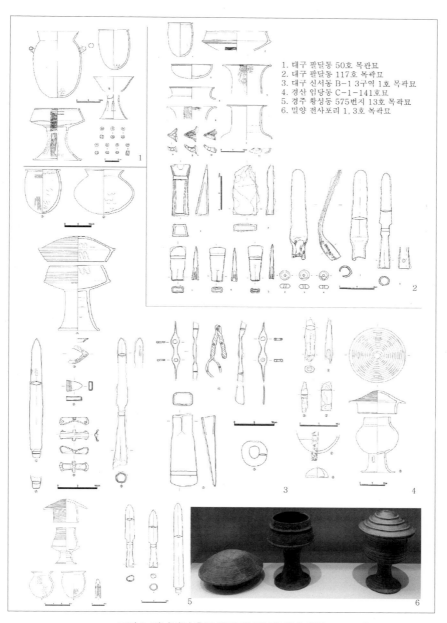

1. 대구 팔달동 50호 목관묘
2. 대구 팔달동 117호 목곽묘
3. 대구 신서동 B-1 3구역 1호 목곽묘
4. 경산 임당동 C-1-141호묘
5. 경주 황성동 575번지 13호 목곽묘
6. 밀양 전사포리 1, 3호 목곽묘

그림 5. 영남지역 출토 유개대부호 및 공반 유물

다(그림5). 경산 임당 유적, 대구 팔달동 유적[58], 대구 신서동 유적[59], 경주 황성동 유적, 밀양 제대리 · 전사포리 유적 등에서 출토되었는데, 철단검 등과 공반한다. 영남지역에서 유개대부호는 목관묘에서 목곽묘로 이행하는 단계의 분묘 중 대구, 경산, 경주, 밀양, 김해지역에서 한시적으로 나타난다. 대구 팔달동 50호 목관묘(1세기 후반) · 117호 목곽묘(2세기 중엽) 등에서 출토된 유개대부호가 초현기의 형태로 추정된다. 이 지역의 유개대부호 사이에 미세한 기형 변화가 있지만 그 시차는 크지 않을 것으로 생각되는데 함께 부장되는 유물로 볼 때 대체로 2세기 전엽~중엽이라는 짧은 기간에 유행하였다고 보고 있다[60]. 평택 마두리 유적 출토 뚜껑을 보면 弧形의 신부에 내만하는 드림부를 접합하고 그 접합 지점 외면에 약간 수평 방향으로 꺾여 드림턱이 접합되는 양상이 관찰되는 것으로 보아도 대구 신서동 유적 출토품이 형식학적으로 앞서는 것을 알 수 있다.

한편 원저소옹도 영남지역에서 나타난다. 영남지역의 원저소옹은 점토대토기 옹에서 형식적인 변화를 거치며 등장한 것으로 주로 무문이다. 중서부지역 출토 원저소옹과는 약간 다른 점이다. 원저소옹 등은 분묘군 내에서 산발적으로 분포하며 당시 유행한 조합우각형파수부호 등 와질토기와 좀처럼 공반하지 않는다. 원저소옹이 부장되지 않은 무덤과 토기상이 다른 점은 중서부지역과 유사한 양상이다[61]. 중서부지역과 영남지역 원저소옹의 기원에 대한 논의는 좀

---

58) 嶺南文化財硏究院, 2000, 『大邱八達洞遺蹟 I 』.

59) 경상북도문화재연구원, 2011, 『대구 신서혁신도시 B-1 3북구역 유적』.

60) 지민주, 2014, 「중부지역 2세기대 마한 분묘의 성격-토기류를 중심으로」, 『숭실대학교 한국기독교박물관지』, 숭실대학교한국기독교박물관.

61) 김장석, 2014, 「중부지역 격자문타날토기와 U자형토기의 등장」, 『한국고고학보』 90, 한국 고고학회.

더 필요한 상황이다.

원저소옹의 출현과 관련하여 오이도에서 출토된 U자형토기(원저소옹)을 산동반도에서 제염토기로 사용된 것이 서해를 통해 중서부지역으로 직접 들어와 기원전후에는 토광묘에 부장된 것으로 추정하기도 하였다[62]. 그러나 U자형토기가 산동반도에서 서해를 통해 한반도 중서부로 직접 들어온 것으로 주장하기 위해서는 기원전에 연안항로를 이용하지 않고 직접 횡단할 수 있는 항해술이 존재하였는지부터 검증해야 할 것이다. 표류와 같은 단발적이고 우연한 사건을 바탕으로 논의를 전개하는 것은 한반도에서 원저소옹이 단기간이지만 일정한 기간과 지역에서 지속적으로 전개된 양상을 고려하면 무리이다. 산동에서 제염용으로 사용된 토기를 왜 한반도에 들고 와 다른 용도로 사용한 것인지에 대한 논의도 필요하다. 그것도 다른 유용한 기물을 제외하고 토기만 사용하게 되었는지도 설명할 필요가 있겠다.

영남지역에서 초현기의 유개대부호는 물론이고 이후 기형이 변화된 유개대부호가 다수 확인되고 있으며, 철단검, 이단관식 철모 등 철기와 마형대구가 비슷한 시기에 동남부지역에서 중서부지역으로 유입된다는 점에서 유개대부호도 동남부지역에서 유입되었을 가능성이 높다고 보는 견해가 많다[63]. 이처럼 동일시기에 중서부지역과 영남지역에 대동소이한 구조의 분묘와 부장품이 존재하는 것은 양 지역 간 교류를 반영하며, 그 기원지는 영남지역에 있으므로 중서부지역의 유개대부호 출토 분묘는 교류를 통해 이입된 집단의 무덤으로 보기도

---

62) 김장석, 2014, 「중부지역 격자문타날토기와 U자형토기의 등장」, 『한국고고학보』 90, 한국고고학회.

63) 김장석, 2014, 「중부지역 격자문타날토기와 U자형토기의 등장」, 『한국고고학보』 90, 한국고고학회; 박장호, 2016, 「원삼국시대 중서부지역 내 동남계 문화적 요소에 대한 검토」, 『제29회 고분문화연구회 발표자료집』, 고분문화연구회.

한다. 즉, 아산 용두리 진터와 오산 궐동 유적에서 목곽묘를 주 매장주체부로 삼은 단순토광묘군을 외부 이입 집단의 분묘역으로 보는 것이다[64].

반면 영남지역의 마구와 전혀 다른 북방계통의 마구가 3세기 무렵 중부지역에 유입되는 것으로 볼 때 그러한 문화가 들어올 때 그 경유지는 합장묘, 철장검, 철기 등이 공통되는 낙랑지역이 되어야지 영남지역으로 갔다 다시 중서부지역으로 유입되는 상황은 고려하기 어렵다고 보고, 동남부지역의 유개대부호도 낙랑에서 유입된 중서부지역의 유개대부호가 영향을 주어 등장하고 확산되었다는 견해가 있다[65]. 한편 평택 마두리와 아산 용두리 진터 유적에서 출토된 유개대부호는 기대 위에 돌대가 있는 동기와 같은 제기를 올려놓은 것을 간략화한 것으로서 영남지역 출토 유개대부호보다 좀 더 사실적이고, 유사한 형태는 경주 황성동 유적에서도 출토되므로 영남과 중서부지역이 아닌 제3의 지역, 즉 중국이나 낙랑에서 힌트를 얻어 두 지역에서 동시다발적으로, 그러나 조금 다르게 발현되었을 가능성도 제기되었다[66].

한편 제작기법의 변화와 기종의 변형 등을 분석해 중서부지역에서 영남지역으로 전파되었다고 보는 견해도 제시되었다[67]. 영남지역의 유개대부호에서는 중서부지역의 그것과는 달리 뚜껑에서 방사선 문양이 확인되지 않고 대부호에서 돌대가 확인되지 않는 점을 제작방법상 영남지역의 유개대부호가 중서부지역의 그것보다 늦은 것으로 판단하였다. 그러나 형태적인 다양성이 크고, 얼마

---

64) 김장석, 2014, 「중부지역 격자문타날토기와 U자형토기의 등장」, 『한국고고학보』 90, 한국 고고학회.

65) 성정용, 2014, 「특집: 중부지역 원삼국시대 타날문토기의 등장과 전개(종합토론)」, 『숭실 대학교 한국기독교박물관지』, 숭실대학교한국기독교박물관.

66) 권오영, 2014, 「특집: 중부지역 원삼국시대 타날문토기의 등장과 전개(종합토론)」, 『숭실 대학교 한국기독교박물관지』, 숭실대학교한국기독교박물관.

67) 박형열, 2015, 「원삼국시대 유개대부호의 편년」, 『호남고고학보』 50, 호남고고학회.

되지 않는 수의 샘플을 대상으로 제작기법이나 형태 등을 세분하다 보니 형식과 단계가 지나치게 많아졌다. 게다가 서로 연결시킨 개체끼리 형식적으로 연속성을 가지는지 명확하지도 않다. 형태의 다양성은 토기의 성격에 기인하는 바 클 것이다. 그리고 목관묘에서 목곽묘로의 교체기에 조성된 것으로 보고된 대구 팔달동 유적 출토품을 가장 늦은 것으로 배치한 것도 문제이다. 마지막으로 철기의 양식 변화가 양 지역에서 다르게 일어났다고 본 점도 이해하기 어렵다. 결론이 타당하다고 하더라도 분석 방법과 절차에 문제가 있다고 여겨진다.

현재 상황에서 중서부지역에서 가장 이른 사례인 평택 마두리 유적 출토품보다 형식적으로 앞서는 것으로 판단되는 유개대부호가 대구 팔달동 50호 목곽묘, 대구 신서혁신도시 1호 목곽묘에서 출토되었으므로 유개대부호라는 토기가 영남지역에서 기원하였을 가능성은 높다. 다만 그 이후에는 양 지역에서 함께 사용되며 지역마다 다양하게 변화한다. 이것은 영남지역 사람들이 철기 등의 입수를 위해 중서부지역을 거쳐 낙랑 등으로 가야 하는 내륙루트를 개척하는 과정을 시사한다. 다만 그 이후에 보이는 현상은 양 지역 집단 사이의 교류라는 관점에서 보아야 설명이 자연스럽다. 양 지역에서 특정 기종을 공유하며 무덤 제사에 함께 사용한 점 자체를 중요하게 여길 필요가 있다. 이것은 주민의 이동 등과 같은 일방적인 현상을 반영하는 것은 아니라고 생각된다.

세부적인 기형이 다르더라도 유개대부호라는 기종이 낙랑에 존재하고 게다가 철단검 등 매우 유사한 철기가 낙랑과 변진한지역에 모두 존재한다면 중국 동북지방에서 한반도로 이어지는 문물의 일반적인 흐름을 고려할 때 낙랑 등 북방과의 관련을 좀 더 적극적으로 고려할 필요가 있다고 여겨진다. 앞으로 중서부지역에서 좀 더 이른 시기의 유물이 나올지 기다려볼 일이다.

한편 아산 진터 유적과 유사한 성격의 영남지역 분묘에서는 철장검이 거의 출토되지 않는데 비해 중서부지역과 김포 운양동, 서산 예천동 유적과 같은 서해안 지역의 분구묘에서는 철장검과 함께 낙랑유물 및 영남지역 철기류가 공반되고 있어 낙랑, 서해안 세력, 중서부 내륙 세력, 영남지역 사이에 다선적인 교류가 있었음을 유추할 수 있다[68]. 이러한 점을 보면 2세기 대에도 영남지역에서 중서부지역으로의 단선적인 흐름만을 상정하기는 어렵다. 따라서 중서부해안-충청북부지역-영남으로 이어지는 내륙 루트의 활발한 이용이 있었다면, 중서부해안-서남부지역-남해안지역 사이에서 해로를 통한 교류로 외래 문물 유입과 그것을 계기로 한 변화, 발전을 상정하지 못할 이유도 없다. 이런 점에서 2세기 이후 철기문화는 한반도 남부 전역이 유사한 전개 양상을 보이지만 토기(유개대부호)나 금속유물(단면 육각형 철부 등)의 차이를 통해 이러한 두 갈래의 교류 루트를 상정한 견해는 타당하다[69].

청주 정중리 15지점 11호 주구토광묘에서 원저소옹과 함께 출토된 銅柄鐵劍이 중국 길림성 楡樹老河深 유적 출토품과 형태가 유사한 점[70], 영남지역에서도 유개대부호와 원저소옹이 무덤에 부장된 점을 고려하면 유개대부호와 원저소옹은 중국 동북지역에서 한반도 중서부해안-충청 북부 내륙-영남 내륙-동남부 해안지역으로 이어지는 루트를 통해 교류한 집단이 공유한 문화적 소산인 것은 분명하다. 이것은 마형대구의 분포로도 뒷받침된다. 따라서 이러한 교류 과정에서 주요 루트상의 여러 현지세력과 교역에 종사하던 집단이 상호 협력하는 상징 행위의 하나로 매장의례에 유개대부호 등의 공통된 물건들을 사용하였을 가능성

68) 지민주, 2014, 「중부지역 2세기대 마한 분묘의 성격-토기류를 중심으로」, 『숭실대학교 한국기독교박물관지』, 숭실대학교한국기독교박물관, 67쪽.
69) 서현주, 2016, 「금강유역 원삼국시대 유물 양상-한강유역과의 비교를 위하여」, 『금강·한강 유역 원삼국시대 문화의 비교연구』, 호서고고학회·중부고고학회.
70) 조상기, 2016, 「청주지역 백제토기의 성립과 전개과정」, 『청주, 백제를 품다』(충청북도문화재연구원 개원10주년기념 학술대회), 충청북도문화재연구원, 85쪽.

을 고려할 수 있다. 그럴 경우 이러한 토기류를 부장한 피장자가 반드시 외부 유이민일 필요는 없을 것이다. 어쨌든 분명하게 무덤을 조성하고 매장의례에 외부 기원의 물품을 사용하게 한 교역은 현지집단, 특히 그중에서도 중서부지역 세력의 성장을 촉진하였을 것으로 봐도 무리가 없을 것이다. 이러한 상황이 중서부지역에 마한을 대표하는 목지국이 위치하는 배경이 되었을 것이다.

이 시기의 역사적인 상황은 『三國志』위서 동이전 한조를 통해 추정할 수 있다. 『삼국지』에는 후한의 환제와 영제 말기에는 韓과 濊가 강성하여 한 군현이 제대로 통제하지 못하니 군현의 많은 백성이 한국으로 유입되었다는 기사가 있다[71]. 이 기사는 2세기 중·후엽에 한의 군현 운영과 군현의 삼한에 대한 통제가 순조롭게 진행되지 않았음을 시사한다[72]. 이러한 상황 변화로 낙랑에서 그동안 금수물품이었던 철장검이 한으로 들어와 마한 분묘에 부장되며, 김포 운양동 유적과 같은 서해안지역 분묘에서는 북방계 금제이식이 부장되기도 하고 철을 소재로 영남지역과의 교류도 빈번해졌을 것이다. 다만 중서부지역에서는 평택 마두리 유적처럼 기원후 100년 전후까지 올라가는 유적도 확인되고 있으므로 중서부지역에서 동남부지역에 이르는 루트 상에 유개대부호와 같은 유사한 물질문화가 나타나는 현상을 하나의 역사적인 사건으로만 설명할 수는 없다. 다만 낙랑·대방과의 활발한 교섭과 마한 제세력의 급속한 성장이 밀접하게 관련되어 있다는 것만은 분명하다고 생각된다.

한편 유개대부호의 뚜껑은 유개대부호와는 별도로 후대(3~5세기)까지 지속된다(그림4). 유개대부호가 유행한 지역에서도 보이지만(연기 용호리 25호 토광묘-국방문화재연구원 조사구역, 청주 송절동 93-B지구 4호 토광묘 등) 서해

---

71) 桓靈之末, 韓濊彊盛, 郡縣不能制, 民多流入韓國.
72) 尹龍九, 2004,「三韓과 樂浪의 교섭」,『韓國古代史研究』34, 한국고대사연구회.

안을 따라 퍼진 흔적이 보인다. 대표적인 사례로 인천 연희동 3-1지점 12 · 17 · 16호 분구묘, 인천 운남동 B지구 패총, 서산 예천동 유적 63 · 64호 분구묘, 서천 오석리 95-1호묘, 영광 군동 A지구 6-2호 옹관 뚜껑, 함평 반암 12호 주거지 출토품을 들 수 있다. 영광 군동 출토품은 용두리 진터 16호 토광묘 출토품과 흡사하다. 이러한 뚜껑은 이중구연호, 양이부호 등 마한의 특징적인 기종과 결합한다. 양이부호와 결합하는 것은 편평한 개신의 양단에 대칭으로 원형의 구멍이 뚫린 것으로 변화한 것으로 추정된다. 이러한 뚜껑이 중서부지역에서 먼저 유행한 유개대부호의 뚜껑과 연결되는 것은 개신 표면에 보이는 동심원문으로 알 수 있다. 이러한 뚜껑이 남하하여 흔적을 남기게 된 계기는 서해안을 통한 상호 교류나 중서부집단 일부의 이동을 고려할 수 있겠다.

2) 충북 지역 토광묘 출토 와질토기의 의미

와질토기는 변진한의 특징적인 토기이다. 그런데 이러한 와질토기가 마한권역인 진천 송두리 유적[73], 청주 테크노폴리스 V-2지구 2호 토광묘, 오창 학소리 I 유적 1호 주거지[74]에서도 출토되어 주목된다. 이러한 유적에서 출토된 와질토기는 조합식우각형파수부호, 주머니호 등이다(그림6).

1990년 진천 송두리 유적에서 영남지역 전기 와질토기의 대표적인 기형인 주머니호, 조합식우각형파수부호 및 양이부호가 출토되어 주목을 받았다. 이 유적에서 출토된 와질토기는 기형이나 제작기법 등이 전기 와질토기 말~후기 와질토기 극초기에 해당하는 2세기대의 변진한 지역의 그것과 동일하여 반입품

---

73) 차용걸 · 조상기, 1991, 『진천 송두리유적 발굴조사 보고서』, 충북대학교박물관.
74) 중원문화재연구원, 2008, 『오창 학소리 · 장대리유적』.

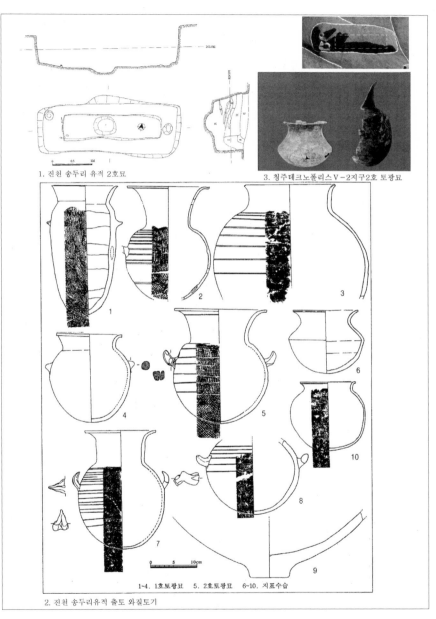

1. 진천 송두리 유적 2호묘

3. 청주테크노폴리스Ⅴ-2지구2호 토광묘

1-4. 1호토광묘   5. 2호토광묘   6-10. 지표수습

2. 진천 송두리유적 출토 와질토기

그림 6. 충북지역 출토 와질토기

으로 보아도 전혀 문제가 없을 정도이다[75]. 송두리 유적의 토광묘는 요갱(2호)이 있고, 목곽과 묘광 사이의 충전토에 물건을 놓는 점 등 묘·장제의 특징도 영남지역의 그것과 유사하다[76].

최근 청주 테크노폴리스 Ⅴ-2지구 2호 토광묘에서도 주머니호, 조합식우각형파수부호가 출토되었는데, 진천 송두리 유적 출토 와질토기보다 형식학적으로 조금 빠른 단계에 속하는 것으로 경주 사라리 130호묘 출토품과 유사하여 기원후 100년을 전후한 시기의 것으로 추정할 수 있겠다.

청주 등 중서부 내륙지역에서 출토된 와질토기는 영남지역에서 이입된 것일까? 영남지역에서는 크게 유행하였는데 청주 일대에서는 극소수만 발견되고, 동시기에 이러한 와질토기를 제작한 흔적을 가마나 공반 유물을 통해 확인하기 어려우며, 이후의 신식와질토기는 보이지 않는 점 등을 고려할 때 토착적인 것으로 보기는 어렵다. 따라서 이입된 것으로 보는 것이 타당하다. 그렇지만 이러한 외래계 유물이 부장되었다고 하여 그 물건의 기원지에서 온 사람이 피장자라고 단정할 수 있을까? 현지 집단이 교류의 과정에서 모종의 역할을 수행하며 입수한 흔적으로 볼 수는 없는가?

이 점과 관련하여 진천 송두리 유적에는 최소 3기 이상의 토광묘가 군집하며, 와질토기의 형식 차이에서 보이는 분묘 조성 시기의 폭이 있고, 철부·철겸 등의 생산도구가 부장되어 있는 점이 주목된다[77]. 한편 오창 학소리에서는 주거

---

75) 成正鏞, 2007, 「漢江·錦江流域의 嶺南地域系統 文物과 그 意味」, 『百濟研究』 46, 忠南大學校百濟研究所.

76) 박장호, 2016, 「원삼국시대 중서부지역 내 동남계 문화적 요소에 대한 검토」, 『제29회 고분문화연구회 발표자료집』, 고분문화연구회.

77) 이러한 특징으로 보아 이질적인 것이 아니라 토착문화로 볼 수 있다는 견해가 제시되기도 하였다(申鍾煥, 1997, 「忠北地方 三韓·三國土器의 變遷-遺蹟의 編年的 相對序列을 提示하며-」, 『考古學誌』 8, 韓國考古美術研究所).

지에서도 와질토기가 출토되었다. 이러한 점을 통해 볼 때 와질토기를 부장한 변진한 사람들이 집단적인 이주나 교류에 따라 청주, 진천 등의 한정된 지역에 누세대적으로 거주하였을 가능성이 있다[78]. 즉, 와질토기 부장 토광묘는 앞서 살펴본 유개대부호 등과는 성격이 좀 다른 것으로 여겨진다. 변진한 지역 출신 집단이 교역 루트 상의 주요 거점에 정착한 사례로 생각된다.

청주 일대는 중서부 해안과 영남을 이어주는 육로상의 주요 루트이다. 중서부 해안은 낙랑군 등을 통해 북방의 문물이 들어오는 창구이다. 실제로 김포 운양동 유적에서는 楡樹老河深 유적에서 출토된 금제 귀걸이[79]와 비슷한 귀걸이 이외에 낙랑 요소라고 할 수 있는 토기 및 철장검 등이 출토되었다. 충북 지역에서도 충주 금릉동 78-1호묘, 청주 봉명동 C-31호묘에서 북방에서 광역적인 분포를 보이며 유행한 표비(S자상 단접 재갈, 2조선 삽자루형 인수)가 출토되었고, 청주 정중리 유적 15지점 11호 주구토광묘에서는 유수노하심 유적에서만 출토 사례가 알려진 銅柄鐵劍이 출토되었다.

이러한 루트에 이단관식 철모, 관부돌출형 철모, 마형대구 등도 분포한다. 이러한 유물에 대해 영남지역에서 기원한 것으로 보는 견해[80]가 영남지역 연구자를 중심으로 퍼져 있다. 중서부지역 연구자로서 이 문제에 대해 천착한 연구는 아직 없지만 반대로 생각하는 경향이 많다.

그런데 이런 유물을 동남부(혹은 변진한, 영남지역)계로 단정할 수 있을까?

---

78) 成正鏞, 2007, 「漢江·錦江流域의 嶺南地域系統 文物과 그 意味」, 『百濟研究』 46, 忠南大學校百濟研究所.

79) 이한상, 2013, 「김포 운양동 유적 출토 금제이식에 대한 검토」, 『김포 운양동 유적Ⅱ』, 한강문화재연구원.

80) 김새봄, 2011, 「원삼국후기 영남지역과 경기·충청지역 철모의 교류양상」, 『한국고고학보』 81, 한국고고학회; 박장호, 2012, 「한반도 중남부 출토 동물형대구의 전개와 그 의미」, 『영남고고학』 62, 영남고고학회.

이런 유물이 변진한의 무덤에 먼저 그리고 많이 발견된 것은 현재까지의 자료로 보는 한 분명하다. 그렇지만 중서부지역보다 분명하게 이른 사례는 무엇인지, 이러한 유물의 조형이 영남지역에 있는지, 생산의 흔적은 있는지 등 해결해야 할 과제는 아직 많다. 그리고 최근 서산 예천동 18-1호 토광묘, 함평 신흥동 4-8호 토광묘, 나주 구기촌 2·9호 토광묘 등 단면삼각구연점토대토기 혹은 경질무문토기와 공반하는 1~2세기의 목관묘에서 철단검, 이단관식 철모 등이 부장된 사례가 증가하고 있으므로 영남지역에 이러한 무기류가 무덤에 부장되는 시기에 별개를 루트, 즉 서해안을 따라서도 낙랑지역에서 문물이 전해졌을 가능성이 높아졌다.

이상에서 살펴본 유개대부호, 원저소옹, 와질토기 등은 낙랑을 포함하는 북방지역의 문물 입수를 위한 범한반도남부, 즉 '韓'의 차원에서 활발하게 이루어진 교류 과정에서 등장한 것이다. 특히, 중서부지역, 충청내륙 및 영남지역을 연결하는 루트에서 중요한 역할을 수행하였다. 이 단계까지 철기문화는 한반도 남부지역이 거의 유사하다. 내륙 루트 이외에도 서해안을 따라 연안항로도 이용된 흔적이 보인다. 이러한 문물교류의 결절점에 위치한 아산만 일대가 마한의 중심적인 세력으로 등장한 것은 어쩌면 당연한 현상일 것이다. 이후 이중구연호 등 마한 독자 형식의 토기 양식이 성립하는 것은 3세기 이후이다.

2. 곡교천 유역의 원통형토기

전방후원형고분이 본격적으로 조영되던 5세기 말~6세기 전엽에 영산강유역의 고총 분구에 수립된 원통형토기 혹은 墳周土器는 왜의 원통하니와(圓筒埴輪)와 매우 닮았다. 그런데 조사가 진전되면서 이와는 다른 壺形의 분주토기가 군산 등지의 분구묘에서 발견되어 전방후원형고분이 축조되던 시기 이전부터 이미 분주토기를 분구에 수립하는 전통이 한반도 서남부 해안지역에서 성립되었으며, 왜와는 별도로 발전하여 독특한 양상을 보인다는 사실을 알게 되었다. 호형 분주토기는 약간 배부른 원통형의 몸통에 입이 크게 바라진 형태로 바닥에는 원형의 구멍이 뚫려 있다. 군산 축산리 계남 출토품처럼 일부는 긴 통형의 몸통에 항아리를 올려놓은 듯한 모습을 보이기도 한다. 이러한 호형 분주토기는 목관, 옹관 또는 석실을 매장시설로 하는 방형, 제형 또는 방대형분에 수립되었다. 호형 중 가장 이른 것은 토기 질, 형태, 크기를 고려할 때 금강하구에 가까운 군산 지역 출토품으로 생각된다. 그 시기는 군산 축동 2호분에서 함께 출토된 무문의 회청색경질 원저호, 심발형토기 그리고 대형옹관으로 보아 4세기 중엽까지 올라갈 수 있겠다.

이러한 호형 분주토기의 계보와 관련해서는 고분에 이러한 토제품을 돌려 세워 의례에 사용하였으며 저부에 구멍을 뚫은 점이 같고, 형태에서도 일부 유사한 측면이 있는 왜, 특히 九州地域의 호형 하니와에서 찾는 것이 일반적이었다. 그렇지만 최근에는 위와 아래로 벌어지는 장고형 기형, 바닥 투공의 존재, 장례에 사용된 점 등을 근거로 아산 명암리 밖지므레 유적 등 중서부지역 곡교천 유역의 주구토광묘에서 출토된 원통형토기와의 관련성이 지적되기도 한다[81]. 九州의 호형 하니와 중에 조형이 분명하다고 할 만한 사례를 특정하기 어렵고, 호형 분주토기 이외에 그것이 수립된 고분에서 다른 왜계 묘·장제의 흔적이 분명하게 보이지 않는 점은 호형 하니와 기원설의 약점이다.

한편 중서부지역에서 원통형토기가 목관 상부 혹은 봉토에서 출토되어 관 안

---

81) 최성락·김성미, 2012, 「원통형토기의 연구현황과 과제」, 『湖南考古學報』 42, 湖南考古學會; 박형열, 2014, 「호남지역 분주토기의 제작방법의 변화로 본 편년과 계통성」, 『영남고고학』 69, 영남고고학회; 임영진, 2015, 「한국 墳周土器의 발생과 확산 배경」, 『湖南考古學報』 49, 湖南考古學會.

치 후 이루어진 장례에 사용된 점은 분명하지만[82] 영산강유역권의 호형 분주토기와 연결시키는 데는 기형, 태토, 제작기법, 용도 및 유행 시기 등에서 보이는 차이를 설명하기 어렵다[83].

중서부지역 원통형토기(그림7)는 기형이 위아래로 벌어지는 장고형이며, 기고는 20~40㎝이고, 동체부 상하부에 원형 투공, 바닥 중앙에 1~2㎝의 작은 방형 혹은 원형 투공이 뚫려 있다. 대각이 달린 것도 존재한다. 세부적인 차이는 있지만 기본적으로 원통형이다.

서남부지역 호형 분주토기 중에는 나주 장등 출토품처럼 기형이 중서부지역 원통형토기와 흡사한 것도 있다. 하지만 그것은 일부에 불과하고, 그것도 서남부 해안지역 호형 분주토기의 변천 과정에 자연스럽게 위치시킬 수 있다. 그리고 군산 축산리 계남 유적 등에서는 이러한 장고형의 기형이 다양한 형태의 분주토기 중의 하나로 존재한다. 한편 명암리 밖지므레 출토 원통형토기는 니질 태토이고, 낙랑토성 출토 원통형토기에서 관찰되는 물레흔이 3지점 17호 주구토광묘 출토 대각 달린 원통형토기의 저부 내면에서 보이고 있다. 이처럼 제작기술에서 낙랑과의 관련이 엿보인다[84]. 중서부지역 원통형토기에 보이는 회색, 니질 혹은 사립이 소량 혼입된 니질 태토, 깎기 조정 등은 서남부지역 분주토기에는 보이지 않는 특징이다. 다만 제작기술에 낙랑의 영향이 미쳤다고 해도 양지역의 원통형토기는 외형적으로 杯形과 장고형으로 큰 차이가 나며 그에 따라

82) 이상엽, 2009, 「중서부지역 출토 원통형토기의 성격 검토」, 『선사와 고대』 31, 한국고대학회.
83) 신민철, 2015, 「곡교천일대 원삼국시대 원통형토기의 분포와 성격」, 전북대학교 석사학위논문.
84) 이상엽, 2009, 「중서부지역 출토 원통형토기의 성격 검토」, 『선사와 고대』 31, 한국고대학회.

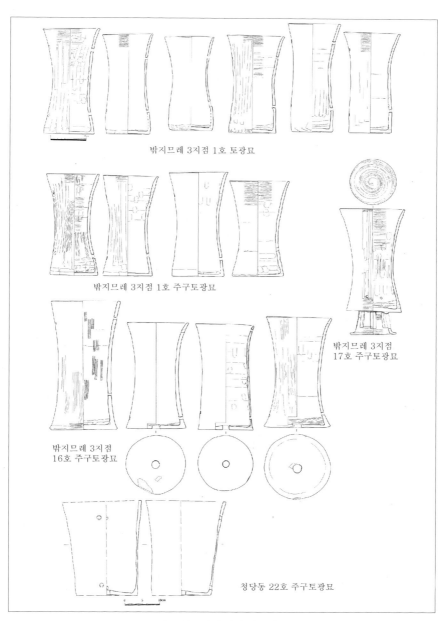

밖지므레 3지점 1호 토광묘

밖지므레 3지점 1호 주구토광묘

밖지므레 3지점
17호 주구토광묘

밖지므레 3지점
16호 주구토광묘

청당동 22호 주구토광묘

그림 7. 곡교천 유역의 원통형토기

기능도 다른 상이한 유형의 토기로 보는 것이 타당할 것이다[85]. 한편 군산 축동 2호분, 축산리 계남 유적에서는 상부를 요철이 남도록 강하게 회전 성형한 원통형토기가 출토되었다. 회전성형에 의한 이러한 요철 흔적은 낙랑토기에서 보이지만 몽촌토성에서도 그러한 요철 부위가 있는 원통형토기가 존재한다. 군산과 몽촌토성 출토품의 유행 시기를 고려할 때 낙랑의 영향을 받은 백제 중앙 토기의 영향이 축산리 계남 유적 호형 분주토기의 성립에 일부 미쳤을 가능성도 상정할 필요가 있다. 이처럼 중서부지역 원통형토기는 낙랑과의 관련성이 일부 보이지만 실용기가 아니라 매장주체부에서 출토되는 점으로 보아 장송의례의 한 과정에서 사용된 의기인 점이 다르다. 그리고 장송의례에 사용되었지만 사용 장소가 매장주체부이므로 분구에 수립된 서남부지역 분주토기와도 성격이 다르다고 할 것이다.

한편 이러한 중서부지역의 원통형토기와 유사한 것이 영남지역에서도 출토되었다. 대구 팔달동 유적 9호 목곽묘[86]에서는 대각 달린 원통형토기가 노형토기 등과 공반되었다. 이것은 유개대부호 이후에도 양 지역 사이에 미약하지만 장송의례에 특정 기물을 공유하는 전통이 남아 있었다는 점을 시사한다.

그런데 분묘와 원통형토기의 조합은 이미 철기가 부장되던 시기부터 보인다 (그림8). 대표적인 사례로 완주 신풍 가-49호, 창원 다호리 146·54호 출토품을 들 수 있다. 광주 신창동과 창원 다호리 유적에서는 동일한 기형의 칠기가 공반되었다. 신풍 유적의 원통형토기는 묘광과 목관 사이의 충전토에서 출토되었는데 기벽은 얇고 원판형 저부는 별도로 제작하여 부착하였다. 이것은 원목의 내

---

85) 신민철, 2015, 「곡교천일대 원삼국시대 원통형토기의 분포와 성격」, 전북대학교 석사학위논문.

86) 尹容鎭 外, 1993, 『大邱 八達洞遺蹟』, 慶北大學校博物館.

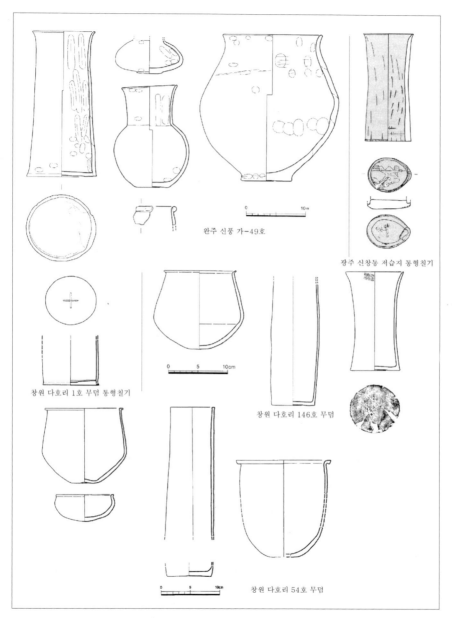

완주 신풍 가-49호

광주 신창동 저습지 통형칠기

창원 다호리 1호 무덤 통형칠기

창원 다호리 146호 무덤

창원 다호리 54호 무덤

그림 8. 초기철기시대~원삼국시대 전기 원통형토기

부를 도려내어 원통형으로 만든 뒤 바닥에 둥근 저판을 따로 만들어 부착한 신창동 통형칠기의 제작방식과 동일하다. 따라서 이러한 원통형토기는 전국계 철기 등과 함께 유입된 칠기와 밀접한 관련이 있을 것으로 추정된다[87]. 이러한 원통형토기는 저부에 구멍이 뚫려 있지 않고, 신풍 가-49호묘를 기원전 2세기대로 추정하는 현재의 연대관으로는 중서부지역 주구토광묘의 원통형토기와 시차가 크게 나므로 서로 직접 연결하기는 어렵다. 다만 기원후 1세기 전반으로 편년되는 다호리 146호묘 출토 원통형토기는 크기는 작지만 형태가 중서부지역의 그것과 흡사하고, 1세기 중엽경으로 편년되는 창원 다호리 54호묘에서는 와질의 원저소옹이 함께 출토되어 중서부지역 원저소옹과 비교된다. 따라서 이처럼 韓 사회에 유행한 원통형토기의 제작 및 사용 전통이 중서부지역 원통형토기로 이어졌을 가능성을 배제할 수 없다. 앞으로 시기적인 간극을 메울 자료의 출현이 기대된다. 어쨌든 중서부지역의 원통형토기는 분묘에서의 사용 방식과 형태의 유사성에서는 서남부지역의 원통형토기보다 이러한 선행의 원통형토기와의 상관성을 고려하면서 마한 분묘의 의례와 관련하여 좀 더 추구할 필요가 있을 것으로 생각된다.

원통형토기의 계보 추정에서 중요하게 생각해야 할 것은 일부 형태적인 유사성보다 무덤에서 장송의례와 관련하여 사용된 맥락이라고 생각된다. 어쨌든 필자는 영산강유역의 호형 원통형토기는 백제 중앙과 왜가 교통하는 가운데 왜묘제의 일부 요소를 받아 들여 현지세력이 창조한 기형일 가능성이 높다고 여전히 여기고 있다.

---

87) 韓修英, 2015, 「全北地域 初期鐵器時代 墳墓 研究」, 전북대학교 박사학위논문.

3. 분묘 제사용 토기 조합의 차이로 본 지역성

마한의 분묘에서 장례와 관련하여 사용된 토기는 지역과 묘제에 따라 달라진다. 지역별로 간단하게 살펴보면 다음과 같다.

우선 경기 서해안지역 분구묘에서는 목관 외부에 호 1점 정도가 부장되며 주구 내에서는 파쇄된 대옹 혹은 단경호가 출토된다. 3세기 전반에는 승문 타날의 낙랑토기 제작기법의 영향을 받은 단경호가 출토되나 3세기 중후반이 되면 평행 타날 단경호 혹은 견부가 강조된 평저외반호가 출토된다. 양이부호와 평저외반호가 모든 유구에서 출토되지는 않지만 서해안지역 분구묘에서 공통적으로 출토되는 기종으로 판단된다[88]. 김포 운양동 유적 등을 볼 때 이 지역에서는 토기보다는 철기류의 부장에 중점을 둔 것을 알 수 있다.

백제가 성립한 한강 하류지역에서는 서울 석촌동 고분군에서 한성양식토기 성립 직전의 토기류가 토광목관묘에서 출토되었는데, 구형의 원저단경호, 평저단경호 등 다른 기종의 토기가 1점씩 부장된다[89]. 양이부호, 심발형토기는 이후 한성양식토기류와 함께 소수 부장된다.

충청 서해안지역 분구묘의 매장시설에 부장된 토기류는 특정 기종의 조합이 뚜렷하지 않으며 다양한 양상을 보인다. 매장시설에서는 원저단경호, 이중구연호, 양이부호 등의 부장 비율이 높고, 주구에는 대형옹, 대형호가 깨진 채로 확인되는 양상이다. 이 지역에서는 분구묘 축조 전통이 지속되지만 매장의례에 사용된 토기는 4세기 중엽 이후 백제토기, 즉 직구호, 광구호, 개배, 흑색마연토

---

88) 김기옥, 2015, 「경기지역 마한 분구묘의 구조와 출토유물」, 『마한 분구묘 비교 검토』, 학연문화사, 58쪽.

89) 김성남, 2001, 「中部地方 3~4世紀 古墳群 細部編年」, 『百濟研究』 33, 忠南大學校百濟研究所.

기, 삼족기 등으로 변화한다[90]. 이 지역의 대표적인 분구묘인 서산 예천동 유적의 경우(그림9) 원저단경호는 충청북부지역과는 달리 타날되지 않은 무문이 많으며 놓인 위치도 목관 위가 대부분이다. 원저단경호 다음으로 많은 양이부호는 원저단경호와 공반하는 사례가 있지만 부장 위치가 달라 주로 목관과 묘광 사이의 바닥에 놓여 있다. 심발형토기는 주구에서만 소수 확인된다[91].

아산 용두리 진터 유적 등이 위치하는 충청 북부지역에서는 2세기대의 유개대부호, 원저소옹의 조합에서 3세기 이후 원저단경호, 심발형토기의 조합으로 변화하였다.

원저단경호, 심발형토기의 조합은 경기 남부, 아산, 천안, 세종, 청주 등 충청북부지역의 주구토광묘에서 확인된다. 두 기종을 중심으로 한 단순한 조합에서 점차 새로운 기종이 추가되며 부장량도 많아진다. 백제의 영향력 확대에 따라 직구단경호 등 한성백제양식의 토기가 추가되면서 두 기종의 조합 규칙은 흐트러진다.

자비용인 화분형토기와 저장용인 타날문 단경호가 세트로 부장되는 전통이 확립된 곳은 서북한 지역으로 목관묘 단계에 확립되어 목곽묘 단계까지 지속적으로 이어진다. 심발형토기는 실생활에서 분명히 조리용구로 사용된 것이며, 그러한 까닭에 사후 세계에서도 사자를 위한 취사에 사용하기 위해 부장한 것으로 이해하는 것이 적확하다[92]. 이렇게 자비형 토기와 저장용 토기를 세트로 부장하는 습속은 고조선(위만조선), 낙랑, 삼한의 관련성을 보여준다. 진변한 지역의 목관묘에서는 와질 단경호와 삼각구연점토대토기, 혹은 와질 단경호와 외반구연호(원저소옹)의 조합이 유행하고 마한지역의 주구토광묘에서도 심발

---

90) 정해준, 2015, 「충청지역 마한 분구묘의 구조와 출토유물」, 『마한 분구묘 비교 검토』, 학연문화사, 156~157쪽.
91) 최봉균·임종태·강모영·이수현·천윤정, 2012, 『서산 예천동 유적』, 백제문화재연구원.
92) 박순발, 2006, 『백제토기 탐구』(백제문화개발연구원 역사문고 26), 주류성, 115~116쪽.

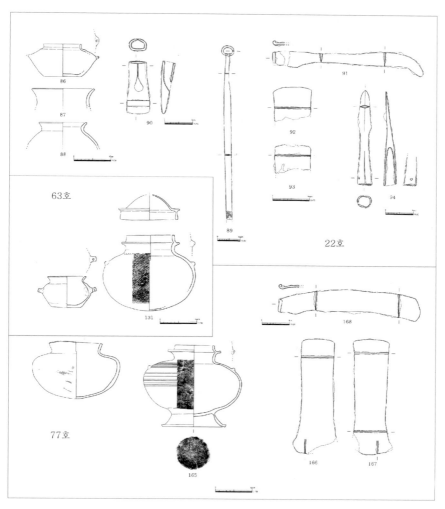

그림 9. 서산 예천동 유적 출토 유물

형토기와 단경호가 세트로 부장된다[93]. 분구묘 축조 지역에서 심발형토기는 매

---

93) 한수진, 2014, 「낙랑군의 분묘」, 『낙랑고고학개론』, 진인진, 56쪽.

장시설에서는 거의 사용되지 않지만 생활유적에서는 장란형토기 등과 함께 자비용기로 널리 사용되었다. 동일한 기종을 사용하는 집단이라고 해도 매장의례에 특정 기종을 선택하는데 지역별로 차이가 있음을 보여준다.

충청북부지역에서는 한정된 지역에서 유행한 특수한 양식의 토기도 확인된다. 단경호 안에서도 구경부에 대칭으로 원형 구멍을 2개 뚫은 특징적인 토기가 청주 봉명동 유적 등 청주 일대를 중심으로 비교적 짧은 기간에 유행하였다[94]. 국지적으로 유행한 특수한 양식의 토기는 어떤 의미든 하나의 단위권을 설정하는데 중요한 근거가 된다.

중서부지역의 분구묘와 주구토광묘는 분포 지역, 입지, 주구의 형태, 매장시설의 위치·장축 방향, 축조 방법, 분구의 확장 여부(매장시설 추가) 등 무덤의 축조 방식에서 차이를 보인다. 한편 매장시설에서 이루어지는 장송의례에 사용된 토기의 조합에서도 차이를 보이고 있다. 이것은 분구묘와 주구토광묘를 축조한 집단이 종족적으로는 다르지 않다고 하더라도 분묘 축조 및 장례와 관련하여 지역에 따라 서로 다른 전통을 발전시켰음을 보여준다. 두 지역 모두 낙랑의 요소가 함께 발견되지만 중부 내륙을 통해 들어온 단경호+심발형토기 조합은 백색 옹 등 낙랑토기가 발견됨에도 불구하고 서해안지역에서는 성행하지 않았다. 서해안지역에서는 평저호류가 유행하였다. 낙랑토기 문화의 전파 루트와 방식에서 차이가 있음을 보여준다. 이것은 낙랑문화가 마한지역에 미친 영향이 일률적이지 않음을 시사한다. 이러한 지역 전통은 경기 남부와 충청 내륙지역 여러 곳(홍성-공주-세종 라인)에서 중복되는 현상을 보인다[95]. 대표적으로 홍

---

94) 成正鏞, 2006, 「中西部地域 原三國時代 土器 樣相」, 『韓國考古學報』60, 韓國考古學會.
95) 정해준, 2015, 「충청지역 마한 분구묘의 구조와 출토유물」, 『마한 분구묘 비교 검토』, 학연문화사, 152쪽.

성 석택리 유적, 공주 장원리 유적, 연기 대평리 유적(행정중심복합도시 3-1생활권(3-1-D지점) 등을 들 수 있겠다. 이 중 대평리 유적[96]은 금강 남안의 자연제방 위에 분묘가 밀집하여 조성되었는데, 주구의 형태가 방형, 마제형 등으로 다양하고 단위 분묘가 중복 또는 연접하여 분포하는 등의 분구묘적인 요소가 있는가 하면 매장주체부가 지하에 위치하고 부장토기가 원저단경호+심발형토기 조합을 보이는 점은 주구토광묘의 속성으로 두 묘제의 특징이 함께 보이고 있다.

전라북도 서북부지역은 충청 서해안 및 금강하류지역과 분구묘의 양상이나 매장주체부에서의 토기 사용방식이 유사하다. 원저호 이외에 심발형토기, 양이부호 등이 1~2점 조합되는데 원저호와 심발형토기가 함께 사용된 경우는 없다. 원저호는 옹관으로도 사용되었다. 이 지역에서는 웅진기 전반까지 분구묘가 지속되는데 백제의 영향력이 미치면서 평저호류, 직구호류 등이 추가된다. 매장의례와 관련하여 주목되는 것은 군산지역 일대에서 방형을 유지하는 분구에서 분주토기가 4세기 중엽 이후 사용되는 것이다. 전북의 서남부지역은 기본적으로 영산강유역권의 일부로 볼 수 있다. 고창을 중심으로 이중구연호가 다량 부장된 것이 특징이다.

제형분이 성립하여 유행하던 영산강유역(호남서남부지역)에서 4세기 이전의 토기 기종 구성은 중서부지방의 토기 구성과 유사하여 범마한양식의 범주에 속한다고 할 수 있다(그림10). 고분에는 철기류 이외에 토기류 1~2점을 넣는데, 원저단경호, 원저소호, 광구나 직구의 평저호, 심발, 천발형 완 등이 다양하게 나타난다. 이외에도 양이부호가 보이고 이중구연호는 원저와 평저가 모두 보인

---

96) 양지훈, 2014, 「행정중심복합도시 3-1 생활권(3-1-D지점) 내 연기 대평리 유적(D지점)」, 『호서지역 문화유적 발굴성과』(제30회 호서고고학회 학술대회), 호서고고학회.

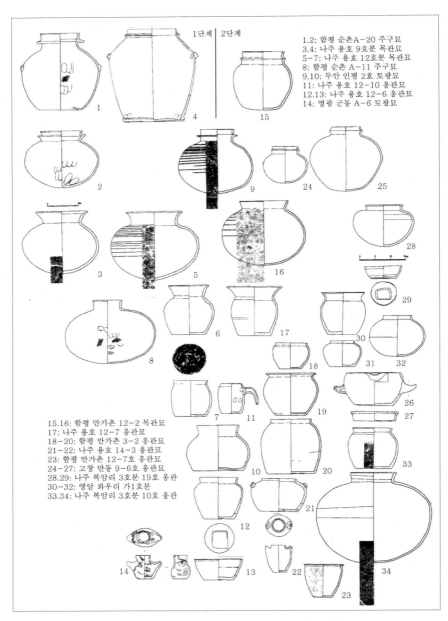

1단계 | 2단계

1.2: 함평 순촌A-20 주구묘
3.4: 나주 용호 9호분 목관묘
5-7: 나주 용호 12호분 목관묘
8: 함평 순촌 A-11 주구묘
9.10: 무안 인평 2호 토광묘
11: 나주 용호 12-10 옹관묘
12.13: 나주 용호 12-6 옹관묘
14: 영광 군동 A-6 토광묘

15.16: 함평 만가촌 12-2 목관묘
17: 나주 용호 12-7 옹관묘
18-20: 함평 만가촌 3-2 옹관묘
21-22: 나주 용호 14-3 옹관묘
23: 함평 만가촌 12-7호 옹관묘
24-27: 고창 만동 9-6호 옹관묘
28.29: 나주 복암리 3호분 19호 옹관
30-32: 영암 외우리 가1호분
33.34: 나주 복암리 3호분 10호 옹관

그림 10. 4세기 이전 영산강유역의 분묘 부장 토기류

다. 무문의 평저 이중구연호와 평저광구호는 금강유역권을 포함한 다른 지역에서도 보이지만 소수이고 영산강유역을 포함하는 호남 서해안지역에서 성행하였다. 특히 평저 이중구연호와 같은 특징적인 기종은 지역이나 집단의 차별화 전략과 연계되어 있을 가능성도 제기되었다[97]. 서남부권에 주로 분포하는 토기로는 이외에도 평저광구호, 조형토기 등이 있다.

IV. 맺음말

이상에서 분묘 출토품을 중심으로 마한 토기에 대하여 몇 가지 문제를 살펴보았다.

유개대부호, 원저소옹, 와질토기, 원통형토기 등은 낙랑을 포함하는 북방지역의 문물 입수를 위한 범한반도남부, 즉 '韓'의 차원에서 활발하게 이루어진 교류 과정에서 등장한 것이다. 특히, 중서부 해안지역, 충청내륙 및 영남지역을 연결하는 루트에서 중요한 역할을 수행하였다. 이 단계까지 철기문화는 한반도 남부지역이 유사하다. 내륙 루트 이외에도 서해안을 따라 연안항로도 이용된 흔적이 원통형토기, 유개대부호와 함께 사용된 뚜껑의 변화형 등에서 보인다. 이러한 문물교류의 결절점에 위치한 아산만 일대에서 마한의 중심적인 세력이 등장한 것은 어쩌면 당연한 현상일 것이다. 이후 이중구연호 등 마한 독자 형식의 토기 양식이 성립하는 것은 3세기부터이다.

3세기 이후 마한의 토기는 지역별로 묘제의 선택에 따라 달라지는데, 분구묘와

97) 서현주, 2011, 「이중구연토기 소고」, 『백제연구』 33, 충남대학교백제연구소.

주구토광묘 축조 전통의 구분과 대개 일치한다. 그러나 분구묘 축조 집단에서도 지역에 따라 이중구연호 등 특정 기종을 선호하는 등의 차이가 보이며 좁은 범위 안에서 특수한 양식을 사용하기도 한다. 이러한 토기류는 상호 교류의 과정에서 주변지역으로 확산되며 매장의례에도 사용된다. 경기 북부 등 韓濊를 구분하기 어려운 지역의 자료는 제대로 검토되지 못하였으나 지역성은 분명하다.

* 이 글은『문화재』제49권 제4호(국립문화재연구소, 2016년 12월)에 실린 것임.

中国山东地区汉代陶器相关问题

중국 산동지역 한대토기 및 관련문제

劉延常　中國 山東省文物考古研究所

석

劉延常

汉代的山东地区经济发达、文化繁荣、人口众多，这已经为考古发现的丰富文化遗存所证实。近些年来山东汉代重要考古层出不穷，尤其发掘众多小型墓葬，出土大量文物，极大地促进了汉代考古研究。其中，陶器为我们研究山东汉代社会发展、地域文化、文化融合与交流提供了详实的实物资料和极好的考察视野。

Ⅰ. 山东地区汉代考古及陶器的发现

1. 主要发现

城址主要有鲁故城、齐故城、章丘平陵城、薛故城等，除了鲁故城、平陵城外均未做大规模系统考古工作，一些郡县城址做过些调查或勘探(图1)。

山东地区画像石墓数量众多而有特点，是全国四大分布地区之一，发掘工作早，研究深入，比较有名的有嘉祥武氏祠、长清孝堂山郭氏祠、沂南北寨汉画像石墓等。诸侯王墓葬发掘10余座，包括临淄大武齐王墓、济南洛庄济南王墓、长清双乳山济北王墓、菏泽巨野红土山昌邑王墓、菏泽定陶灵圣湖西汉王后墓、曲阜九龙山鲁王墓、潍坊市昌乐县朱留镇东圈淄川王后墓、临淄金岭东汉齐王墓、济宁肖王庄任城王墓、济宁普玉小学任城王墓。另外，在临淄山王、青州香山、章丘危山分别发掘西汉时期陶俑坑，应为诸侯王陵陪葬坑，出土了大批精美彩绘陶俑。

据不完全统计，目前中小型墓葬发掘墓地超过100处，墓葬数量逾10000座，出土陶器数万件。大致可分为鲁北地区、胶东地区、鲁东南地区、鲁中南地区，鲁北地区主要发现有临淄商王村、乙烯生活区等墓地、潍坊后埠下、安丘董家庄、寿光三元孙、青州戴家楼、济南无影山、章丘女郎山等汉代墓地，胶东地

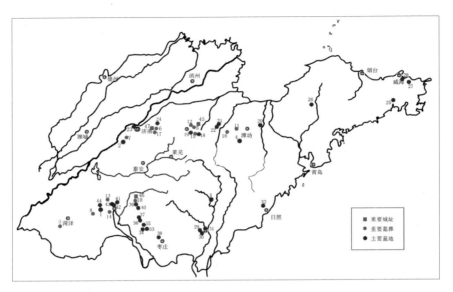

图1. 山东汉代重要考古发现地点位置示意图

■ 画 像 石 墓：1嘉祥武氏祠 2长清孝堂山郭氏祠 3沂南北寨 4安丘董家村

■ 诸侯王墓葬：5临淄大武齐王墓 6济南洛庄济南王墓 7长清双乳山济北王墓 8菏泽巨野红土山昌邑王墓 9菏泽定陶灵圣湖西汉王后墓 10曲阜九龙山鲁王墓 11潍坊市昌乐县朱留镇东圈淄川王后墓 12临淄金岭东汉齐王墓 13济宁肖王庄任城王墓 14济宁普玉小学任城王墓 15临淄山王 16青州香山 17章丘危山

■ 主 要 墓 地：18临淄商王村 19乙烯生活区 20潍坊后埠下 21寿光三元孙 22青州戴家楼 23济南无影山 24章丘女郎山 25文登石羊 26莱西岱墅 27荣成梁南庄 28威海蒿泊大天东 29临沂银雀山 30金雀山汉墓 31临沂刘疵墓 32日照海曲 33滕州柴胡店 34封山 35东郑庄 36东小宫 37顾庙 38枣庄渴口 39曲阜花山 40柴峪 41兖州徐家营 42济宁师专 43潘庙 44嘉祥长直集

■ 主 要 城 址：45齐故城 46鲁故城 47章丘平陵城

区主要发现有文登石羊、莱西岱墅、荣成梁南庄、威海蒿泊大天东汉代墓葬等，鲁东南地区主要发现有临沂市银雀山、金雀山汉墓、临沂刘疵墓、沂南县北寨汉画像石墓、日照海曲汉墓，鲁中南地区主要发现有滕州柴胡店、封山、东郑庄、东小宫、顾庙、枣庄渴口、曲阜花山、柴峪、兖州徐家营、济宁师专、潘庙、嘉祥长直集等汉代墓地。

2. 陶器概况

汉代城址、一般居址发掘工作比较少，客观上汉代文化遗存距离地表浅，不易保存。所以，居址出土陶器数量不多，可供研究的资料极少。本文总结汉代陶器特征主要来自墓葬随葬品。

陶器绝大多数为泥质陶，极少数夹细砂陶，没有夹砂陶器作为炊煮器。陶色以灰陶为主，还有一定数量的釉陶(包括低温铅釉陶、高温钙釉陶)，少量白陶、漆衣陶，个别黑衣陶。器表装饰以素面为主，常见纹饰有绳纹、水波纹、戳印纹、刻划纹等；西汉时期彩绘陶流行，多见于鼎、盒、壶等，用红、黄、褐、黑色等绘制云气纹、带状纹、波浪纹及几何形图案；东汉时期纹饰简单，主要为朱色彩绘。陶器绝大多数为轮制，器物耳、钮、足等附件及陶俑、模型明器等为手制和模制。陶器种类繁多，主要有鼎、盒、壶、罐、钫、盘、匜、瓮、盆、钵、甑、釜、案、耳杯、奁、樽、鐎壶、熏炉、灯、仓、灶、井、磨、楼、屋、厕所、猪圈、车马俑、人物俑与动物俑等。陶器整体情况比较一致，但是不同时期、不同区域的陶器要素有所变化。

Ⅱ. 山东地区汉代陶器的时空关系

1. 分期与年代

汉代陶器的分期与年代的确定，从大的时段比较容易把握，而具体划分有一定难度。依据鼎、盒、壶、罐、钫、盘、灶、井等主要器类形态的演变，再结合陶器组合变化，将陶器分为六期(图2~7)。一、二、三期的组合基本相同，主要体

现在鼎、盒、壶、罐、瓮、钫、盘等器物的发展演变方面；第四期开始，鼎、盒、壶、钫、罐的基本组合已经少见，形态变化较大；第五期鼎少见，圆盒、钫完全不见，而案、樽、衾、耳杯、长方盒等祭奠器及仓、灶、井、楼、屋、碓、磨、灯、熏炉、厕所、猪圈、猪、鸡、狗、鸭等模型明器呈组合形式出现，数量较多；第六期主要体现在与前期的鼎、壶、罐、瓮、盘、洗、灶、井的形态变化方面。

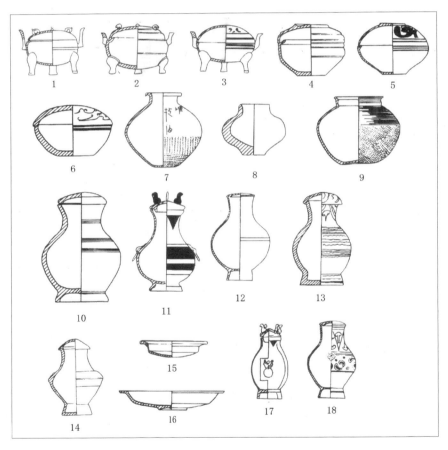

图2. 汉代一期陶器组合示意图

(1~3: 陶鼎, 4~6: 陶盒, 7·8: 陶罐, 9: 陶瓮, 10~14·17·18: 陶壶, 15·16: 陶盘)

主要参照纪年墓葬、出土铜镜、铜印、封泥、钱币等确切年代遗存, 再与历史文献记载相对照, 确定陶器年代。第一期年代为西汉早期, 始铸五铢钱之前; 第二期年代为西汉中期, 武帝始铸五铢钱至宣帝时期; 第三期为西汉晚期, 元

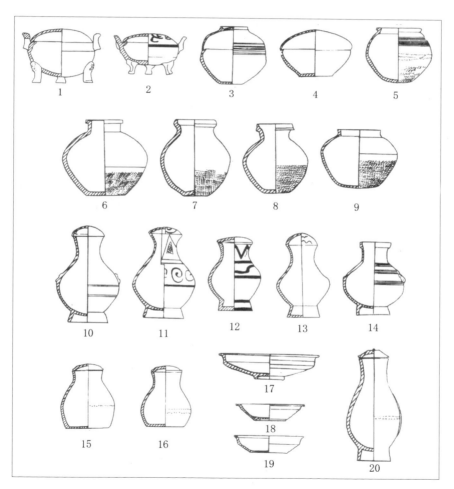

图3. 汉代二期陶器组合示意图

(1·2: 陶鼎, 3·4: 陶盒, 5: 陶瓮, 6-9: 陶罐, 10~16: 陶壶, 17~19: 陶盘, 20: 陶钫)

帝至平帝时期；第四期为西汉末期至东汉初期，王莽至东汉初年；第五期东汉前期，光武帝至安帝时期；第六期为东汉晚期，顺帝至献帝时期。

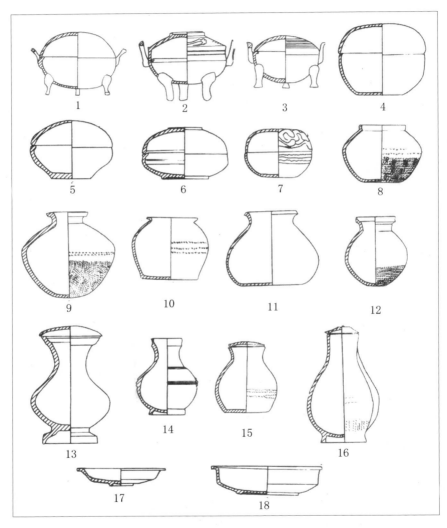

图4. 汉代三期陶器示意图

(1~3: 陶鼎，4~7: 陶盒，8: 陶瓮，9~12: 陶罐，13~15: 陶壶，16: 陶钫，17·18: 陶盘)

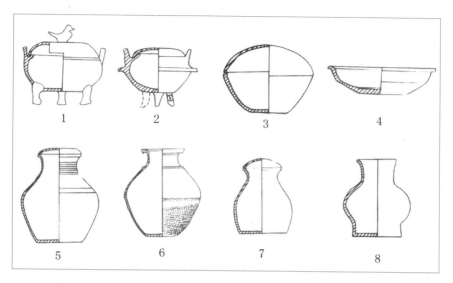

图5. 汉代四期陶器组合示意图 (1·2: 陶鼎, 3: 陶盒, 4: 陶盘, 5~8: 陶壶)

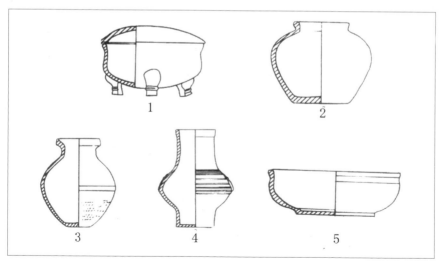

图6. 汉代五期陶器组合示意图 (1: 陶鼎, 2: 陶瓮, 3·4: 陶壶, 5: 陶洗)

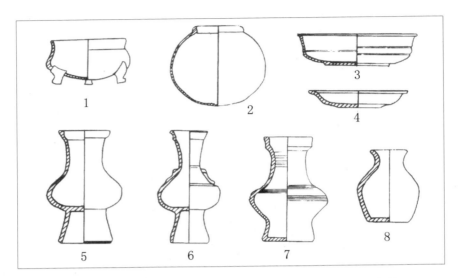

图7. 汉代六期陶器组合示意图 (1: 陶鼎, 2: 陶瓮, 3·4: 陶盘, 5~8: 陶壶)

2. 地域性

根据陶器种类与组合的变化, 结合墓葬特点, 陶器区域性主要可分为鲁东南地区、鲁中南地区、鲁北地区和胶东地区。

鲁东南地区陶器基本组合为鼎、盒、壶、罐、钫, 仿铜礼器常饰彩绘, 模型明器灶、井、猪圈等出现较早, 釉陶较其他地区出现较早, 临沂出土茧形壶、蒜头壶是其特色, 流行木椁墓、石椁墓较多, 常见墩式封土墓, 画像石墓数量多、大而富有特色。

鲁中南地区陶器组合鼎、盒、壶延续时间长, 模型明器、釉陶出现早, 彩绘陶器发达, 随葬陶器数量较多, 流行石椁墓, 往往随葬一定数量铜钱。

鲁北地区墓葬随葬陶器数量较少, 组合简单, 随葬陶壶或罐往往2件, 仿铜礼器少, 高圈足彩绘壶具有地域特色, 出土少量白陶器, 临淄地区一般不随葬钫, 而潍坊后埠下则较多, 流行砖椁墓, 墓葬一般不随葬铜钱。

胶东地区汉代墓葬数量较其他地区少，陶器组合简单，小型墓葬随葬陶器种类单一，只有壶、罐等，釉陶数量较多，少量彩绘陶，出土少量白陶器，莱西岱墅出土黑衣陶和沂水龙泉站出土一致，木椁墓、石椁墓、砖椁墓都有一定数量。

Ⅲ. 山东地区汉代陶器相关问题认识

1. 低温铅釉陶器

出土数量不多，胎质一般为红色，釉色包括黄褐釉、绿釉、酱釉、黑褐釉、白釉等，主要器类有长颈壶、双耳壶、瓿、盆、鼎、罐、盘、博山炉、灶、猪圈等。目前统计有18座125件，主要发现有西汉中晚期的日照市五莲县张家仲崮、临沂市兰陵县小北山，西汉晚期临沂银雀山汉墓M5、M6，济宁师专西汉墓，包括釉陶鼎、壶、盘、小罐、瓮、博山炉；西汉晚期滨州市汲家湾汉墓，东汉早期临淄金岭镇汉墓，包括绿釉壶、器盖、镇墓兽；东汉中晚期枣庄市滕州柴胡店汉墓、枣庄方庄汉墓、济宁市嘉祥嘉汶公路汉代遗址，包括绿釉、黄褐釉陶罐、壶、灶、猪圈，酱釉陶罐，白釉陶碗。2000年前后又有3座墓葬出土6件，包括滕州市封山汉墓随葬黑褐釉陶壶，曲阜花山汉墓随葬黄褐釉陶壶，嘉祥长直集汉墓随葬黄褐釉、绿釉陶鼎、盒、壶等。

2. 白陶器

出土数量较少，主要发现于胶东半岛、鲁北地区。白陶胎质硬，夹少量细沙，烧制火候较高，以素面为主，器类有罐、瓮、扁壶、钵、虎子等。流行于东汉时期，包括烟台市福山东留、潍坊市寒亭后埠下、昌乐后于刘、临淄商王村、滨州汲家湾、德州宁

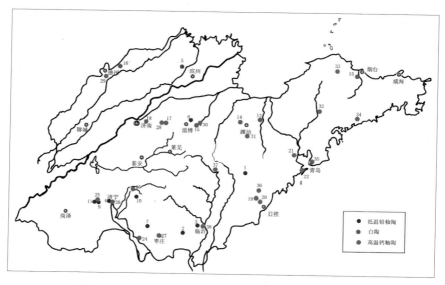

图8. 汉代低温铅釉陶、白陶、高温钙釉陶出土地点分布示意图

■ 蓝色圆点代表低温铅釉陶器出土地点
  1. 五莲县张家仲崮 2. 兰陵县小北山 3. 银雀山汉墓M5、M6 4. 济宁师专 5. 滨州市汲家湾 6. 临淄金岭镇
  7. 滕州柴胡店 8. 枣庄方庄 9. 济宁市嘉祥嘉汶公路 10. 曲阜花山 11. 嘉祥长直集

■ 红色圆点代表白陶器出土地点位置
  12. 烟台福山区东留 13. 潍坊寒亭区后埠下 14. 昌乐县后于刘 15. 临淄商王村 16. 德州宁津 17. 济南市章
  丘普集 18. 济南奥体中路

■ 紫色圆点代表硬胎釉陶器(高温钙釉陶器)出土地点位置
  19. 日照海曲 20. 日照大古城 21. 胶州 22. 黄岛 23. 曲阜 24. 微山 25. 嘉祥 26. 济宁 27. 枣庄 28. 章丘
  29. 平原 30. 临淄 31. 安丘 32. 莱西 33. 栖霞 34. 海阳 35. 青岛 36. 五莲 37. 沂水 38. 临沂

津、济南市章丘普集、奥体中路汉墓等, 共计8处墓地18座墓葬, 出土20余件白陶器。

3. 硬胎釉陶(高温钙釉陶)

出土一定数量, 分布范围较广。胎质硬, 多呈褐色, 火候高, 口部、肩部施黄褐、褐青釉或豆青釉, 器类主要有侈口长颈壶、盘口长颈壶、敛口鼓腹罐等, 肩

部多附环耳或桥形耳，器表装饰水波纹、弦纹等，年代自西汉早期延续至东汉晚期。胶东半岛、鲁北地区、鲁东南地区、鲁中南地区皆有发现，鲁东南滨海地区出土数量较多，如日照市海曲汉墓出土壶、大古城汉墓出土黄青釉硬陶壶、瓿等，胶州、黄岛等博物馆均收藏较多的这类硬釉陶器，曲阜、微山、嘉祥、济宁、枣庄、章丘、平原、临淄、安丘、莱西、栖霞、海阳、崂山、青岛、胶南、五莲、沂水、临沂等有关市县均有出土，博物馆内常能见到该类陶器。

4. 汉代陶器所反映的文化传承与演变、文化交流与融合

汉代陶器绝大多数为泥质灰陶，其种类、组合、器表装饰、制作工艺、器物形制等基本一致，西汉中晚期陶器种类、组合逐渐趋同，至东汉时期基本一致，与中原地区及周边地区基本一致，反映了汉代大一统的地缘政治背景下文化的一致性，同时也体现了对战国时期、秦代文化的继承，有一定的地域性。

墓葬随葬系列模型明器，基本反映了人们的生活气息和经济特点。而随葬陶器的非实用性-明器反映了人们对待丧葬制度的变化与思想变化，从而使陶器生产专门化、商品化。

西汉早期鼎、盒、壶、盘组合基本继承了战国时期齐文化的传统，这种仿铜陶礼器反映了礼制习俗的继承，这种现象在鲁中南地区延续至西汉晚期，说明鲁文化区域内传统文化思想更加牢固。漆衣陶、漆器等受战国楚文化，其中西汉早期的墓葬常出土硬釉陶器、漆器，墓葬棺椁及葬俗等均受苏北地区汉代楚国影响。鲁东南地区出土茧形壶、蒜头壶应受关中地区文化的影响，范围包括苏北地区。低温铅釉陶器逐渐烧制与使用，应是受中原地区文化的影响所致。

硬胎釉陶器(高温钙釉陶)分布范围很广，但每座墓葬出土数量并不多，种类单一；这类陶器与南方地区出土器类、形态、釉色基本一致，应受南方地区影

响(近年发掘的江西海昏侯墓亦出土相同的长颈双耳壶),预示着瓷器时代的到来,彰显了南方地区与北方地区文化的融合。

山东地区出土白陶与河北、辽宁、朝鲜半岛北部出土的同类器一致,而在山东烟台龙口市埠下王家遗址发现烧制白陶的陶窑以及相关白泥膏的遗迹;同时,魏晋时期只有山东地区还出土白陶器并有所发展,因此我们同意有关学者提出白陶或起源于山东地区的意见,并对辽东半岛和朝鲜半岛的产生影响。

5. 陶器与墓葬之间的关系

2001年以来在鲁东南地区及滨海地区发掘了10余处比较有特点的汉代封土

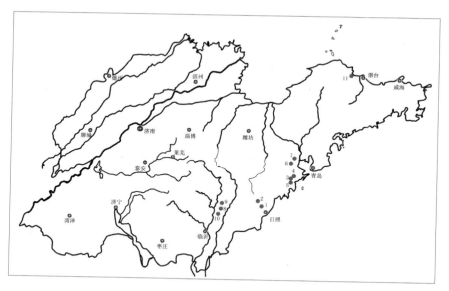

图9. 山东沿海地区墩式封土墓分布示意图

1.日照海曲　2.五莲县西楼村汉墓　3.胶南河头　4.胶南丁家皂户　5.胶南纪家店子　6.胶州赵家庄　7.胶州盛家庄　8.沂南侯家宅子　9.沂南宋家哨　10.沂南宋家官庄　11.烟台开发区三十里堡村南

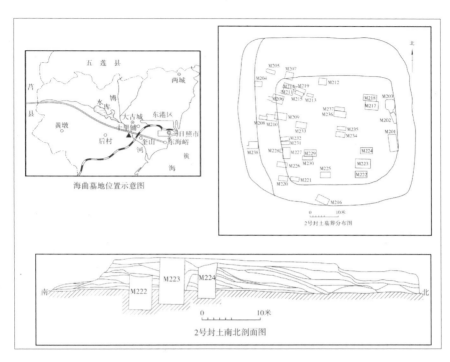

图10. 日照海曲2号墩式封土墓示意图

墓(图9),封土是长时间分期埋葬形成的,封土下往往埋葬数人、多者几十人(图10),应是家族墓地,时代自西汉早期延续至东汉,这种封土墓应受江浙地区土墩墓(汉代向北传播至苏北地区)的影响,与朝鲜半岛坟丘墓有密切关系,或能说明山东地区是土墩墓向东亚传播的地区之一。

6. 陶器与瓷器的关系

山东地区汉代白陶器的烧制与传播,魏晋时期白陶器的持续发展,低温铅釉陶器技术的保持,硬胎釉陶(高温钙釉)的广泛使用,有理由认为山东地区及北

方白胎青瓷及白瓷的烧造有一定内在联系。

IV. 结语

　　陶器在汉代承担着重要角色, 依然是研究汉代社会的重要基础与实物资料。汉代陶器群及其变化, 体现了以陶器为主的时代向以瓷器为主的时代过渡期发展特点。陶器反映了技术进步、生活格调与社会变化, 体现了大一统文化的形成, 文化的融合与传播, 反映了文化传承与影响, 汉代陶器原料与技术为北方瓷器的产生奠定了良好基础。

　　目前, 汉代陶器积累了丰富的实物资料。但是众多发掘资料尚在整理与等待出版中, 还有诸多抢救清理及零散收集的陶器也非常重要, 期待着更多资料早日发表, 以促进山东地区汉代考古学文化的深入研究。同时, 应加强国家之间、地区之间的汉代考古研究与学术交流, 为研究东北亚地区文化融合与交流和东方文化的形成与影响而共同努力。

- 參考文獻 -

山東省文物考古研究所 編著, 2005,『山東20世紀的考古發現與研究』, 科學出版社.

山東省文物考古研究所, 2005,『魯中南漢墓』(上、下), 科學出版社.

楊哲峰, 2008,「北方地區漢墓出土的南方類型陶瓷器：漢代南北之間物質文化交流的考察之一」,『漢長安城考古與漢文化：漢長安城與漢文化—紀念漢長安城考古五十周年國際學術研討會論文集』, 科學出版社.

楊哲峰, 2014,「環渤海地區漢晉墓葬出土的白陶器及相關問題」,『海岱考古』, 第七輯, 科學出版社.

王春斌, 2013,『漢代陶器生產技術研究』, 吉林大學博士學位論文.

鄭同修·楊愛國, 2003,「山東漢代墓葬出土陶器的初步研究」,『考古學報』, 3期.

중국 산동지역 한대토기 및 관련문제

劉延常 중국 산동성문물고고연구소

번역 : 孫璐 중국 내몽고대학

산동지역은 한나라 때에 경제가 발달하고 문화도 번영하여 인구가 많은 편이다. 이런 사실들이 이미 조사된 풍부한 고고학 자료를 통해 증명된다. 근년에 산동지역에서 한나라의 고고 유적이 많이 발굴되고, 특히 수많은 소형 무덤들이 조사되어 유물도 많이 출토되었다. 한대 고고학 연구가 활발하게 발전하고 있다. 그 가운데 토기가 산동지역 한대의 사회발전, 지역문화, 문화융합과 교류 연구에 있어서 상세한 실물자료와 좋은 고찰 시각을 제공하였다.

Ⅰ. 산동지역 漢代 고고 및 토기 조사

1. 주요 조사

성지는 魯故城, 齊故城, 章丘平陵城, 薛故城 등이 조사되었다. 로고성, 평릉성 외에는 대규모 계통성 고고 조사작업을 하지 않았다. 일부 郡縣 성지는 지표조사나 탐사를 하였다(그림 1).

산동지역 화상석 무덤의 수량은 많고 특징이 있다. 전국 4대 분포지역 가운데 하나이다. 조사가 일찍부터 시작되었고 연구도 깊다. 비교적 유명한 것은 嘉

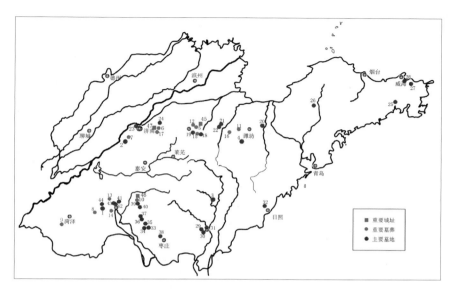

그림 1. 산동 한대 주요유적의 위치

- 画 像 石 墓：1嘉祥武氏祠 2長清孝堂山郭氏祠 3沂南北寨 4安丘董家村
- 諸侯王墓葬：5临淄大武齐王墓 6济南洛庄济南王墓 7长清双乳山济北王墓 8菏泽巨野红土山昌邑王墓 9菏泽定陶灵圣湖西汉王后墓 10曲阜九龙山鲁王墓 11潍坊市昌乐县朱留镇东圈淄川王后墓 12临淄金岭东汉齐王墓 13济宁肖王庄任城王墓 14济宁普玉小学任城王墓 15临淄山王 16青州香山 17章丘危山
- 主 要 墓 地：18临淄商王村 19乙烯生活区 20潍坊后埠下 21寿光三元孙 22青州戴家楼 23济南无影山 24章丘女郎山 25文登石羊 26莱西岱墅 27荣成梁南庄 28威海蒿泊大天东 29临沂银雀山 30金雀山汉墓 31临沂刘疵墓 32日照海曲 33滕州柴胡店 34封山 35东郑庄 36东小宫 37顾庙 38枣庄渴口 39曲阜花山 40柴岭 41兖州徐家营 42济宁师专 43潘庙 44嘉祥长直集
- 主 要 城 址：45齐故城、46鲁故城、47章丘平陵城

祥武氏祠, 長淸孝堂山郭氏祠, 沂南北寨漢畵像石墓 등이 있다. 제후왕 무덤은 10여기가 조사되었다. 臨淄大武齊王墓, 濟南洛庄濟南王墓, 長淸雙乳山齊北王墓, 荷澤巨野紅土山昌邑王墓, 荷澤定陶靈聖湖西漢王后墓, 曲阜九龍山魯王墓, 濰坊市昌樂縣朱留鎭 東圈淄川王后墓, 臨淄金嶺東漢齊王墓, 濟寧肖王庄任城王墓, 濟寧普玉小學任城王墓 등이다. 이 밖에 臨淄山王, 靑州香山, 章丘

危山 등지에서 전한 시기의 土俑坑도 조사되었으며 많은 정미한 토용이 출토되었는데 제후왕릉의 부장갱으로 추정된다.

불완전한 통계이지만 현재까지 중소형 무덤으로 조성된 묘지가 100여개소 조사되었으며 무덤 수량이 10000기가 넘었으며 토기가 수만점이 출토되었다. 대략 魯北지역, 膠東지역, 魯東南지역, 魯中南지역으로 나눌 수 있다. 노북지역에서는 주로 臨淄商王村, 乙烯生活區 등 묘지, 濰坊后阜下, 安丘董家庄, 壽光三元孫, 青州戴家樓, 濟南無影山, 章丘女郎山 등 한나라 묘지가 있다. 교동지역에서 주로 文登石羊, 萊西岱墅, 榮成梁南庄, 威海蒿泊大天東漢代墓葬 등이 있다. 로동남지역에서 주로 臨沂市銀雀山, 金雀山漢墓, 臨沂劉疵墓, 沂南縣北寨漢畵像石墓, 日照海曲漢墓 등이 조사되었다. 로중남지역에는 滕州柴胡店, 封山, 東鄭庄, 東小宮, 顧廟, 棗庄渴口, 曲阜花山, 柴峪, 兗州徐家營, 濟寧師專, 潘廟, 嘉祥長直集 등 漢代墓地가 있다.

2. 토기 개황

한대 성지, 일반 주거지 조사가 비교적 작다. 한대 문화 유적이 객관적으로 지표에서 얇아서 보존도 쉽지 않다. 그래서 주거지 출토 토기의 수량이 적으며 연구할 수 있는 자료도 극히 희소이다. 본고에서 정리한 한나라 때 토기는 주로 무덤 출토품이다.

토기는 대부분 泥質 토기이고 극소수 夾細砂 토기, 夾砂 토기가 취사용기로 사용되지 않는다. 토기 색깔은 회색 위주이고 일정한 釉陶도 있고 소량의 白陶, 漆衣 토기가 있고 개별 黑衣 토기도 있다. 토기 표면 장식은 무문이 주로 이고 자주 보인 무늬는 繩文, 水波文, 戳印文, 刻划文 등이다. 전한 때 彩繪 토기가 유행하고 鼎, 盒, 壺에 자주 보이고 적, 황, 갈, 흑색으로 云氣文, 帶

狀文, 波浪文, 幾何文 등을 그린다. 후한 때 문양이 간단하고 朱色 彩繪가 주로이다.

토기는 대다수가 輪製이며 귀, 뉴, 다리 등 부속품이나 토용, 모형명기 등이 手製나 模製이다. 토기 종류가 많으며 鼎, 盒, 罐, 鈁, 盤, 匜, 瓮, 盆, 鉢, 甑, 釜, 案, 耳杯, 奩, 樽, 鐎壺, 熏爐, 燈, 倉, 灶, 井, 磨, 樓, 屋, 厠所, 돼지우리, 車馬 토용, 인형 토용, 동물 토용 등이 있다. 토기의 전체적인 상황은 비교적으로 일치하고 시기와 지역에 따라 토기 요소에 변화가 있다.

Ⅱ. 산동지역 漢代 토기의 시·공 관계

1. 분기와 연대

한대 토기의 분기와 연대에 대한 확정은 큰 시기로 파악하기가 비교적으로 쉽고 구체적으로 구분하려면 일정한 난도가 있다. 鼎, 盒, 罐, 鈁, 盤, 灶, 井 등 주요 유물 형태 변천에 의하고 토기 조합 변화도 결합하면 토기를 6기로 나눌 수 있다(그림 2~7). 1, 2, 3기 조합이 기본적으로 같고 주로 鼎, 盒, 瓮, 鈁, 盤 등 유물이 발전 변천한다. 4기부터 鼎, 盒, 壺, 鈁, 罐으로 된 기본 조합이 많이 보이지 않고 형태 변화도 크다. 5기에 鼎이 적고 圓盒, 鈁이 사라지고 案, 樽, 奩, 耳杯, 長方盒 등 제사용기와 倉, 灶, 井, 樓, 屋, 碓, 磨, 燈, 熏爐, 화장실, 돼지우리, 돼지, 닭, 개, 오리 등 동물 모형명기 조합으로 나타나고 수량도 많다. 6기에 前期의 鼎, 壺, 罐, 瓮, 盤, 洗, 灶, 우물 등의 형태 변화에 보인다.

기년 무덤, 출토 청동 거울, 銅印, 봉니, 화폐 등 연대가 확정된 자료를 참고하

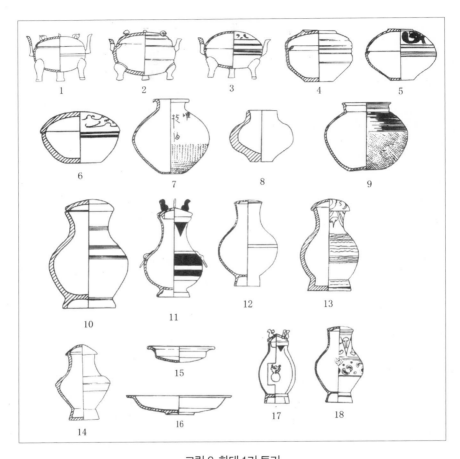

그림 2. 한대 1기 토기

(1~3: 陶鼎, 4~6: 陶盒, 7·8: 陶罐, 9: 陶瓮, 10~14·17·18: 陶壺, 15·16: 陶盘)

고 문헌기록와 대응해서 토기 연대를 확인한다. 1기 연대는 전한 조기이고 오수
전을 주조하기 전이다. 2기 연대는 전한 중기이며 漢武帝가 오수전을 주조하기
시작한 시기부터 宣帝시기까지이다. 3기 연대가 전한 만기이고 元帝부터 平帝
까지이다. 4기 연대는 전한 말에서 후한 초까지, 즉 王莽부터 후한 초년까지이

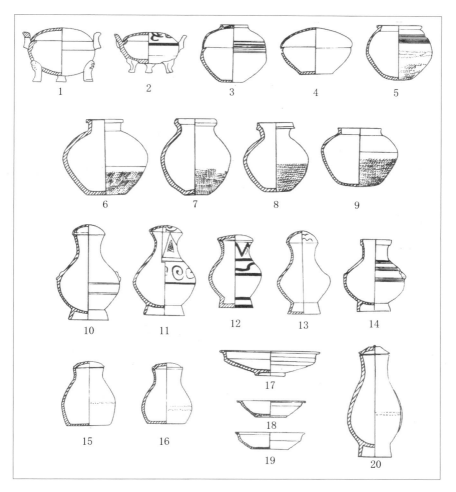

그림 3. 한대 2기 토기

(1·2: 陶鼎, 3·4: 陶盒, 5: 陶瓮, 6-9: 陶罐, 10~16: 陶壺, 17~19: 陶盘, 20: 陶钫)

다. 5기 연대는 후한 전기이며 광무제부터 安帝 시기까지이다. 6시 연대는 후한 만기이며 順帝부터 獻帝까지이다.

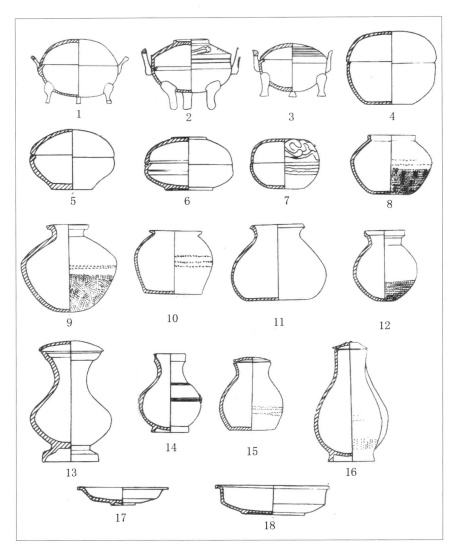

그림 4. 한대 3기 토기

(1~3: 陶鼎, 4~7: 陶盒, 8: 陶瓮, 9~12: 陶罐, 13~15: 陶壺, 16: 陶鈁, 17·18: 陶盘)

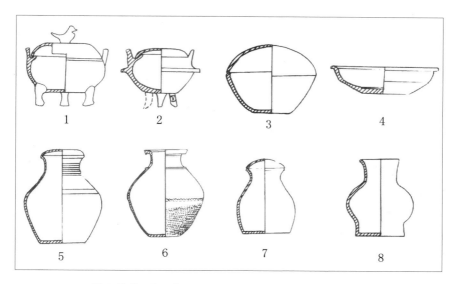

그림 5. 한대 4기 토기 (1·2: 陶鼎, 3: 陶盒, 4: 陶盘, 5~8: 陶壶)

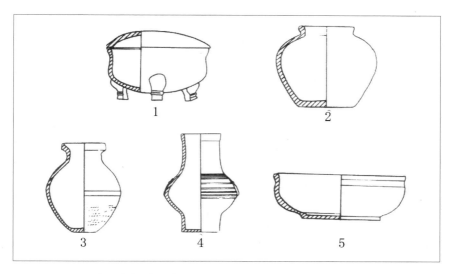

그림 7. 한대 6기 토기 (1: 陶鼎, 2: 陶瓮, 3·4: 陶盘, 5~8: 陶壶)

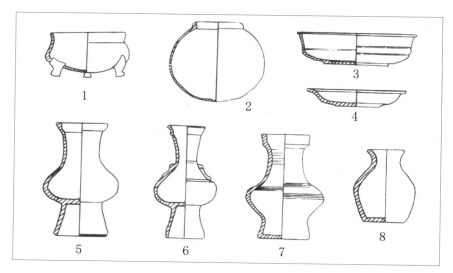

그림 7. 한대 6기 토기 (1: 陶鼎, 2: 陶瓮, 3·4: 陶盘, 5~8: 陶壶)

2. 지역성

토기 종류와 조합의 변천이 무덤 특징과 결합하면 토기의 지역성은 魯東南지역, 魯中南지역, 魯北지역, 膠東지역으로 나눌 수 있다.

로동남지역 토기 조합은 鼎, 盒, 壺, 罐, 鈁이며 仿銅禮器가 항상 채회로 장식되고 모형명기 부뚜막, 우물, 돼지우리 등이 일찍 나타나고 유도도 다른 지역보다 빨리 나타난다. 臨沂에서 繭形壺, 蒜頭壺가 특징이며 목곽묘, 석곽묘가 많은 편이고 墩式封土墓, 畫像石墓가 많고 규모도 크고 아주 특징적이다.

로중남지역 토기는 鼎, 盒, 壺 조합의 연속 시간이 길고 모형명기, 유도가 일찍 출현하고 채회 토기 발달하고 부장 토기가 많고 석곽묘가 유행하며 일정 양의 동전도 부장한다.

로북지역 무덤은 부장 토기가 적으며 조합이 간단하고 壺나 罐이 왕왕 2점씩 보인다. 仿銅禮器가 적으며 高圈足 채회 호가 지역 특색이며 소량 白陶가 출토된다. 臨淄지역에서 鈁이 부장되지 않지만 濰坊后皁下에서 鈁이 많이 부장되고 塼槨墓가 유행하고 동전을 부장하지 않는다.

교동지역에서 한대 무덤이 다른 지역보다 적으며 토기 조합도 간단하고 소형 무덤에서 부장된 토기 종류도 단일하다. 그러나 호, 관, 유도 등 수량이 많으며 소량 채회 토기, 백도가 출토된다. 萊西岱墅에 출토한 흑도와 沂水龍泉站에 출토한 것과 일치하고 목곽묘, 석곽묘, 전곽묘 등 모두 있다.

III. 산동지역 한대 토기 관련 문제에 대한 인식

1. 저온 연유 토기

출토 양이 많지 않고 胎質이 일반적으로 빨간색이고 유색은 황갈색, 녹색, 된장 색, 흑갈색, 백색 등 있다. 주유 기형은 장경호, 쌍이호, 甌, 盆, 鼎, 罐, 盤, 博山爐, 부뚜막, 돼지우리 등이 있다. 현재까지 총 18기 무덤에서 125점이 집계되었다. 무덤은 주로 전한 중만기에 해당한 日照市五蓮縣張家仲崮, 臨沂市蘭陵縣小北山, 전한 만기에 해당한 臨沂銀雀山漢墓 M5, M6, 濟寧師專西漢墓 등이 있으며 유물은 유도 정, 호, 소관, 옹, 박산로 등이 포함된다. 전한 만기에 해당하는 濱州市汲家灣漢墓, 후한 조기에 해당하는 臨淄金嶺鎭漢墓에서는 綠釉壺, 器蓋, 鎭墓獸 등이 출토된다. 후한 중만기에 해당한 棗庄市滕州柴胡店漢墓, 棗庄方庄漢墓, 濟寧市嘉祥嘉汶公路漢代 유적 등에서 녹색, 황갈색 유도 관, 호, 부뚜막, 돼지우리, 장색 유도관, 백색 유도 완 등 유물이 출토된다. 2000년 전후

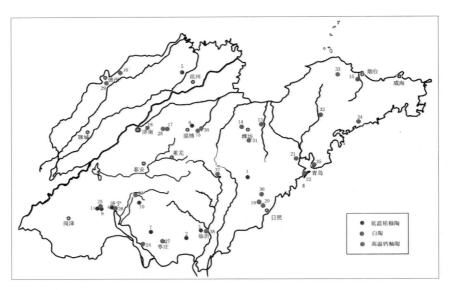

그림 8. 한대 저온연유도, 백도, 고온시유도 출토유적

■ 蓝色圆点代表低温铅釉陶器出土地点
　1. 五莲县张家仲崮　2. 兰陵县小北山　3. 银雀山汉墓M5、M6　4. 济宁师专　5. 滨州市汲家湾　6. 临淄金岭镇
　7. 滕州柴胡店　8. 枣庄方庄　9. 济宁市嘉祥嘉汶公路　10. 曲阜花山　11. 嘉祥长直集
■ 红色圆点代表白陶器出土地点位置
　12. 烟台福山区东留　13. 潍坊寒亭区后埠下　14. 昌乐县后于刘　15. 临淄商王村　16. 德州宁津　17. 济南市章
　丘普集　18. 济南奥体中路
■ 紫色圆点代表硬胎釉陶器(高温钙釉陶器)出土地点位置
　19. 日照海曲　20. 日照大古城　21. 胶州　22. 黄岛　23. 曲阜　24. 微山　25. 嘉祥　26. 济宁　27. 枣庄　28. 章丘
　29. 平原　30. 临淄　31. 安丘　32. 莱西　33. 栖霞　34. 海阳　35. 青岛　36. 五莲　37. 沂水　38. 临沂

에 또 3기 무덤에서 6점의 유물이 출토되었다. 滕州市封山漢墓에 부장된 흑갈
색 유도호, 曲阜花山漢墓에 부장된 황갈색 유도호, 嘉祥長直漢墓 부장된 황갈
색, 녹색 유도 정, 합, 호 등 포함된다.

2. 白陶器

출토 양이 적으며 주로 교동반도, 로북지역에 발견된다. 백도는 태질이 단단하고 소량 세사를 혼합되고 소성 온도가 높다. 주로 무문이다. 종류는 관, 옹, 扁壺, 발, 호자 등 있다. 후한 시기에 유행하고 煙臺市福山東留, 濰坊市寒亭后埠下, 昌樂后于留, 臨淄商王村, 濱州汲家灣, 德州寧津, 濟南市章丘普集, 奧體中路漢墓 등을 포함된 총 8개소 묘지의 18기 무덤에서 20여점의 백도가 출토되었다.

3. 硬胎釉陶(高溫鈣釉陶)

일정한 수량이 출토 되었으며 분포 범위가 비교적 넓다. 태질은 단단하고 갈색이 많고 소성온도가 높고 구연부, 어깨부에 황갈색, 갈청색이나 두청색으로 시유한다. 기종은 주로 侈口장경호, 盤口장경호, 斂口鼓腹罐 등이 있다. 어깨부에 環耳나 橋形耳이 부착된다. 유물 표면에 水波紋, 弦紋이 장식된다. 시기가 전한 조기에서 후한 만기까지 연속한다. 교동반도, 로북지역, 로동남지역, 로중남지역에 모두 확인되고 로동남 濱海지역에 출토 양이 비교적 많다. 日照市海曲漢墓에 나타난 壺, 大古城漢墓에서 출토된 황청색 유 경도호, 瓿 등, 膠州, 黃島 등 박물관에도 이런 경태유도 유물이 모두 수장된다. 曲阜, 微山, 嘉祥, 濟寧, 棗庄, 章丘, 平原, 臨淄, 安丘, 萊西, 栖霞, 海陽, 魯山, 青島, 膠南, 五蓮, 沂水, 臨沂 등 市나 縣에도 모두 출토된 바가 있으며 박물관에 이런 유도도 보인다.

4. 한나라 토기 반영된 문화의 계승과 변천, 교류와 융합

한나라 때 토기는 다수 泥質灰陶이며 중류, 조합, 기표 문식, 제작 공예, 기물

형제 등 거의 일치하다. 전한 중만기부터 토기 종류, 조합이 점차 통일되게 변화하였으며 후한 때 거의 일치 되었다. 중원지역이 주변지역과도 일치하고 한나라가 大一統의 地緣政治 배경 아래 문화도 일치성이 보인 것을 반영하였다. 동시에 전국시기, 진나라 때의 문화를 계승하는 것도 보이며 일정한 지역성도 있다.

무덤에서 모형명기를 계통으로 부장하고 일상생활과 경제 특징을 모두 보여주었다. 부장 토기의 비실용성, 즉 명기가 사람들이 장례제도를 대하는 변화와 사상변화를 알려 주었다. 그래서 토기 생산도 전문화, 상품화 되었다.

전한조기에 정, 합, 반의 조합이 기본적으로 전국시기 제문화의 전통을 계승하였고 이런 仿銅陶禮器가 禮制 계승하는 것을 반영하였다. 이런 현상은 로중남지역에서 전한 만기까지 연속하였고 로문화 구역 안에 전통 문화 사상이 더 튼튼한 것을 설명하였다. 칠 토기, 칠기 등이 전국 초문화의 영향을 받아서 그 중에 전한 조기 무덤에서 경유도기, 칠기를 자주 출토되고 관곽과 매장 풍습도 蘇北지역 한나라의 楚國 영향을 받았다. 로동남지역에서 繭形壺, 蒜頭壺가 확인되는 것이 關中지역 문화 영향을 받은 것 같고 범위가 소북지역을 포함한다. 저온연유 토기의 제작과 사용은 중원지역 문화 영향으로 형성된 것이다.

경태유도기(고온개유도)는 분포 범위가 아주 넓지만 무덤마다 출토 양이 많지 않고 종류도 단일하다. 이런 토기들은 남방지역 출토 유물의 종류, 형태, 유색과 거의 일치하고 남방지역 영향을 받은 것이다(최근 조사된 강서성 海昏侯 무덤에도 같은 長頸雙耳壺가 출토된다). 자기시대가 온 것을 보여 주고 남방지역과 북장지역의 문화융합을 표현하였다.

산동지역 출토한 백도는 하북, 요녕, 한반도 북부에 출토된 같은 종류 유물과 일치한다. 그리고 산동 연대 용구시 부하 왕가유적에서 백도를 소성한 토기 가마와 관련된 백색 진흙 유구가 확인되었다. 또한 위진시기 들어가면 산동지역에서만 백도가 출토하고 발전한다. 그래서 필자는 어떤 학자가 주장한 백도가 산동지역에 기원가고 요동반도와 한반도에도 영향을 주었다고 보는 의견에 동의한다.

5. 토기와 무덤의 관계

2001년 이래 로동남지역과 빈해지역에서 10여개소 특징적인 한나라 봉토묘가 조사되었다(그림 9). 봉토는 긴 시간 동안 여러 번 매장으로 형성된 것이다. 봉토 아래 여러 명을 매장하여 많은 것은 수십명도 있다(그림 10). 가족 묘지인 것 같고 시기가 전한 조기부터 후한까지 연속 사용되었다. 이런 봉토묘는 강소,

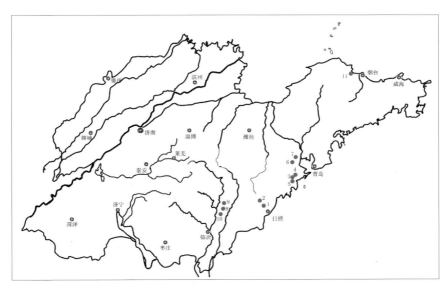

그림 9. 산동 연해지구 墩式封土墓 분포도

1.日照海曲 2.五莲县西楼村汉墓 3.胶南河头 4.胶南丁家皂户 5.胶南纪家店子 6.胶州赵家庄 7.胶州盛家庄 8.沂南侯家宅子 9.沂南宋家哨 10.沂南宋家官庄 11.烟台开发区三十里堡村南

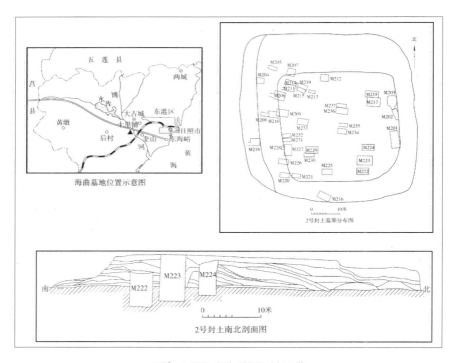

그림 10. 日照 海曲 2號 墩式封土墓

절강 일대 토돈묘(한나라 때 소북지역까지 전파된다)의 영향을 받은 것이다. 한반도의 분구묘와도 밀접한 관계가 있을 것 같다. 아마도 산동지역은 토돈묘가 동아시아로 전파되는 지역 중 하나라고 추정할 수 있다.

6. 토기와 자기의 관계

산동지역 한대에 백도가 소성되고 전파되며, 위진시기에 들어가면 지속적으로 발전하고 저온연유도기 기술도 보유하고 경태유도(고온개유)가 광범하게 사용되였다. 이런 것은 산동지역과 북방 백태청자, 그리고 백자의 소성과 관련 있을 것이다.

Ⅳ. 맺음말

토기는 한나라 때 중요한 역할을 담당하였다. 한 대 사회의 연구에 있어서 중요한 기초와 실물자료이다. 한대 토기군과 그 변천이 토기를 중심으로한 시대가 자기를 중심으로한 시기로 과도적 발전하는 특징을 보여 주었다. 토기는 기술 진보, 생활 분위기, 사회 변화를 반영하고 대일통문화의 형성, 문화의 전파와 융합을 체현하고 문화 전승과 영향도 보여 준다. 한나라 때 토기 원료와 기술이 북방 자기 생산을 위해 좋은 기초를 만들었다.

현재까지 한대 토기의 풍부한 실물자료가 축적되었다. 그러나 많은 조사 자료가 아직 정리와 출판을 기다리는 과정에 있다. 긴급 발굴 조사에서 수습된 토기도 중요하다. 많은 자료가 일찍 발표되기를 기대한다. 그래야 산동지역 한대 고고학의 깊은 연구를 추진할 수 있다. 또한 국가 간, 지역 간 한대고고학 연구와 학술 교류가 강화되어야 하고 동북아시아지역 문화융합과 교류, 그리고 동방문화의 형성과 영향을 위하여 공동노력이 필요하다.

- 참고문헌 -

山東省文物考古研究所 編著, 2005, 『山東20世紀的考古發現與研究』, 科學出版社.

山東省文物考古研究所, 2005, 『魯中南漢墓』(上、下), 科學出版社.

楊哲峰, 2008, 「北方地區漢墓出土的南方類型陶瓷器 : 漢代南北之間物質文
化交流的考察之一」, 『漢長安城考古與漢文化 : 漢長安城與漢文化─
紀念漢長安城考古五十周年國際學術研討會論文集』, 科學出版社.

楊哲峰, 2014, 「環渤海地區漢晉墓葬出土的白陶器及相關問題」, 『海岱考古』, 第七輯,
科學出版社.

王春斌, 2013, 『漢代陶器生產技術研究』, 吉林大學博士學位論文.

鄭同修 · 楊愛國, 2003, 「山東漢代墓葬出土陶器的初步研究」, 『考古學報』, 3期.

● ● ● ● ● ● ●

日本出土の馬韓土器

일본출토 마한토기

白井克也　日本東京國立博物館

はじめに

　本稿では，日本出土の馬韓土器について，時期別の分布の変化を，ほかの地域に由来する土器とも対比して，その歴史的意義を読み取ろうとするものである。

　日本列島で出土する遺物のうち，かつて百済土器として一括されたものの中に，馬韓土器として弁別すべきものが含まれている可能性を，最初に明確に指摘したのは吉井秀夫である[1]。吉井はさらに，両耳付壺を馬韓土器として評価した金鍾萬[2]，鳥足文土器を馬韓土器として評価した朴仲煥[3]の研究に適切な解説と批評を加え，日本の研究者に示唆を与えた[4]。

　筆者もまた，日本で出土した両耳付壺，鋸歯文土器，有孔広口小壺，鳥足文土器を集成した際に，馬韓地域の独自性を認識する立場から，馬韓土器を積極的に評価した[5]。百済土器からはある程度の「異質性」が認められることと，原三国時代における馬韓からの「継承性」が認められることから，三国時代についても「馬韓土器」の名称を用いたのである。しかし，この時点においては三国時

1) 吉井秀夫, 1999,「日本近畿地方における百済系考古資料をめぐる諸問題－5・6世紀を中心として－」『国立公州博物館研究叢書第9冊日本所在百済文化財調査報告書Ⅰ－近畿地方－』, 国立公州博物館, pp70~71.

2) 金鍾萬, 1999,「馬韓圏域出土両耳付壺小考」『考古学誌』第10集, 韓国考古美術研究所.

3) 朴仲煥, 1999,「鳥足文土器考」『考古学誌』第10集, 韓国考古美術研究所.

4) 和田晴吾・吉井秀夫, 2000,「日本出土百済系土器をめぐる一予察」『福岡大学総合研究所報』第240号, 福岡大学総合研究所.

5) 白井克也, 2000,「日本出土の朝鮮産土器・陶器—新石器時代から統一新羅時代まで—」,『日本出土の舶載陶磁—朝鮮・渤海・ベトナム・タイ・イスラム—』, 東京国立博物館, pp96~97.

代における馬韓の政治的な状態や，その内部の地域性については説明していなかった。

　吉井の指摘において既に，両耳付壺と鳥足文土器の朝鮮半島における時空的位置が一致していないことは指摘されていた[6]が，筆者は日本出土品について，馬韓土器の器種ごとの分布の比較を試み，日本においてもやはり器種ごとに分布が異なる可能性を示した[7]。

　一方，筆者は日本出土の朝鮮半島産土器に関して時期別の分布を検討し，地域間の交易と移住の経緯を検討した[8]。

　以下，筆者のこれまでの研究に基づき，1章では日本出土馬韓土器の器種別分布を述べ，2章ではこれらの器種の担い手について論ずる。3章では馬韓土器

---

6) 和田晴吾・吉井秀夫, 2000,「日本出土百済系土器をめぐる一予察」『福岡大学総合研究所報』第240号, 福岡大学総合研究所, pp96~97.

7) 白井克也, 2001a,「百済土器・馬韓土器と倭」『枚方歴史フォーラム(百済寺跡史跡指定60周年記念)検証古代の河内と百済』, 枚方歴史フォーラム実行委員会; 白井克也, 2002a,「土器からみた地域間交流—日本出土の馬韓土器・百済土器」『検証古代日本と百済』, 大巧社.

8) 白井克也, 2001a,「百済土器・馬韓土器と倭」『枚方歴史フォーラム(百済寺跡史跡指定60周年記念)検証古代の河内と百済』, 枚方歴史フォーラム実行委員会; 白井克也, 2001b,「勒島貿易と原の辻貿易—粘土帯土器・三韓土器・楽浪土器からみた弥生時代の交易—」,『第49回埋蔵文化財研究集会弥生時代の交易—モノの動きとその担い手—』, 埋蔵文化財研究会; 白井克也, 2002a,「土器からみた地域間交流—日本出土の馬韓土器・百済土器」,『検証古代日本と百済』, 大巧社; 白井克也, 2002b,「福岡市・金武古墳群吉武L群出土新羅土器の再検討—古墳時代早良平野における朝鮮産土器とその背景—」『福岡考古』第20号, 福岡考古懇話会; 白井克也, 2003a,「弥生・古墳時代における日韓の交易と移住」第12回東アジア異文化間交流史研究会セミナー(2003年8月2日口頭発表); 白井克也, 2003b,「日本における高霊地域加耶土器の出土傾向—日韓古墳編年の並行関係と暦年代—」,『熊本古墳研究』創刊号, 熊本古墳研究会; 白井克也, 2004,「多沙津貿易とその前後—6世紀の日本における朝鮮産土器出土傾向とその背景—」東北亜細亜考古学研究会(2004年1月10日口頭発表).

のみならず，朝鮮半島のほかの地域に由来する土器とも対比して，その分布の特徴から，土器の背景にある人の動き(交易や移住)を復元し，これによって日本出土馬韓土器の意義を考察する。

I. 日本出土馬韓土器の主要器種の分布

1. 両耳付壺・蓋(Fig. 1，Tab. 1)

　両耳付壺は胴部についた耳に縦方向の穿孔があり，同様の耳を持つ蓋と組み合うものである。馬韓地域の3・4世紀に主にみられるという[9]。日本列島では須恵器にもこの器形が導入されるため，一部に舶載品ではなく須恵器も混在する。

　日本で出土した両耳付壺・蓋を時期・地域別に表に整理し，両耳付壺・蓋の担い手が居住した可能性がある時期・地域を太枠で囲んだ(Tab. 1)。土器の変容品の生産，カマドの導入や須恵器生産への関与がその根拠である。なお，西新町遺跡は早良平野であるが，遺跡の性格に福岡平野と共通点が多いと考え，福岡平野に含ませる。

---

9) 金鍾萬，1999，「馬韓圏域出土両耳付壺小考」，『考古学誌』第10集，韓国考古美術研究所．

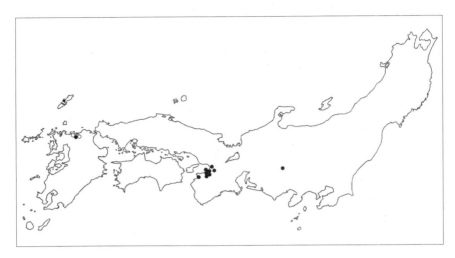

Fig. 1 日本における両耳付壺・蓋の分布

Tab. 1 日本における両耳付壺・蓋の分布

	対馬	唐津	糸島	早良	福岡	新宮・宗像	筑後・佐賀	肥後	豊前	摂津	和泉	河内	大和
2世紀	▲												
3世紀			○		○								
4世紀					○ ●								
5世紀										●	●		

2. 鋸歯文土器 (Fig. 2, Tab. 2)

鋸歯文土器とは, 叩き具によって三角形の押圧を口縁部直下などにめぐらせた鋸歯文帯をもつ土器である[10]。全羅南道の成人甕棺などにも多くみられるが, 日本列島では例が少ない。

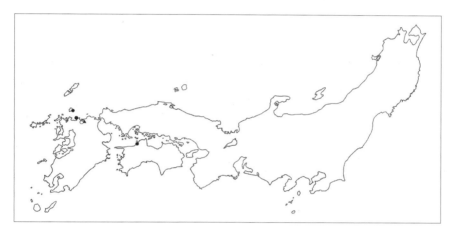

Fig. 2 日本における鋸歯文土器の分布

Tab. 2 日本における鋸歯文土器の分布

	対馬	唐津	糸島	早良	福岡	新宮・宗像	筑後・佐賀	肥後	豊前	摂津	和泉	河内	大和
4世紀			(●)		○ ▲								

---

10) 金承玉, 1997, 「鋸歯文土器 : 정치적권위의 상징적 표상」, 『韓国考古学報』36, 韓国考古学会.

3. 鳥足文土器(Fig. 3・4, Tab. 3)

鳥足文土器とは，土器製作時に用いる叩き板に，通常の格子・平行線に加え，鳥足形などの文様を刻み，これで器面を叩いて文様を表出するものであ

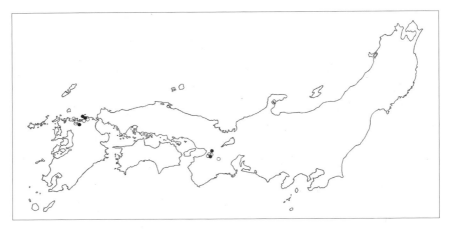

Fig. 3 日本における鳥足文土器の分布 (5世紀)

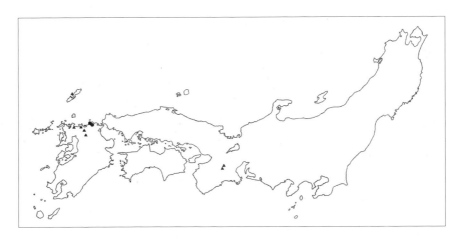

Fig. 4 日本における鳥足文土器の分布 (6世紀)

る。本稿では叩き板の格子・平行線に装飾的な文様を加えたものを広く鳥足文と捉える。日本での出土例は多く，5世紀と6世紀で分布が異なる(Tab. 3)。

Tab. 3 日本における鳥足文土器の分布

	対馬	唐津	糸島	早良	福岡	新宮・宗像	筑後・佐賀	肥後	豊前	摂津	和泉	河内	大和
5世紀			○	●		○●				○	●	○	
6世紀	▲	▲	▲	▲		○●	▲		△				▲

Ⅱ. 日本出土馬韓土器の担い手

　日本出土の馬韓土器を製作・使用した担い手について推定するため，また，百済土器との識別についても再確認するため，百済土器・馬韓土器の各器種が，日本において同じ遺跡・時期で共存する場合を調べてみた。馬韓土器としては，平底有孔広口小壺や二重口縁壺などを加えて検討する。

1. 百済典型器種の設定

　まず，各器種のうち，蓋杯，西森田遺跡の高杯，三足杯，直口壺，平底瓶，器台，獣脚硯は京畿道・忠清道に由来する確実な百済遺物と考えられる。これらは，5世紀後葉のTK23型式期ごろと，6世紀末以降(TK209型式期以降)という

限られた時期に日本列島に搬入される点でも共通し，一連のものと考えられるので，以下，これらを百済典型器種と呼ぶ。馬韓土器を評価する論者も，これらを百済中心集団の土器とすることに異論はなさそうである。

2. 各器種の共存関係

鋸歯文土器と両耳付壺

糸島地域と博多湾岸の鋸歯文土器のうち，博多湾岸の例は4世紀ごろであるが，当時の博多湾岸，特に西新町遺跡では，遺構は異なるものの，同時期の竪穴住居跡から両耳付壺と鋸歯文土器が出土している。これをさかのぼる3世紀ごろには，糸島地域と福岡地域に両耳付壺の変容品がみられる。鋸歯文土器と両耳付壺は分布につながりを持つことがわかる。

鋸歯文土器と二重口縁壺

西新町遺跡の鋸歯文土器は，口縁部がいったん外反した後に，強く内折して内傾口縁をなす。このような口縁部は馬韓地域に多いが，二重口縁壺は西新町遺跡第12次調査43号竪穴住居跡からも出土しており，鋸歯文土器と二重口縁壺の担い手は共通することがわかる。

鋸歯文土器とそのほかの百済土器・馬韓土器各器種

鋸歯文土器は日本では4世紀にしかみられず，5世紀以降に登場する鳥足文土器・平底広口小壺・百済典型器種とは接点がない。

両耳付壺と二重口縁壺

次に，両耳付壺とほかの器種を比べてみよう。まず，両耳付壺と二重口縁壺はともに4世紀の西新町遺跡にみられるが，両者は底部付近のつくりが共通し，また，器面に炭素を吸着させて黒色に発色させる焼成技法でも共通している。

両耳付壺と鳥足文土器

両耳付壺と鳥足文土器は，北部九州と畿内に分布の中心をもつ点で共通するが，実は接点を欠いている。九州では時期を異にしており，畿内では5世紀中葉の初期須恵器段階に，両耳付壺は和泉・摂津，鳥足文土器は河内・大和にみられ，分布が一致しない。両耳付壺と鳥足文土器の担い手が異なっていたことがわかる。

両耳付壺と平底広口小壺

4世紀以前の九州では両耳付壺と平底広口小壺が共存しない。5世紀の和泉で両耳付壺を出す遺跡は初期須恵器製作集団の集落と考えられ，そこでは朝鮮半島の広口小壺に由来する須恵器甑が存在するが，それらは両耳付壺が須恵器として製作されるTK216型式期以前から存在する上，陶邑産の甑は丸底である。また，平底有孔広口小壺は北部九州の朝倉産初期須恵器に多いが，その時点ですでに北部九州に両耳付壺は存在しない。したがって，両耳付壺と平底広口小壺の担い手は異なっていた。

両耳付壺と百済典型器種

百済典型器種はほとんどが5世紀後葉に日本に登場するため，初期須恵器段階までにみられる両耳付壺とはほとんど接点がない。四ツ池遺跡の四足杯

のみは，初期須恵器段階に両耳付壺と共存しているが，この四足杯は百済土器と形態の隔たりが大きい。したがって，両耳付壺と百済典型器種には接点がない。

鳥足文土器と平底有孔広口小壺

　鳥足文土器と平底有孔広口小壺は北部九州で接点をもち，北部九州の鳥足文土器の担い手は初期須恵器生産に関わった可能性がある。一方，河内・大和の鳥足文土器は平底有孔広口小壺と明確な関係が窺えないが，これは河内の鳥足文土器の担い手が須恵器生産よりも土木工事などに従事したためであろう。したがって，鳥足文土器と平底有孔広口小壺の担い手は親密であると考えられるが，平底有孔広口小壺を生産した朝倉地域に，初期須恵器段階の鳥足文土器は未発見である。

鳥足文土器と百済典型器種

　5世紀後葉に百済典型器種が登場するがが，北部九州では，西森田遺跡や野田遺跡のような筑後・佐賀平野に入り込み，それまでの鳥足文土器の分布とは異なる。畿内では橿原地域にみられ，初期須恵器段階の鳥足文土器がみられる天理市や河内地域とは時期や地点が相違する。百済典型器種は6世紀末以降に再び登場するが，これ以降の日本列島では鳥足文土器が知られていないし，分布も対応しない。したがって，鳥足文土器と百済典型器種の担い手は異なり，相互排他的である。

3. 百済土器・馬韓土器を製作・使用した3集団

　以上をまとめてみよう(Tab. 4)。

　百済典型器種と相互排他的な分布を示す器種は，本稿において馬韓地域に
由来する「馬韓土器」とするものであるが，それらの中にも相互排他的な2種の
土器群がある。すなわち，鋸歯文土器・両耳付壺・二重口縁壺の組合せと，鳥
足文土器・平底有孔広口小壺の組合せである。これらの3つの土器群を改めて
日本列島における時空間的分布に置き換えて示す(Tab. 5)と，これら3つの土器
群の担い手は，日本列島での分布や行動が異なっていると考えられるので，別
集団とみなされる。吉井は朝鮮半島において両耳付壺と鳥足文土器の時空的
位置が異なると指摘し，注意を喚起した[11]が，日本列島での分布からも同様の
現象を読み取ることができたのである。

　そこで，かつて筆者は，百済典型器種の担い手を百済中心集団とするとと
もに，馬韓土器のうち鋸歯文土器・両耳付壺・二重口縁壺の担い手を「集団
A」，鳥足文土器・平底有孔広口小壺の担い手を「集団B」と仮称した[12]。

---

11) 和田晴吾・吉井秀夫, 2000,「日本出土百済系土器をめぐる一予察」,『福岡大学総合研究
　　所報』第240号, 福岡大学総合研究所, pp96~97.
12) 白井克也, 2001a,「百済土器・馬韓土器と倭」,『枚方歴史フォーラム(百済寺跡史跡指定
　　60周年記念)検証古代の河内と百済』, 枚方歴史フォーラム実行委員会; 白井克也, 2002a,
　　「土器からみた地域間交流—日本出土の馬韓土器・百済土器」,『検証古代日本と百済』, 大
　　巧社.

Tab. 4 日本出土百済土器・馬韓土器の担い手

	鋸歯文土器	両耳付壺	鳥足文土器	百済典型器種	
鋸歯文土器	○				
両耳付壺	○	○			……集団A
二重口縁壺	○	○			
鳥足文土器	−	×	○		……集団B
平底有孔広口小壺	−	×	○		……集団B
百済典型器種	−	−	×	○	……百済

○：担い手が共通するもの
×：担い手が異なるもの
−：時期が重ならず，対比できないもの

Tab. 5 各地に居住した百済・馬韓渡来人集団

	対馬	唐津	糸島	早良	福岡	新宮・宗像	筑後・佐賀	肥後	豊前	摂津	和泉	河内	大和
4世紀					A								
5世紀前・中葉		B	B		B					A	B		B
5世紀後葉					B		百済						百済
6世紀					B								
6世紀末〜7世紀												百済	百済

Ⅲ. 多沙津貿易とその前後

　本章では，馬韓の「集団A」，「集団B」のうち，主に5世紀後葉以降の「集団B」について，朝鮮半島のほかの地域集団からも日本列島内に多くの土器がもたら

される5世紀後葉以降を取り上げ，それぞれの時期別の動態から「集団B」の位置付けについて考察する。これは馬韓の終焉の時期に近く，このころの日本列島の馬韓土器の動向が，馬韓の実態を示唆すると期待するからである。

5世紀後葉～6世紀の日本列島では，百済典型器種や馬韓の「集団B」の土器のほか，新羅土器(典型新羅土器，昌寧地域新羅土器，金海地域新羅土器)，加耶土器(高霊地域加耶土器，固城地域加耶土器)が日本列島の各地で出土し，その分布は特徴的で，かつ時期によって変化している(Tab.6)

この期間は大きく3つの時期に区分される。馬韓の「集団B」の土器が多くみられ，百済典型器種や金海地域新羅土器も出土するTK23～TK47型式期(5世紀後葉～6世紀初頭)，典型新羅土器と高霊地域加耶土器が多くみられるMT15～MT85型式期(6世紀前葉～中葉)，加耶土器が見られなくなるTK43型式期以降(6世紀後葉)である。

1. 難波津貿易の頓挫と地域間関係の再編成(TK23～TK47型式期)

TK23型式期(475～500年ごろ)に，日本出土の朝鮮半島産土器の分布は大きく変化する。それ以前(TK216～TK208型式期)には多量に見られた高霊地域加耶土器が，突如見られなくなる。また，TK216～TK208型式期(5世紀中葉)の河内地域は馬韓の「集団B」の土器が多量にみられ，渡来人の居住を示す証拠もあったが，このころから衰退していく。5世紀中葉に大阪湾を中心に築かれた貿易港による「難波津貿易」も，475年前後の内外の変革により，頓挫したものと思われる。

Tab. 6 5世紀末~6世紀の日本列島における朝鮮半島産土器出土傾向

地域　時期	対馬壱岐	九州							中四国			近畿						東日本	
		糸島	早良	福岡	宗像	筑後佐賀平野	熊本	豊前	山陰	山陽	愛媛	摂津	河内	紀伊	大和	山城	近江	東海	北陸・中部・北日本
TK 23	百済	馬韓B		昌寧		百済			金海	金海		馬韓A	馬韓B		金海 百済			金海 (愛知)	
TK 47		馬韓B	馬韓B					馬韓B	馬韓B										
MT 15			高霊		新羅	百済 高霊				高霊	高霊								高霊 (山形)
TK 10	新羅		新羅		高霊 馬韓B	新羅			高霊		高霊	新羅		新羅		新羅	高霊 固城	新羅 (愛知)	高霊 (岐阜)
MT 85	新羅		高霊		高霊														高霊 (富山)
TK 43	新羅		新羅		馬韓B														
TK 209	新羅		百済 新羅	新羅	馬韓B					新羅		新羅				馬韓B	新羅		

　かわって, 百済土器や金海地域新羅土器が一時的にみられるようになる。この時に新たに登場するこれらの土器は, 直前に朝鮮半島産土器があまり見られなかった地域に入り込んでいく傾向がある。このことから, TK23型式期に現れる変化は, 日本列島と朝鮮半島の双方において, 何らかの変革を伴ったものとみなされる。高井田山古墳では百済の影響を受けた石室が用いられており, 百済中心集団とのかかわりも想定されている。

　TK23型式期は, 百済の漢城が陥落した475年の直後に当たると考えられる。百済典型器種の土器が見られるのは, 百済との直接の交渉が本格化したことを示すが, その際に従来の馬韓の「集団A」や「集団B」の土器の分布と重ならないことからみて, 百済中心集団は, 馬韓の「集団A」や「集団B」を, 日本との交渉の水先案内人とすることはなく, まったく別個の主体として, 日本列島各地の地域集団と交流したものとみなされる。

高霊地域加耶土器が見られず，かわって金海地域加耶土器と，一部に昌寧地域加耶土器がみられることは，この時期の洛東江下流における情勢と関連があるとみられる。金海加達古墳群では，5世紀前半から中葉にかけて，昌寧地域加耶土器に加耶土器が伴う状況から，金海地域加耶土器が加わって，次第に加耶土器が排除され，5世紀後葉には金海地域加耶土器が主流をなす[13]。これは洛東江下流において金海地域の影響力が強まり，昌寧や加耶の影響力が徐々に排除されていったことを示す。高霊地域加耶土器がTK23~TK47型式期の日本列島で出土しないのは，洛東江河口地域を利用できなくなったためであろう。加羅国王が480年に中国南朝に直接交渉を試みたのも，このような事情への打開策であったかもしれない。

　TK47型式期(500~515年ごろ)には，TK23型式期の一時的な状況は落ち着くようである。各地に馬韓の「集団B」の土器の出土はみられており，馬韓と日本列島各地の地域集団との交渉は継続していることがうかがわれる。

　洛東江下流における金海加達古墳群では，副葬土器が典型新羅土器に置き換わっていく[14]。新羅中心勢力が直接影響力を行使するようになったと思われるが，この時点では日本列島での典型新羅土器の出土はあまり多くない。

　この時期に重要なのは，北部九州の横穴式石室が栄山江流域に伝播したり，栄山江流域で前方後円墳が築造されるようになるのがこのころとみなされることである。北部九州ではこの時期も馬韓の「集団B」の土器がみられることから，栄山江流域と北部九州の直接の交渉が考えられる。このことが，頓挫した難波

---

13) 白井克也, 2003c,「新羅土器の型式・分布変化と年代観─日韓古墳編年の並行関係と暦年代─」『朝鮮古代研究』第4号, 朝鮮古代研究刊行会, pp14~15.
14) 白井克也, 2003c,「新羅土器の型式・分布変化と年代観─日韓古墳編年の並行関係と暦年代─」『朝鮮古代研究』第4号, 朝鮮古代研究刊行会, p15.

津貿易に代わる広域的な交易システムの再建のきっかけとなると考えられる。

2. 多沙津貿易の成立と展開（MT15～MT85型式期）

　MT15型式期（515～530年ごろ）に，日本列島で高霊地域加耶土器が再び多量に出土するようになる。典型新羅土器，百済典型器種もわずかに見られ，馬韓の「集団B」の土器も宗像地域にみられる。

　栄山江流域に加耶化した新羅風の馬具が伝播し，日本にも加耶経由で新羅風の馬具が伝わるとされることから，日本列島における加耶の存在感が大きくなっていることがわかる。

　高霊地域加耶土器の出土が再びみられることから，高霊地域加耶土器の背景にある大加耶勢力は，洛東江河口に代わる新たな貿易港を確保したと考えられる。次の時期以降の状況を考え併せて，このとき大加耶勢力が確保した貿易港は蟾津江河口地域の多沙津ではなかったかと考える（理由は次に述べる）。そこでこの貿易システムを「多沙津貿易」と仮称する。

　日本列島内では北部九州の横穴式石室が日本海沿岸や東海地域に影響及ぼすという現象がみられるが，北部九州，特に早良平野に各地域由来の朝鮮半島産土器が集中することとも合わせて，地域間交流で大きな役割を担っていたと考えられる。

　TK10型式期（530～550年頃）には典型新羅土器日本列島への本格的な搬入が始まる。金海地域加耶土器の背景にあった金官国が532年に新羅に投降したことが想起される。新羅はさらに洛東江を渡って慶尚南道南岸に進出していった。

　一方，高霊地域加耶土器が固城などの小加耶地域の古墳でも副葬されるよ

うになることから，この時期に大加耶が蟾津江河口地域の安定を図ったものと思われる。

　百済はこの時期に栄山江流域の成人甕棺墓制や前方後円墳を克服するものとみられる。

　九州では，TK10型式期ごろに矢部川流域から筑後川流域に勢力の中心が移動したとみられており，『日本書紀』などに記される「磐井の乱」とのかかわりも推定されている。

　これらの情勢は「多沙津貿易」の掌握を目指す各勢力の動きを表しているのではなかろうか。これ以降，日本列島では馬韓の「集団B」の土器もみられるが，数は多くない。馬韓の勢力は独自の対外交渉力をほぼ喪失していたものと思われる。

　MT85型式期(550年ごろ〜565年ごろ)までで，高霊地域加耶土器の日本での出土は終わる。また，このとき以降，新羅，百済土器もしばらく日本での出土量が激減する。この現象は，562年の大加耶の滅亡に対応すると思われる。大加耶の滅亡以降に，百済や新羅の日本列島での土器の出土量も減少することは，大加耶が多沙津貿易を保証する立場にあり，百済土器や新羅土器も多沙津貿易に依存していたことを示しているであろう。

　MT15型式期からMT85型式期においては，TK10型式期の典型新羅土器やMT15型式期の高霊地域加耶土器など，胸前器種のセット関係が崩れぬまま古墳の祭祀用いられていたり，典型新羅土器や高霊地域加耶土器の登場が現地の首長墓系譜に連動しているとみられる例など，対外交渉により政治的な色彩が強くなっているとみなされる。しかし，新羅や百済が，この時期までに地域首長の独自の外交権を接収していったとみられるのに対し，日本においては倭政権による地域首長への規制は進んでおらず，外交権が各地の地域首長

に留保されていたとみなされる。

3. 交易の一時的衰退と那の津貿易

TK43型式期(565年ごろ〜590年ごろ)の日本列島では朝鮮半島産土器の出土が目立たなくなり，新羅土器のみが少数みられる。大加耶の滅亡による多沙津貿易の終焉が土器の分布にも表れている。一方，朝鮮半島由来の金工品にはいわゆる倭風化が進む。

TK209型式期(590年ごろ以降)の日本列島には，百済典型器種や典型新羅土器が再び多量に出土するようになる。博多遺跡群や難波宮下層にみるように，博多湾と大阪湾には交易拠点が復活したとみなされる。

ここで注目されるのは，壱岐や福岡平野で新羅土器を副葬する墳墓が出現することである。多沙津貿易とは，交易を担う地域首長が異なっているのであるが，この前段階のTK3型式期に壱岐や宗像で大型古墳の築造が行われていることから，壱岐氏・宗像氏のような地域首長が仲介者として活躍する新たな貿易システム(那津貿易)がTK43型式期の内から徐々に準備されていた可能性がうかがわれる。多沙津貿易の崩壊後，新たな貿易システムが模索されていたのであろう。TK43型式期に当たる583年に火葦北国造刑部靫部阿利斯登の子日羅が，百済から達率の位を得ていた人物として登場するが，このような人物の存在は，倭政権の対外交渉に地域の首長の協力が必要だった，当時の状況を示している[15]。

---

15) 白井克也, 1998,「博多出土高句麗土器と7世紀の北部九州—筑紫大宰・筑紫遷宮と対外交渉—」『考古学雑誌』第83巻 第4号, 日本考古学会.

おわりに

　三国時代・古墳時代の日本と朝鮮半島の交渉は，基本的に小地域相互間の交渉であることを，筆者はこれまで主張してきた。日本出土の馬韓土器の出土傾向から，背景にある集団を分離し，馬韓以外の地域由来の土器と比較検討する本稿においても，この考えが誤っていないことが証明され，その一方，百済，新羅，さらにやや遅れて倭政権が，それぞれに地域首長の対外交渉権の接収を進めていく過程を想定できた。

　日本出土の馬韓土器に関しては，さらに由来地の識別を進めることによって，さらに当時の地域間交渉の追及が可能になるであろう。

일본출토 마한토기

白井克也 일본 동경국립박물관

번역 : 최영주 전남대학교

시작하며

　본고에서는 일본에서 출토된 마한토기에 대해 시기별 분포의 변화를 다른 지역에서 유래한 토기도 대비하여 그 역사적 의의를 읽으려고 하는 것이다.

　일본열도에서 출토된 유물 중, 한때 백제토기로 일괄된 것들 중에 마한토기로 변별할 수 있는 것이 포함되어 있을 가능성을 최초로 명확하게 지적한 것은 요시이 히데오이다[1]. 요시이는 또한 양이부호를 마한토기로 평가한 김종만[2], 조족문토기를 마한토기로 평가한 박중환[3]의 연구에 적절한 해설과 비판을 더해 일본의 연구자들에게 시사해 주었다[4].

---

1) 吉井秀夫, 1999,「日本近畿地方における百済系考古資料をめぐる諸問題 - 5・6世紀を中心として-」,『国立公州博物館研究叢書第9册日本所在百済文化財調査報告書Ⅰ - 近畿地方 - 』, 国立公州博物館, pp70~71.
2) 金鍾萬, 1999,「馬韓圈域出土両耳付壺小考」,『考古学誌』第10集, 韓国考古美術研究所.
3) 朴仲煥, 1999,「鳥足文土器考」,『考古学誌』第10集, 韓国考古美術研究所.
4) 和田晴吾・吉井秀夫, 2000,「日本出土百済系土器をめぐる一予察」,『福岡大学総合研究所報』第240号, 福岡大学総合研究所.

필자 또한 일본에서 출토된 양이부호, 거치문토기, 유공광구소호, 조족문토기를 집성할 때, 마한지역의 독자성을 인식하는 입장에서 마한토기를 적극적으로 평가했다[5]. 백제토기에서는 어느 정도의 '이질성'이 인정되는 것으로, 원삼국시대 마한에서 '계승성'이 인정되는 것으로부터 삼국시대에 대해서도 '마한토기'의 명칭을 사용한 것이다. 그러나 이 시점에서는 삼국시대에 마한의 정치적 상황과 그 내부의 지역성에 대해서는 설명하지 않았다.

요시이의 지적에서 이미 양이부호와 조족문토기의 한반도에서 시공적인 위치가 일치하지 않는 것은 지적되고 있는데[6], 필자는 일본 출토품에 대해서 마한토기의 기종별 분포의 비교를 시도하였고, 일본에서도 역시 기종마다 분포가 다를 가능성을 보여 주었다[7].

한편, 필자는 일본에서 출토된 한반도산 토기에 대해서 시기별 분포를 검토하여 지역간의 교역과 이주의 경위를 검토했다[8].

---

5) 白井克也, 2000, 「日本出土の朝鮮産土器・陶器─新石器時代から統一新羅時代まで─」, 『日本出土の舶載陶磁─朝鮮・渤海・ベトナム・タイ・イスラム─』, 東京国立博物館, pp96~97.

6) 和田晴吾・吉井秀夫, 2000, 「日本出土百済系土器をめぐる一予察」, 『福岡大学総合研究所報』第240号, 福岡大学総合研究所, pp96~97.

7) 白井克也, 2001a, 「百済土器・馬韓土器と倭」, 『枚方歴史フォーラム(百済寺跡史跡指定60周年記念)検証古代の河内と百済』, 枚方歴史フォーラム実行委員会; 白井克也, 2002a, 「土器からみた地域間交流─日本出土の馬韓土器・百済土器」, 『検証古代日本と百済』, 大巧社.

8) 白井克也, 2001a, 「百済土器・馬韓土器と倭」, 『枚方歴史フォーラム(百済寺跡史跡指定60周年記念)検証古代の河内と百済』, 枚方歴史フォーラム実行委員会; 白井克也, 2001b, 「勒島貿易と原の辻貿易─粘土帯土器・三韓土器・楽浪土器からみた弥生時代の交易─」, 『第49回埋蔵文化財研究集会弥生時代の交易─モノの動きとその担い手─』, 埋蔵文化財研究会; 白井克也, 2002a, 「土器からみた地域間交流─日本出土の馬韓土器・百済土器」, 『検証古代日本と百済』, 大巧社; 白井克也, 2002b, 「福岡市・金武古墳群吉武L群出土新羅土器の再検討─古墳時代早良平野における朝鮮産土器とその背景─」, 『福岡考古』第20号, 福岡考古懇話会; 白井克也, 2003a, 「弥生・古墳時代における日韓の交易と移住」第12回東

이하, 필자가 지금까지의 연구에 따라서 1장에서는 일본출토 마한토기의 기종별 분포를 서술하고, 2장에서는 이러한 기종의 담당자에 대해서 논하고자 한다. 3장에서는 마한토기뿐만 아니라 한반도의 다른 지역에서 유래된 토기도 대비하여 그 분포의 특징에서 토기의 배경이 되는 사람의 이동(교역과 이주)을 복원하고, 이를 통해 일본출토 마한토기의 의의를 고찰하고자 한다.

Ⅰ. 일본 출토 마한토기의 주요 기종의 분포

1. 양이부호 · 개(그림 1, 표 1)

양이부호는 몸통에 붙인 귀에 종방향의 천공이 있고, 같은 모양의 귀를 가진 뚜껑과 조합된다. 마한지역에서 3 · 4세기에 주로 볼 수 있다[9]. 일본열도에서는 스에키에도 이 기형이 도입되기 때문에 일부에 들여온 물품이 아니라 스에키도 혼재한다.

일본에서 출토된 양이부호 · 개를 시기 · 지역별로 표에 정리하여 양이부호 · 개의 담당자가 거주했을 가능성이 있는 시기 · 지역을 짙은 사각형으로 표시했다(표 1). 토기 변용품의 생산, 부뚜막의 도입과 스에키 생산의 관여가 그

アジア異文化間交流史研究会セミナー(2003年8月2日口頭発表); 白井克也, 2003b, 「日本における高霊地域加耶土器の出土傾向—日韓古墳編年の並行関係と暦年代—」『熊本古墳研究』創刊号, 熊本古墳研究会; 白井克也, 2004, 「多沙津貿易とその前後—6世紀の日本における朝鮮産土器出土傾向とその背景—」, 東北亜細亜考古学研究会(2004年1月10日口頭発表).
9) 金鍾萬, 1999, 「馬韓圏域出土両耳付壺小考」『考古学誌』第10集, 韓国考古美術研究所.

근거이다. 또한 니시진마치(西新町)유적은 사와라(早良)평야이지만, 유적의 성격이 후쿠오카(福岡)평야와 공통점이 많다고 생각되어 후쿠오카평야에 포함시킨다.

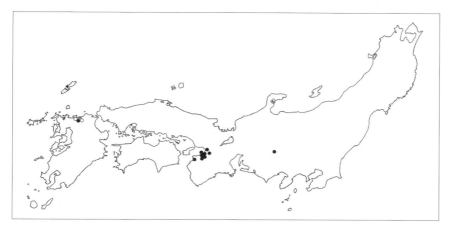

그림 1. 일본 양이부호·개의 분포

표 1. 일본 양이부호·개의 분포

	対馬	唐津	糸島	早良	福岡	新宮・宗像	筑後・佐賀	肥後	豊前	摂津	和泉	河内	大和
2世紀	▲												
3世紀			○		○								
4世紀					○ ●								
5世紀										●	●		

2. 거치문토기(그림 2, 표 2)

거치문토기는 타날 도구에 의해 삼각형의 압흔을 구연부 바로 아래에 둘러싸는 거치문대를 지닌 토기이다[10]. 전남의 성인 옹관 등에서는 많이 볼 수 있지만, 일본열도에서는 예가 적다.

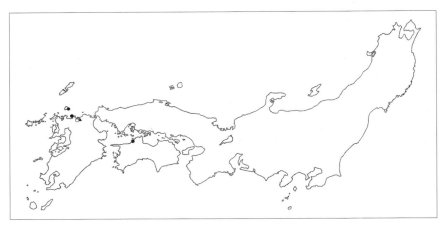

그림 2. 일본 거치문토기의 분포

표 2. 일본 거치문토기의 분포

	対馬　唐津　糸島　早良　福岡	新宮 ・ 宗像	筑後 ・ 佐賀	肥後　豊前	摂津　和泉　河内　大和
4世紀	(●)　○ ▲				

---

10) 金承玉, 1997, 「鋸歯文土器 : 정치적권위의象徵的表象」, 『韓国考古学報』36, 韓国考古学会.

3. 조족문토기(그림 3·4, 표 3)

조족문토기는 토기 제작 시에 사용한 타날판에 통상의 격자·평행선에 더해
조족형(새 발자국) 등의 문양을 새기고, 이것으로 기면을 두드려 문양을 표출하

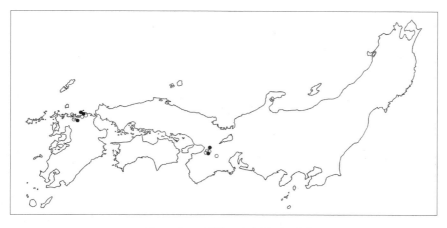

그림 3. 일본 조족문토기의 분포(5세기)

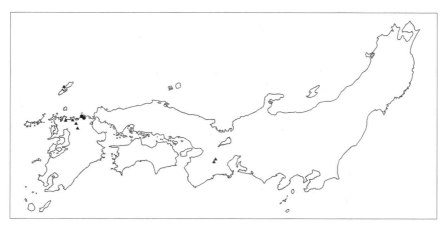

그림 4. 일본 조족문토기의 분포(6세기)

는 것이다. 본고에서는 타날판의 격자·평행선에 장식적인 문양을 더한 것을 넓게 조족문으로 파악하고자 한다. 일본에서의 출토 예는 많으며, 5세기와 6세기 분포가 다르다(표 3).

표 3. 일본 조족문토기의 분포

	対馬 唐津 糸島 早良 福岡	新宮·宗像	筑後·佐賀 肥後 豊前	摂津 和泉 河内 大和
5世紀	○ ●	○ ●		○ ● ○
6世紀	▲ ▲ ▲ ▲	○ ●	▲ △	▲

II. 일본 출토 마한토기의 담당자

일본출토의 마한토기를 제작·사용한 담당자에 대해서 추정하기 위해 또한 백제토기와의 식별에 대해서도 재확인하기 위해서 백제토기·마한토기의 각 기종이 일본에서 같은 유적·시기에서 공존하는 경우를 살펴보았다. 마한토기로는 평저유공광구소호와 이중구연호 등을 추가하여 검토하고자 한다.

1. 백제 전형기종의 설정

먼저 각 기종 중 개배, 니시모리타(西森田)유적의 고배, 삼족배, 직구호, 평저병, 기대, 짐승 모양다리 벼루[獸脚硯]은 경기도·충청도에서 유래한 확실한 백제 유물이라고 생각된다. 이들은 5세기 후엽의 TK23형식기 무렵과 6세기 말이후(TK209형식기 이후)라는 한정된 시기에 일본열도에 반입되는 점에서도 공통되며, 일련의 것으로 생각되기 때문에 이하, 이러한 것을 백제 전형기종으로 부른다. 마한토기를 평가하는 논자도 이러한 것을 백제 중심집단의 토기로 하는 것에 이론은 없다.

2. 각 기종의 공존관계

거치문토기와 양이부호

이토시마(糸島)지역과 하카타(博多)만 연안의 거치문토기 중, 하카타만 연안의 예는 4세기경인데, 당시의 하카타만 연안, 특히 니시진마치유적에서의 유구는 다르지만, 같은 시기의 수혈주거유적에서 양이부호와 거치문토기가 출토되고 있다. 이를 거슬러 3세기경에는 이토시마지역과 후쿠오카지역에 양이부호의 변용품이 보인다. 거치문토기와 양이부호는 분포에 관계를 가지는 것을 알 수 있다.

거치문토기와 이중구연호

니시진마치유적의 거치문토기는 구연부가 일단 외반한 후에 강하게 내절하여 내경 구연을 이룬다. 이러한 구연부는 마한지역에 많지만, 이중구연호는 니시진마치유적 제12차 조사 43호 수혈주거유적에서도 출토되고 있으며, 거치문토기와 이중구연호의 담당자는 공통되는 것을 알 수 있다.

거치문토기와 그밖의 백제토기 · 마한토기 각 기종

거치문토기는 일본에서는 4세기 밖에 보이지 않았으며, 5세기 이후에 등장하는 조족문토기 · 평저광구소호 · 백제 전형기종과 접점이 없다.

양이부호와 이중구연호

다음으로 양이부호와 다른 기종을 비교해 보자. 먼저 양이부호와 이중구연호는 모두 4세기의 니시진마치유적에서 보이지만, 양자는 저부 부근의 제작방법이 공통되며 또한, 기면에 탄소를 흡착시켜 흑색으로 발색시키는 소성기법도 공통점이다.

양이부호와 조족문토기

양이부호와 조족문토기는 북부큐슈(北部九州)와 기나이(畿內)에 분포의 중심을 가지는 공통점이 있지만, 사실은 접점을 결여하고 있다. 규슈에서는 시기를 달리하고 있고, 기나이에서는 5세기 중엽의 초기스에키 단계에 양이부호는 이즈미(和泉) · 셋츠(摂津), 조족문토기는 가와치(河內) · 야마토(大和)에 보이며, 분포가 일치하지 않는다. 양이부호와 조족문토기의 담당자가 달랐을 것을 알 수 있다.

양이부호와 평저광구소호

4세기 이전의 규슈에서는 양이부호와 평저광구소호가 공존하지 않는다. 5세기의 이즈미에서 양이부호가 출토된 유적은 초기스에키 제작집단의 취락으로 생각되며, 그곳에서는 한반도의 광구소호에 유래하는 스에키 하소우(유공광구소호)가 존재하지만, 그것들은 양이부호가 스에키로 제작되는 TK216형식기 이전부터 존재하는데, 스에무라(陶邑)산의 하소우는 둥근 저부이다. 또한, 평저유공광구소호는 북부큐슈 아사쿠라(朝倉)산 초기스에키에 많지만, 그 시점에서 이미 북부큐슈에 양이부호는 존재하지 않는다. 따라서 양이부호와 평저광구소호의 담당자는 달랐다.

양이부호와 백제 전형기종

백제 전형기종은 대부분이 5세기 후엽에 일본에 등장하기 때문에 초기스에 키 단계까지 보이는 양이부호는 거의 접점이 없다. 요츠이케(四ツ池)유적의 사족배만은 초기스에키 단계에 양이부호와 공존하고 있지만, 이 사족배는 백제토기와 형태의 차이가 크다. 따라서 양이부호와 백제 전형기종에는 접점이 없다.

조족문토기와 평저유공광구소호

조족문토기와 평저유공광구소호는 북부큐슈에서 접점을 갖고, 북부큐슈의 조족문토기의 담당자는 초기스에키 생산에 관여했을 가능성이 있다. 한편, 가와치·야마토의 조족문토기는 평저유공광구소호와 명확한 관계를 엿볼 수 없는데, 이것은 가와치 조족문토기의 담당자가 스에키 생산보다도 토목공사 등에 종사했기 때문이다. 따라서 조족문토기와 평저유공광구소호의 담당자는 친밀하다고 생각할 수 있지만, 평저유공광구소호를 생산한 아사쿠라지역에 초기스에키 단계의 조족문토기는 아직 발견되지 않았다.

조족문토기와 백제 전형기종

5세기 후엽에 백제 전형기종이 등장하지만, 북부규슈에서는 니시모리타유적과 노다(野田)유적처럼 치쿠고(筑後)·사가(佐賀)평야에 들어가 있어 지금까지의 조족문토기의 분포와는 다르다. 기나이에서는 가시하라(橿原)지역에 보이며, 초기스에키 단계의 조족문토기가 보이는 덴리(天理)시나 가와치지역과는 시기와 지점이 다르다. 백제 전형기종은 6세기 말 이후에 다시 등장하지만, 이후의 일본열도에서는 조족문토기가 알려져 있지 않으며, 분포에도 대응하지 않는다. 따라서 조족문토기와 백제 전형기종의 담당자는 다르며, 상호배타적이다.

3. 백제토기 · 마한토기를 제작 · 사용한 세 집단

이상을 정리해 보자(표 4).

표 4. 일본출토 백제토기 · 마한토기의 담당자

	鋸歯文土器	両耳付壺	鳥足文土器	百済典型器種	
鋸歯文土器	○				
両耳付壺	○	○			……集団A
二重口縁壺	○	○			
鳥足文土器	－	×	○		……集団B
平底有孔広口小壺	－	×	○		……集団B
百済典型器種	－	－	×	○	……百済

○：担い手が共通するもの
×：担い手が異なるもの
一：時期が重ならず，対比できないもの

　　백제 전형기종과 상호배타적인 분포를 나타내는 기종은 본고에서 마한지역에서 유래하는 '마한토기'라고 하는 것이지만, 그 중에서도 상호배타적인 2종의 토기군이 있다. 즉, 거치문토기 · 양이부호 · 이중구연호의 조합과 조족문토기 · 평저유공광구소호의 조합이다. 이러한 3개의 토기군을 다시 일본열도의 시공간적인 분포에 대체하여 표시한 것(표 5)과, 이러한 3개의 토기군의 담당자는 일본열도에서의 분포와 행동이 다르다고 생각되기 때문에 다른 집단으로 생각된다. 요시이는 한반도에서 양이부호와 조족문토기의 시공적인 위치가 다르다고 지적하고, 주의를 환기시켰는데[11], 일본열도에서의 분포에서도 비슷한 현상을 읽을 수 있었다.

---

11) 和田晴吾 · 吉井秀夫, 2000,「日本出土百済系土器をめぐる一予察」,『福岡大学総合研究

표 5. 각지에 거주한 백제 · 마한 도래인 집단

	対馬	唐津	糸島	早良	福岡	新宮・宗像	筑後・佐賀	肥後	豊前	摂津	和泉	河内	大和
4世紀					A								
5世紀前・中葉			B	B	B					A	B		B
5世紀後葉					B		百済						百済
6世紀					B								
6世紀末～7世紀												百済	百済

그래서 일단 필자는 백제 전형기종의 담당자를 백제 중심집단이며 동시에 마한토기 중 거치문토기 · 양이부호 · 이중구연호의 담당자를 '집단 A', 조족문토기 · 평저유공광구소호의 담당자를 '집단 B'로 가칭했다[12].

Ⅲ. 다사진 무역과 그 전후

이 장에서는 마한의 '집단 A', '집단 B'중 주로 5세기 후엽 이후의 '집단 B'에 대해서 한반도의 다른 지역집단에서도 일본열도에 많은 토기가 초래된 5세기 후엽 이후를 다루어 각각의 시기별 동태에서 '집단 B'의 자리매김에 대해서 고찰한다. 이것은 마한의 종말의 시기에 가깝고, 이 시기 일본열도 마한토기의 동향

所報』第240号, 福岡大学総合研究所, pp96~97.

12) 白井克也, 2001a,「百済土器・馬韓土器と倭」,『枚方歴史フォーラム(百済寺跡史跡指定60周年記念)検証古代の河内と百済』, 枚方歴史フォーラム実行委員会; 白井克也, 2002a,「土器からみた地域間交流—日本出土の馬韓土器・百済土器」,『検証古代日本と百済』, 大巧社.

이 마한의 실태를 시사해 줄 것으로 예상되기 때문이다.

5세기 후엽~6세기의 일본열도는 백제 전형기종과 마한의 '집단 B'의 토기 외에도 신라토기(전형신라토기, 창녕지역 신라토기, 김해지역 신라토기), 또는 가야토기(고령지역 가야토기, 고성지역 가야토기)가 일본열도의 각지에서 출토되며, 그 분포는 특징적이고, 시기에 따라 변화하고 있다(표 6).

이 기간은 크게 3시기로 구분된다. 마한의 '집단 B'의 토기가 많이 보이며, 백제 전형기종과 김해지역 신라토기도 출토된 TK23~TK47형식기(5세기 후엽~6세기 초두), 전형신라토기와 고령지역 가야토기가 많이 보이는 MT15~MT85형식기(6세기 전엽~중엽), 가야토기가 볼 수 없게 되는 TK43형식기 이후(6세기 후엽)이다.

표 6. 5세기말~6세기 일본열도 한반도산 토기 출토경향

地域		対馬壱岐	九州							中四国			近畿						東日本	
時期			糸島	早良	福岡	宗像	筑後佐賀平野	熊本	豊前	山陰	山陽	愛媛	摂津	河内	紀伊	大和	山城	近江	東海	北陸·中部·北日本
500	TK23	百済	馬韓B		昌寧		百済			金海	金海		馬韓A	馬韓B		金海百済			金海(愛知)	
	TK47		馬韓B	馬韓B					馬韓B	馬韓B										
	MT15			高霊			新羅	百済高霊				高霊	高霊							高霊(山形)
550	TK10	新羅		新羅	高霊馬韓B		新羅			高霊		高霊	新羅			新羅	新羅	高霊固城	新羅(愛知)	高霊(岐阜)
	MT85	新羅		高霊			高霊													高霊(富山)
	TK43	新羅		新羅			馬韓B													
600	TK209	新羅		百済新羅	新羅		馬韓B				新羅		新羅			馬韓B	新羅			

1. 나니와츠무역의 좌절과 지역간 관계의 재구성(TK23~TK47형식기)

TK23형식기(475~500년경)에 일본출토 한반도산 토기의 분포는 크게 변화한다. 이전(TK216~TK208형식기)에는 다량으로 보인 고령지역 가야토기가 갑자기 볼 수 없게 된다. 또한 TK216~TK208형식기(5세기 중엽)의 가와치지역은 마한의 '집단 B'의 토기가 다량으로 보이며, 도래인의 거주를 보여주는 증거도 있었지만, 이 무렵부터 쇠퇴해간다. 5세기 중엽에 오사카만을 중심으로 구축된 무역항에 의한 '나니와츠(難波津)무역'도 475년 전후 안팎의 변화에 의해 좌절된 것으로 보인다.

대신하여 백제토기와 김해지역 신라토기가 일시적으로 나타나게 된다. 이 때 새롭게 등장한 이러한 토기는 직전에 한반도산 토기가 별로 보이지 않았던 지역에 비집고 들어가는 경향이 있다. 이 때문에 TK23형식기에 나타나는 변화는 일본열도와 한반도의 쌍방에서 어떤 변화를 수반한 것으로 생각된다. 다카이다야마(高井田山)고분은 백제의 영향을 받은 석실이 이용되고 있으며, 백제 중심집단과의 관계도 상정되고 있다.

TK23형식기에는 백제의 한성이 함락된 475년 직후에 해당한다고 생각된다. 백제 전형기종의 토기가 보이는 것은 백제와의 직접적인 교섭이 본격화된 것을 보여주지만, 그 때 종래의 마한의 '집단 A'와 '집단 B'의 토기의 분포가 겹치지 않는 것으로 보아 백제 중심집단은 마한의 '집단 A'와 '집단 B'를 일본과의 교섭의 안내인 역할을 시킨 것이 아니라 전혀 별개의 주체로 일본열도 각지의 지역집단과 교류한 것으로 생각된다.

고령지역 가야토기가 보이지 않고, 대신하여 김해지역 가야토기와 일부 창녕지역 가야토기를 볼 수 있는 것은 이 시기의 낙동강 하류의 정세와 관련이 있는 것으로 보인다. 김해 가달고분군에서 5세기 전반에서 중엽에 걸쳐서 창녕지역 가야토기에 가야토기(고령지역)가 공반되는 상황에서 김해지역 가야토기가 더해져 점차 가야토기(고령지역)가 배제되어 5세기 후엽에는 김해지역 가야토기가 주류를 이룬다[13]. 이것은 낙동강 하류에서 김해지역의 영향력이 강해지고, 창녕과 가야(고령)의 영향력이 점차 배제되어 갔다는 것을 보여준다. 고령지역 가야토기가 TK23~TK47형식기의 일본열도에서 출토되지 않는 것은 낙동강 하구지역을 이용할 수 없게 되었기 때문일 것이다. 가라국왕이 480년 중국 남조에 직접 교섭을 시도한 것도 이와 같은 사정의 타개책이었는지도 모른다.

TK47형식기(500~515년경)에는 TK23형식기의 일시적인 상황은 진정되어 보인다. 각지에 마한의 '집단 B'토기의 출토는 보이고 있으며, 마한과 일본열도 각지의 지역집단과의 교섭은 계속되고 있는 것이 엿보인다.

낙동강 하류의 김해 가달고분군에서는 부장토기가 전형신라토기로 대체해간다[14]. 신라 중심세력이 직접적인 영향력을 행사하게 되었다고 생각되지만, 이 시점에서 일본열도에서 전형신라토기의 출토는 그리 많지 않다.

이 시기에 중요한 것은 북부큐슈의 횡혈식석실이 영산강유역에 전파되고, 영산강유역에서 전방후원분이 축조되는 것이 이쯤으로 생각된다. 북부규슈에서는 이 시기도 마한의 '집단 B'의 토기가 나타나는 것에서 영산강유역과 북부큐슈의 직접적인 교섭을 생각할 수 있다. 이것이 좌절된 나니와츠무역을 대체한 광역적인 교역시스템의 재건의 계기가 될 것으로 생각된다.

---

13) 白井克也, 2003c,「新羅土器の型式・分布変化と年代観—日韓古墳編年の並行関係と暦年代—」,『朝鮮古代研究』第4号, 朝鮮古代研究刊行会, pp14~15.
14) 白井克也, 2003c,「新羅土器の型式・分布変化と年代観—日韓古墳編年の並行関係と暦年代—」,『朝鮮古代研究』第4号, 朝鮮古代研究刊行会, p15.

2. 다사진무역의 성립과 전개(MT15~MT85형식기)

MT15형식기(515~530년경)에 일본열도에서 고령지역 가야토기가 다시 다량으로 출토된다. 전형신라토기, 백제 전형기종도 약간 보이며, 마한의 '집단 B'의 토기도 무나카타(宗像)지역에 보인다.

영산강유역에 가야화된 신라풍의 마구가 전파되며, 일본에도 가야를 경유해서 신라풍의 마구가 전달되는 것으로부터 일본열도에서 가야의 존재감이 커지고 있는 것을 알 수 있다.

고령지역 가야토기의 출토가 다시 나타나는 것에서 고령지역 가야토기의 배경인 대가야세력은 낙동강 하구에 대신하는 새로운 무역항을 확보한 것으로 생각된다. 다음 시기 이후의 상황을 더불어 생각하자면, 이 때 대가야세력이 확보한 무역항은 섬진강 하구지역의 다사진이 아니었나 생각된다(이유는 다음에 서술). 그래서 이 무역시스템을 '다사진무역'이라고 가칭한다.

일본열도 내에서는 북부규슈의 횡혈식석실이 일본해 연안과 도카이(東海)지역에 영향을 미치는 현상이 보이는데, 북부규슈 특히 사와라평야에 각 지역 유래의 한반도산 토기가 집중되는 것과 함께 지역간 교류에 큰 역할을 했던 것으로 생각된다.

TK10형식기(530~550년경)에는 전형신라토기가 일본열도에 본격적인 반입이 시작된다. 김해지역 가야토기의 배경인 금관국이 532년에 신라에 투항한 것이 상기된다. 신라는 또한 낙동강을 건너서 경남 남해안에 진출해 갔다.

한편, 고령지역 가야토기가 고성 등의 소가야지역의 고분에서도 부장되기 때문에 이 시기에 대가야가 섬진강 하구지역의 안정을 도모한 것으로 보인다.

백제는 이 시기에 영산강유역의 성인 옹관묘제와 전방후원분을 극복하는 것으로 보인다.

규슈에서는 TK10형식기경에 야베가와(矢部川)유역에서 치쿠고가와(筑後川)유역에 세력의 중심이 이동한 것으로 보이며, 『일본서기』 등에 기록된 '이와이의 난'과의 관계도 추정되고 있다.

이러한 정세는 '다사진무역'의 장악을 목표로 각 세력의 움직임을 나타내고 있는 것은 아닐까. 이후 일본열도에서는 마한의 '집단 B'의 토기도 보이지만, 수는 많지 않다. 마한세력은 독자의 대외교섭력을 거의 상실되어가고 있었던 것으로 보인다.

MT85형식기(550년경~565년경)까지 고령지역 가야토기가 일본에서의 출토는 끝난다. 또한 이때부터 신라, 백제토기도 잠시 일본에서의 출토량이 격감한다. 이 현상은 562년 대가야의 멸망에 대응하는 것으로 보인다. 대가야의 멸망 이후에 백제와 신라의 일본열도에서 토기의 출토량도 감소하는 것은 대가야가 다사진무역을 보증하는 입장에 있고, 백제토기와 신라토기도 다사진무역에 의존하고 있었다는 것을 보여 주고 있다.

MT15형식기에서 MT85형식기에는 TK10형식기의 전형신라토기와 MT15형식기의 고령지역 가야토기 등, 흉전기종(胸前器種) 세트 관계가 무너진 채 고분의 제사에 이용되고 있고, 전형신라토기나 고령지역 가야토기의 등장이 현지의 수장묘 계보에 연동하고 있는 것으로 보이는 예 등 대외교섭을 통해 정치적 색채가 강해지고 있다고 판단된다. 그러나 신라와 백제가 이 시기까지 지역수장의 독자적인 외교권을 접수해가는 것으로 보인 반면에 일본에서는 왜 정권에 의한 지역수장에의 규제가 진행되지 않고 외교권이 각지의 지역수장에 유보된 것으로 생각된다.

3. 교역의 일시적인 쇠퇴와 나노츠무역

TK43형식기(565년경~590년경)의 일본열도에서는 한반도산 토기의 출토가 눈에 띄지 않게 되고, 신라토기만이 소수 보인다. 대가야의 멸망에 의한 다사진무역의 종말이 토기의 분포에도 나타나고 있다. 한편, 한반도 유래의 금공품에는 이른바 왜풍화가 진행된다.

TK209형식기(590년경 이후)의 일본열도에는 백제 전형기종이나 전형신라토기가 다시 다량으로 출토된다. 하카타유적군과 나니와노미야(難波宮) 하층에서 보이듯이, 하카타만과 오사카만에는 교역 거점이 부활된 것으로 생각된다.

여기서 주목되는 것은 이키(壱岐)와 후쿠오카평야에서 신라토기를 부장하는 분묘가 출현한다. 다사진무역은 교역을 담당하는 지역수장이 다르기 때문인데, 이 전 단계의 TK43형식기에 이키와 무나카타에서 대형고분의 축조가 이루어지고 있기 때문에 이키씨·무나카타씨와 같은 지역수장이 중개자로서 활약하는 새로운 무역시스템(那津무역)이 TK43형식기의 내부에서 서서히 준비되어 있던 가능성이 엿보인다. 다사진무역의 붕괴 이후 새로운 무역체제가 모색되고 있었던 것이다. TK43형식기에 해당하는 583년에 히노아시키타(火葦北)의 국조(国造) 형부채부(刑部靫部)의 아리시토(阿利斯登) 아들 니찌라(日羅)가 백제에서 달솔의 지위를 얻고 있던 인물로 등장하는데, 이러한 인물의 존재는 왜 정권의 대외교섭에 지역수장의 협력이 필요했을 당시 상황을 보여주고 있다[15].

---

15) 白井克也, 1998, 「博多出土高句麗土器と7世紀の北部九州―筑紫大宰·筑紫遷宮と対外交渉―」『考古学雑誌』第83巻 第4号, 日本考古学会.

마무리

　삼국시대 · 고분시대의 일본과 한반도의 교섭은 기본적으로 소지역 상호간의 교섭임을 필자는 지금까지 주장해 왔다. 일본출토 마한토기의 출토 경향에서 배경이 되는 집단을 분리해서 마한 이외의 지역 유래의 토기와 비교 검토하는 본고에서도 본 생각이 잘못되지 않은 것으로 판명되었고, 한편 백제, 신라 그리고 뒤늦게 왜 정권이 각 지역수장의 대외교섭권의 접수를 진행해 나가는 과정을 상정할 수 있다.

　일본출토의 마한토기에 관해서는 더욱 유래 지역의 식별을 진행하는 것에 의해 당시의 지역간 교섭의 추궁이 가능하게 될 것이다.

종합토론문

<동북아시아에서 본 마한토기>에 대한 토론문

김무중 중원문화재연구원

1. 마한의 시간·공간

오늘 학술회의는 마한토기의 계보, 범위, 종류, 전개, 지역상과 의미 등에 대한 논의의 장이다. 이에 대한 검토를 위해서는 근본적으로 시간축의 설정, 병행관계, 더불어 각각 조합하는 토기군의 분포 범위 등이 선결되어야 한다. 지금까지 마한지역의 물질자료에 대한 편년은 진·변한지역의 그것에 비해 영성하다. 물질자료의 편년은 시간적 범위와 단계 설정에 긴요한 작업이라 하겠다.

위와 관련하여 김낙중 선생은 마한의 시기구분을 조기(B.C. 3·2세기~A.D. 2세기 중엽) - 전기(A.D. 2세기 중엽~3세기 중엽) - 중기(3세기 중엽~4세기 중엽) - 후기(4세기 후엽~6세기 전반)의 순으로 제시하고 있다. 그런데 기원후 2세기까지 자료가 절대 부족한 조기 단계는 생략하고, 2세기부터 4세기까지 분묘 출토 자료를 대상으로 설명하고 있다.

서현주 선생도 주거나 분묘를 기준으로 지역성을 보이는 것은 2세기부터 이며 3세기경에 이르러 뚜렷해진다. 토기 또한 경질무문토기단계보다는 2세기(일부 지역), 본격적으로 타날문토기를 사용하는 3세기에 그 차이가 두드러진다 하면서 주로 3~4세기 자료를 검토하였다.

반면에 이영철 선생은 마한의 소국이 백제 국가에 편입된 것은 지역마다 달라 한강유역이 3세기 중엽 전후, 금강유역은 4세기 중엽 전후, 영산강유역은 4세기 중엽(5세기 혹은 6세기 전반)으로 지역 내지 공간에 따라 다름을 지적하면서 원삼국시대에 해당하는 주거유적 출토 토기를 정리하였다.

위와 같이 시간적으로는 대체로 같은 범위를 다루고 있다. 그런데 400년 가깝게 긴 시간의 조기에 대해서는 자료의 부족을 이유로 생략되어 있다. 과거 경질무문토기의 상한을 기원전 2세기로 보았으나, 최근 인천 운북동, 검암동, 안성 반제리 등의 취락과 분묘에서 삼각구연 점토대토기가 출토되어 이 단계의 특징적인 토기로 인정된다. 그 시기도 기원전 2세기~1세기로 편년된다. 또 호남지역에서도 광주 복룡동, 함평 신흥동, 나주 구기촌 등 기원전 2·1세기~기원후 1세기에 걸친 자료들이 속속 확인되고 있다. 구기촌유적의 삼각형점토대토기와 철기류는 함평 신흥동 유적으로 이어지는 자료로서 토론자는 각 지역마다 공백을 매워줄 자료로 판단하고 있다. 앞으로 발견될 가능성과 함께 기출 자료의 면밀한 검토가 요구된다.

다음으로 공간적인 문제로서 이영철 선생의 일상 토기로 본 구분은 한강유역, 금강유역(서현주 : 5개 소지역권), 영산강유역으로 대별하고 있다. 그러다 보니 몸, 凸자형 주거지·경질무문토기·즙석식적석묘 등이 백제 기층문화인 '예계문화'라는 설에 대하여 (비)4주식주거지, 분구묘·주구토광묘를 마한계라고 부르고 있다. 이와 관련하여 권오영이 정리한 이래 자료는 많이 증가하였다. 서해안 지역을 마한계로, 한강유역을 포함한 중부지역을 예계로 구분하는 것이 아직도 유효하다고 판단하고 있는지 궁금하다. 여러 문제 중 (비)4주식주거지에서도 경질무문토기가 출토되기도 한다. 때문에 주거지는 마한계, 예계(?)로 구분할 수 있겠지만 토기상에서는 변별하기 어려운 측면이 있다.

2. 기타

먼저 마한계의 4주식 주거지의 발생지는 장산리유적을 중심으로 한 호서 북부지역이라는 설이 일반적인 이해이다. 당시 경질무문토기 단순기의 설정과 C14 연대를 차용한 결과 기원후 2세기경으로 추정되어, 가장 이른 마한계 주거지가 되었다. 최근 토론자는 경질무문토기의 변화가 저부의 굽이 있는 것에서 없는 것으로, 모서리는 말각으로 변화, 동 최대경은 중앙에서 구연부쪽으로 이동, 구연부는 짧게 외반하는 것에서 길어지는 방향으로 변화함을 확인하였다. 장산리유적 출토 경질무문토기는 말각저부에 동 최대경이 구연부에 가까운 역사다리꼴의 기형을 가지고 있어 〈도 1〉의 Ⅲ기 병행기에 해당된다. 강원 영동지역의 편년과 바로 대응하는지에 대하여 의문을 가질지 모르겠으나, 한강(영서)유역의 경우 구형으로 변화하는 영동 Ⅱ기 양상과 다르게 〈도 2〉와 같이 장동화가 진행하는 지역성을 가지는 것이다.

한편 경기 남부지역과 호서 북부지역의 경질무문토기는 한강유역이나 영동지역과 달리 Ⅰ, Ⅱ기의 자료는 거의 확인되지 않는다. 이 점도 지역성인지, 시기 차이인지 추후 검토할 필요가 있겠지만, 장산리유적의 연대는 3세기를 상회하기 어려울 것으로 판단된다.

다음으로 외래계유물 특히 소위 낙랑계[1] 토기류에 대한 것이다. 중부지역에서의 전개는 기원전 2세대의 전국계 장방형 주조철부와 공반되는 화분형토기,

---

[1] 과거 '낙랑계' 유물이라 칭한 것은 확인되는 양이 소수이고, 그 원향지를 파악하기 곤란한 상황에서 낙랑, 대방, 그 외 중국계 유물을 통칭한 것이다. 이제는 기형, 성형, 정면기법으로 전국계, 낙랑계, 이 이외의 지역을 어느 정도 변별할 수 있게 되었다.

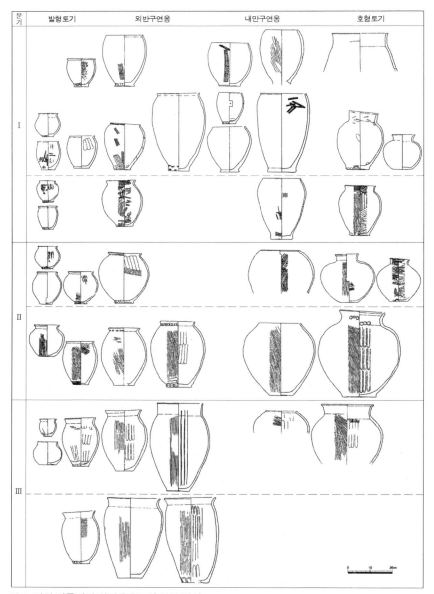

분기	발형토기	외반구연옹	내만구연옹	호형토기

도 1. 강원 영동지역 경질무문토기 형식 변화

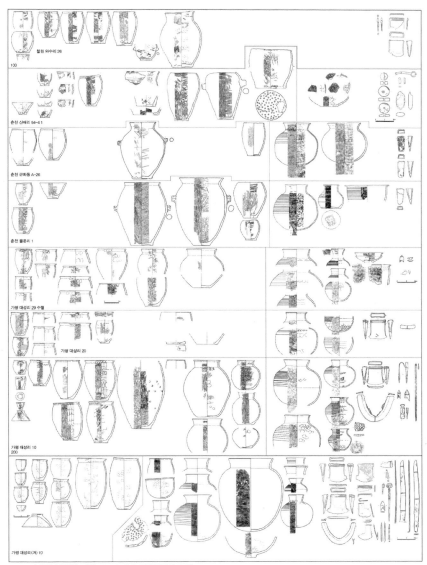

도 2. 영서(북한강)지역 Ⅰ·Ⅱ단계 경질무문토기

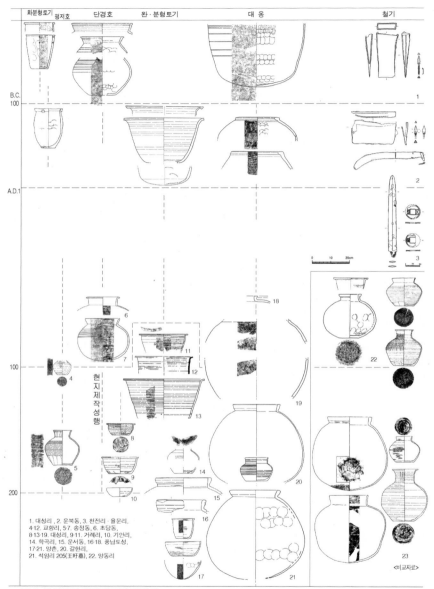

화분형토기	평저호	단경호	완·분형토기	대 옹	철기

B.C. 100

A.D.1

현지제작성행

100

200

1. 대성리 , 2. 운북동, 3. 천전리 · 율문리,
4·12. 교항리, 5·7. 송성동, 6. 초당동,
8·13·19. 대성리, 9·11. 거례리, 10. 기안리,
14. 학곡리, 15. 문시동, 16·18. 풍납토성,
17·21. 양촌, 20. 갈현리,
21. 석암리 205(王旰墓), 22. 양동리

도 3. 중부지역 외래계토기의 전개

구연단이 살짝 외반하는 승문타날 회도 등 유물군을 정점으로, 이후 낙랑토기는 후한대에 해당하는 니질의 단경호와 분, 평저호들이 주류이다. 이외에 山東지역에서 생산된 白陶가 서해안을 중심으로 대량 유입되고 있음을 알 수 있다. 이외에도 봉산 양동리 출토 직립구연 장동호가 주목되는데, 풍납토성 경당 101호, 진천 구산리, 화성 발안, 호남지역의 장동호로 이어지는 토기로 판단된다.

이상으로 마한 토기와 관련하여 중부지역 경질무문토기의 자료를 예시하면서 경기 남부지역과 호서 북부지역에서 확인되는 경질무문토기를 검토하여 보았다. 단지 지금까지의 인식을 바꿔보아야 한다는 생각이다. 과거 박순발(2001)의 한강유역 경질무문토기 편년 이후 증가한 자료는 실로 방대하다. 그러나 여전히 동일한 연대관의 답습이 있는 한편 전혀 고고학적이지 않은 연구도 제출되기도 한다.

향후 증가하는 자료를 면밀하게 검토하면서 기왕의 편년안을 재검토하는 노력이 오늘의 학회를 계기로 활발해 지기를 기대한다.

마한(계)토기의 사회학과 연구 쟁점

김승옥 전북대학교

　인류 역사상 농경의 시작과 토기의 개발이 거의 동시기에 이루어졌다는 점은 주지의 사실이다. 수확한 농산물의 운반과 저장, 음식물의 조리와 식기 등 토기는 인간 생활을 영위하는데 가장 필수적인 도구로 기능하게 된다. 사회가 점차 발전함에 따라 토기는 이러한 일차적 기능 외에 집단의 정체성과 경제, 기술, 교역, 이데올로기 등 사회의 모든 측면을 함의하는 표상으로 자리 잡게 된다. 토기를 통해 사회를 이해하는, 이른바 '토기의 사회학(Ceramic Sociology)'이 고고학계에 등장한 이유도 여기에 있다.

　그 동안에 이루어진 활발한 조사와 연구로 마한토기는 마한사회를 이해하는데 중요한 역할을 하였다고 평가된다. 오늘 학술대회는 이러한 마한토기와 사회와의 관계를 종합적으로 정리하고 향후 방향을 탐색하는 자리라는 점에서 의미를 찾을 수 있다. 그러나 아직도 마한토기의 많은 측면은 베일속에 가려져 있고, 이러한 미스터리는 향후에도 해결되지 못할 가능성이 있다. 이러한 회의론적 시각은 잘 알려진 바와 같이 정치체로서의 마한과 마한의 시공간성이 불분명하다는 점에 기인한다. 여기서는 마한토기와 사회에 관한 다양한 문제 중에서 함께 고민해 보자는 측면에서 몇 가지의 연구 쟁점을 짚어보고 토론자의 견해도 일부 제시한다.

1. 마한토기의 동정

　마한의 상하한과 세부편년에 대해서는 연구자에 따라 다양하지만 김낙중과 토론자의 견해처럼 4단계로 설정해 볼 수 있을 것이다. 이러한 편년에서 기원후 2세기 이전(마한 조기)의 마한의 물질문화상은 가장 불분명하고, 결과적으로 연구 성과도 미진하며 제시된 일부 주장들도 그 근거와 해상도가 미흡한 실정이다. 오늘 발표된 논문들에서도 대부분 이 시기를 마한의 성립기로 인정하고 있으나 이 시기 토기에 대해서는 거의 언급이 이루어지지 않고 있다.

　마한의 상한에 대해서는 견해 차이가 존재하지만 대략 기원전 3세기 전후로 비정한다면 이 시기의 마한토기는 점토대토기가 된다. 또한 마한 고지의 일부 지역에서는 이 시점까지 송국리형문화가 잔존한다는 점에서 송국리식토기 또한 마한의 토기로 볼 수도 있을 것이다. 잘 알려진 바와 같이 일각에서는 점토대토기문화의 상한을 기원전 5세기 전후로 보고 있는데, 그렇다면 점토대토기문화의 어느 단계부터 마한의 토기로 인정할 수 있을 것인가의 문제가 대두된다.

　三韓으로 세분된 시점에 대해서는 기원전 1세기로 보는 것이 학계의 추세이지만, 이 시점에도 변진한에 비해 마한토기와 사회상은 여전히 불투명하다. 기원전 1세기 전후 마한 고지의 토기문화는 경질무문토기와 점토대토기로 대별된다. 두 토기양식이 혼재하여 발견되는 유적도 일부 발견되지만, 전자는 주로 한강일대에서, 후자는 호남지역 일대에서 집중되어 발견된다. 이러한 토기의 대별적인 차이는 당시 마한문화의 지역적 차이를 반영하는 것인가? 아니면 경질무문토기와 점토대토기 중 어느 한 종류만을 마한토기로 보아야 하는가? 이 문제 역시 현재로선 해결하기 어렵지만 이후 전개되는 마한토기의 동정 및 계통과 관련하여 지속적으로 고민해야 할 숙제이다.

기원후 2세기대와 3세기 초반(마한 전기)의 마한토기는 경기남부, 충청 내륙지역, 호남 동부지역 주거지 출토 경질무문토기(경기 남부 일부 낙랑계 백색토기), 경기와 충청 서해안 일대의 분구묘 출토 원저단경호류와 백색토기, 경기남부 및 충청북부 일대 토광묘와 주구토광묘 출토 원저단경호류, 유개대부호, 원저심발형토기(원저소옹, 옹형토기, U자형토기) 등으로 대별된다. 이러한 마한토기의 종류와 분포에서 눈에 띠는 현상은 먼저 마한토기가 주로 경기남부-충청내륙지역-호남동부지역 일대에서 발견된다는 점이다. 결과적으로 호남 서해안과 남해안의 일부 패총유적에서 발견되는 경질무문토기를 제외하면 거의 대부분의 호남 서부 평야지대는 이 시기 문화와 인구의 공백지대로 남는 셈이다. 이러한 분포상의 문제는 아래의 편년에서 다시 언급한다. 다음으로 전 단계와 마찬가지로 마한 전기에는 취락과 분묘에서 발견되는 토기가 기술적 속성과 기형에서 전반적으로 차이를 보인다는 점을 지적할 수 있다.

토기에 관한 한 다른 지역의 정치체와 구별되는 마한만의 고유한 특징이 가장 잘 발현되는 시기는 3~4세기대의 마한 중기라 할 수 있다. 대표 기종으로는 주거지에서 장란형토기와 심발형토기, 시루, 동이, 단경호, 이중구연호, 양이부호 등이 출토되고, 분묘에서 단경호, 심발형토기, 이중구연호, 양이부호, 평저광구호 등이 발견된다. 이외에도 의례나 상징행위와 관련된 조형토기와 거치문토기가 주거지와 분묘에서 발견된다. 이와 같이 마한토기들은 중기에 접어들면서 외부와 구별되는 독자성과 표준화의 길을 걷게 되지만 동시에 지역적 다양성도 보여주게 된다. 예컨대, 차령산맥을 경계로 이북에서는 심발형토기, 시루, 이중구연호의 저부가 대체로 원저를 보이지만 이남지역에서는 평저가 대부분을 차지한다. 마한토기가 발견되는 유구 또한 표준화와 다양성을 동시에 보여주는데, 주거의 경우 서해안 일대에서는 4주식의 방형이 유행하지만 충청내륙과 호남동부 일대에서는 비사주식의 원형도 빈번하게 발견된다. 분묘 또한 이러한 주거양식의 차이와 궤를 같이 하는데, 전자의 지역에서는 분구묘, 후자에서는 주구토광묘가 유행하게 된다.

마지막의 5세기부터 6세기 전후의 마한 후기에 접어들면 백제의 남정으로 인해 마한사회의 공간은 고창을 포함한 영산강유역으로 축소된다. 이 단계에 접어들면 분묘의 구조와 형식은 이전 단계와 어느 정도 차이를 보이게 되지만 토기의 기종은 대부분 이전 단계의 것들이 계승되면서 일부 토기는 회청색경질로 생산된다. 마한 후기에 등장한 새로운 기종으로는 유공광구소호와 조족문토기 정도를 들 수 있는데, 이들 토기는 연구자에 따라 등장 시점을 4세기대로 상정하기도 한다. 그러나 토론자는 중심 시기를 마한 후기로 보고자 한다. 또한 조족문토기의 출자와 시간성에 대해서도 논란의 여지가 있는데, 대나무와 죽순의 관계처럼 마한계인지 백제계인지 불분명한 측면이 있다. 활발한 논의와 연구가 필요한 부분이다.

2. 마한토기의 편년

이상에서 단계별 마한토기의 종류와 변화를 간략히 살펴보았는데, 최근 마한 토기의 편년에 대해 기존과는 상당히 판이한 의견이 개진되고 있어 이에 대한 논의가 필요하다고 생각된다. 전통적으로 학계에서는 형식분류와 토기의 기술적 속성, 토기간의 공반관계에 기초하여 마한 고지의 토기문화가 경질무문토기→적갈색연질토기→회청색경질토기의 순서로 점차 변화한다고 보고 있었다. 물론 이러한 세 계통의 토기는 서로 단절적으로 대체된다기보다는 지역에 따라 서로 간에 어느 정도 시간적 중복을 보이면서 변화한다. 또한 한강이나 충청 북부의 일부 지역에서는 경질무문토기 단순기를 설정하는 견해도 존재한다.

그러나 일각에서는 탄소연대의 긍정론에 근거하여 경질무문토기와 적갈색연질토기는 등장 시점에 차이가 없다는 주장을 제기하고 있어 주목된다. 이러한 견해가 '과학적' 사실이라면 마한토기는 물론이고 마한의 사회조직과 변화도 기존과는 상당히 다르게 해석되어야 할 것이다. 가령, 탄소연대 신봉론에 의하면 그 동안 설명하기 어려웠던 호남서부 평야지대의 인구공백 문제도 자연스럽게 해소된다. 또 다른 한편에서는 이와 정반대로 격자타날문토기의 상한이 3세기 중반을 상회하기 어렵고, 대부분 4세기 이후에 등장한 것으로 주장하고 있다. 이러한 주장의 저변에는 영남지역 변진한토기의 편년관이 깔려 있는 것으로 추정된다. 잘 알려진 바와 같이 격자타날문 시문의 장란형토기와 심발형토기가 출토되는 유구는 충청과 호남일대에서 집중적으로 발견되고, 이러한 토기들은 연구자와 지역에 따라 약간의 차이는 있지만 2세기 중반까지 그 상한 연대를 올려보기도 한다.

토론자는 탄소연대의 오차, 기종과 세부 형식의 변화와 공반관계, 철기를 포함한 기타 공반유물로 볼 때 아직도 경질무문토기→적갈색연질토기→회청색경질토기의 편년안을 지지하고 있다. 다만 현재 그 논거를 확실하게 제시하기 어렵지만 탄소연대로 볼 때 격자타날문토기의 상한은 기원전 2세기 중반을 넘어, 상당히 올라갈 개연성이 있다고 보인다. 물론 이 경우에도 격자타날문토기의 발생이 경질무문토기와 거의 동 시기에 이루어졌다는 의미는 아니다. 어쨌든 격자타날문토기의 발생이 기원 전후까지 올라간다면, 전북을 중심으로 한 지역에서 격자타날문토기가 가장 먼저 등장했고, 이후 다른 지역으로 영향을 미쳤다는 논리도 제시될 수 있는데, 향후 이 문제에 대한 심도깊은 분석이 기대된다. 타날문토기의 기원지에 대한 연구도 요구됨은 물론이다.

3. 마한토기와 사회

　토기의 사회학에서 가장 중요한 문제 중의 하나는 토기의 생산과 유통체계라고 할 수 있지만 아직까지 이에 대한 학계의 연구는 매우 미진하고, 본 발표에서도 거의 언급되지 않고 있다. 현재까지의 연구 성과로 볼 때 국읍이나 읍락과 같은 대형 취락에서는 토기를 자체 생산하거나 인근의 전문 공방에서 공급을 받았던 것으로 추정된다. 이에 비해 중소형의 취락에서는 반대로 중심취락이나 인근의 전문 공방에서 토기를 공급받았을 것으로 추정되지만 확실하지는 않다. 생산과 유통문제와 관련하여 향후 다양한 각도의 연구와 과학적 분석이 요구된다.

　토기는 제작 집단의 정체성을 능동적으로 표출하는 가장 중요한 물질적 도구이지만 이에 대한 연구도 미진한 실정이다. 더구나 마한지역에 존재했었다고 기록된 수많은 소국의 위치 비정이나 소국간의 상호관계를 설명하기 위해서는 이러한 측면의 분석이 더욱 절실히 요구된다. 이를 위해서는 토기의 편년과 형식분류, 태토의 과학적 분석 등 다각도의 연구와 접근이 전제되어야 한다. 이와 함께 토기를 포함한 유물과 유구의 분석을 통해 마한권역의 대문화권을 설정하고, 각 문화권내의 소문화권을 세분해 나가는 방법도 바람직하다. 예를 들어 마한의 토기와 유구상을 종합해 볼 때 마한권역은 크게 두 개의 문화권이 설정 가능한데, 하나는 4주식 방형 주거와 분구묘를 표지로 하는 서해안 일대이고, 또 다른 하나는 비사주식 원형계 주거와 주구토광묘를 표지로 하는 충청 내륙과 호남동부 일대이다.

　서해안 일대 문화권은 다시 기대형토기, 유개대부호, 외반구연평저호와 양이부호, 단경과 장경평저호, 분주토기, 옹형계와 평저 이중구연호 등의 특징적인 토기와 유구의 분포 및 현황에 따라 소지역권의 설정이 가능할 것으로 사료된다. 충청내륙과 호남동부지역 역시 유개대부호, 원저소옹, 심발형토기의 분포, 그리고 기타 공반되는 금속유물과 유구의 특징에 따라 소문화권의 상정이 가능할 것이다. 문화적 결절지(점이지대)의 파악도 이러한 소지역권의 설정에 도움이 된다. 주구토광묘와 분구묘문화가 만나는 경기 남부와 공주 일대, 원형과 방형계의 주거지가 만나는 영산강 상류 등이 이러한 결절지의 대표적 예라 할 수 있다. 마지막으로 규모에 따른 취락과 분묘의 분포, 주요 교통로에 따른 구분도 소문화권의 설정이나 마한 소국의 위치 비정에 중요한 접근 방법이 될 수 있다.

4. 마한토기의 기원과 대외 교류

사회의 조직이나 변천과정에 비해 문화의 기원은 훨씬 어려운 문제라고 할 수 있는데, 마한토기의 기원 문제 역시 예외는 아니다. 앞에서 기술한 마한의 고유 기종은 물론이고, 외래계로 주장되는 유개대부호, 원저소옹, 백색토기, 원통형토기(낙랑계, 산동지역, 영남지역 등), 와질토기(영남지역), 분주토기 등도 그 기원지나 교류의 역학관계에 대해 심증은 가되 물증이 부족한 실정이다. 물론 문헌기록이나 고고 자료로 볼 때 마한사회는 중국, 낙랑, 일본 등의 제 세력과 부단한 관계속에서 발전하게 된다. 이러한 상황에서 마한의 일부 토기문화가 주변 세력과의 관계하에서 유입되었거나 외래 이주민에 의해 특정 토기가 생산되었다고 보는 것은 어쩌면 당연한 현상일지도 모르겠다.

물론 마한토기 중 일부는 주변 문화와의 교류나 주민의 이주(특히 낙랑 유이민)를 통해 제작되고 유통되었을 것이다. 그러나 특정 토기의 형태적 유사성에 치중하여 그 기원지를 단순 추적하거나 집단의 이주를 상정하는 작업은 주의가 요구된다. 예를 들어 경기남부와 충청북부지역 일대에서 발견되는 원저소옹의 출현과 관련하여 산동반도의 제염토기로 사용되던 것이 서해를 통해 중서부 지역으로 유입되어 토광묘에 부장되었다는 견해가 발표된 바 있다. 이와 같은 주장이 설득력을 얻기 위해서는 김낙중이 지적한 바와 같이 서해 항로와 토기의 용도 변경 문제, 그리고 왜 산동반도의 집단이 사용했던 유구와 기타 유물이 이 지역에서 발견되지 않는가를 설명할 필요가 있다. 첨단의 기술력이 요구되는 물품이나 희귀성이 높은 위신재는 예외일 수 있으나 원저소옹과 같은 일상용기에 대해서는 이러한 '문화 복합체적 설명'이 더 더욱 요구된다.

양이부호, 이중구연호, 평저단경호의 기원 문제도 중국 漢과 낙랑지역의 영향을 완전하게 배제하기는 어렵지만 그렇다고 반드시 이 지역으로부터 전파되었다고 단정하기도 어려운 실정이다. 문화 복합체나 주민의 이주가 증명되지 않는 이러한 기원지의 추정은, 여차하면 이집트의 피라미드, 고구려의 장군총, 중미의 피라미드가 문화적으로 연결될 수 있다는 논리처럼 語不成說의 픽션이 될 수 있다. 특정 토기의 형태적 유사성에 근거하여 마한토기를 계속 추적하게 되면 종국에는 모든 마한토기가 외부에서 전파되었거나 주민의 이주에 의해 유입되었다는 결론에 도달할 수도 있다. 좀 더 과장해서 표현한다면 수백년간 이 땅에 살았던 마한인이 독창적으로 고안한 토기는 한 점도 없게 될 수도 있다. 물론 그러 할리는 萬無하다.

<동북아시아에서 본 마한토기>에 대한 토론문

박중환 국립나주박물관

1. 「일본출토 마한토기」에 대한 토론문

1) 토기와 같은 물질자료의 이동을 교역의 결과로만 해석하는 문제

본 발표문에서 보여준 일본열도 내에서 발견되는 마한토기의 시공간적 분포상에 대한 설명과 그 배경에 대한 해석은 마한문화의 대외교섭에 대하여 궁금해 하는 사람들에게 많은 지견을 보태준 것이라고 평가할 수 있다. 다만 마한토기 나아가 한반도 토기의 일본열도에의 분포와 그 변화상을 해석하는 방법에는 부분적으로 異見을 제기할 수 있다. 우선 일본열도 내의 한반도산 토기의 출현 상황 혹은 시기에 따른 공백상황을 교역의 결과로만 이해하고 있는 듯한 해석이다. 예컨대 제공된 발표요지의 7쪽 즉 발표문의 일곱 번째 페이지 ('교역의 일시적인 쇠퇴와 나노츠무역'이라는 소제목의 내용)에서는

"TK43형식기 (565년경~590년경)의 일본열도에서는 한반도산 토기의 출토가 눈에 띄지 않게 되고, 신라토기만이 소수 보인다. 대가야의 멸망에 의한 다사진 무역의 종말이 토기의 분포에도 나타나고 있다."

고 말하고 있다. 하지만 잘 알려져 있듯이 어떤 토기가 본래의 발생지가 아닌 다른 지역에서 출현하는 배경에는 교역 뿐 아니라 해당 토기를 생산하고 사용하던 지역의 주민들이 그곳으로 移住해서 나타난 현상일 수도 있다. 특정토기를 자신들의 고유 문화의 일부로서 지니고 본거지를 떠나서 이주한 이주민들의 경우 대외 교역과 관계없이 새로운 거주지에서 일정기간 동안 해당 특정토기를 제작하고 사용할 수 있다. 발표자의 위의 인용문처럼 25년 단위로 세분화된 토기 출현의 변화상 속에서 특정토기의 출현 공백이 교역의 일시 중단의 결과라고 보는 것은 지나친 확대해석이 아닌가 생각된다. 토기와 같은 물질자료의 이동을 全的으로 교역의 결과로 이해하는 것처럼 여겨지기 때문이다.

2) 한반도와 일본열도 양 지역에서 나타나는 상대 문화요소 해석의 잣대

발표자의 본 발표문에만 특정한 지적은 아니지만 본 학회의 시간에는 어쩔 수 없이 발표자가 일본 학계를 대표하고 있는 것이므로 이 자리를 빌어 질문을 드리고자 한다. 일본 고고학계의 해석의 경향에 관한 것이다. 필자가 느끼기에는 일본 학계가 한반도와 일본열도 양 지역에서 나타나는 상대방 문화요소를 해석할 때 二重的인 잣대를 사용하고 있는 경우가 많은 것으로 보인다. 일본 열도에서 나타나는 한반도 토기에 대하여 그 출현 배경을 설명할 때는 '토기제작기술자 집단'의 이주로 설명한다. 예컨데 토론자에게 제공된 발표자의 발표문 4쪽('조족문토기와 평저유공광구소호'라는 소항목)에서는

"조족문토기와 평저유공광구소호는 북부큐슈에서 접점을 갖고, 북부큐슈의 조
족문토기의 담당자는 <u>초기 스에끼 생산</u>에 관여했을 가능성이 있다. 한편 가와
치, 야마토의 조족문토기는 평저 유공광구소호와 명확한 관계를 엿볼 수 없는

데, 이것은 가와치 조족문토기의 담당자가 <u>스에키 생산보다도 토목공사 등에 종</u>
<u>사했기 때문이다.</u>"

라고 말하고 있는 것을 볼 수 있다. 어떤 토기가 발생지에서 멀리 떨어진 다른
지역에 출현했다는 것은 교역의 결과일 수도 있지만 '사람의 이동' 즉 '이주'를
의미하는 것일 수도 있다. 그 개체수가 많다면 그것은 다수의 인간집단의 이주
를 의미하는 것일 수 있다. 그런데 일본 학계의 일반적 경향에는 일본열도 출토
한반도 토기의 출현 배경을 평가할 때 해당 토기문화를 가지고 도래한 이주민
들의 성격을 예외없이 토기제작 기술자 집단, 혹은 토목공사 종사자 등으로 폄
하하는 경향이 있는 것을 본다. 왜 하필이면 기술자 집단이었을까? 그 이주민들
은 사실 토기제작 기술자 뿐 아니라 다양한 직능과 다양한 신분을 지닌 사람들
로 구성된 일반적인 인간집단으로 보아야 하는 것 아닌가? 그러한 경향의 해석
은 마치 韓式係 토기와 함께 일본열도로 이주한 사람들이 모두 토기제작 기술
자나 토목공사 기술자들로만 선발되어서 일본열도로 건너갔다고 보는 것과도
같다. 이것은 고대사회에 이루어진 지역간의 교역과 이주를 바라보는 눈에도
차별적 시각이 반영되어 있기 때문이라고 볼 수 있다. 임진왜란 때 일본으로 끌
려간 도자기 제작기술자를 연상시키는 설명인 것이다.

반면 일본학계는 한반도의 영산강 유역에서 발견되는 왜계 요소가 강한 고
분, 예컨대 長鼓形古墳(前方後圓形古墳)의 출현 배경에 대해서는 정치적 성격
이 강한 '세력의 진출'로 해석하는 경향이 있는 것으로 느껴진다. 고분의 경우는
토기와 다르다고 말할 수 있을지 모른다. 고분의 축조는 집단의 산물로, 토기의
출현은 개별 인간들의 활동의 결과로 보는 것이다. 하지만 고분의 출현이 그것
을 제작한 집단의 존재를 배제하고 바라볼 수 없는 것이라면 토기의 출현 역시
그것을 제작한 집단의 존재를 나타내는 것이다. 토기도 고분과 같은 문화요소

가운데 하나이고 그 분포의 규모, 개체수, 출현 빈도가 일정 규모 이상의 집단의 이주를 보여주는 것이라면 고분과 구분되는 해석의 잣대를 적용할 이유가 없는 것이다.

일본학계의 韓式係 토기에 대한 해석을 적용한다면 영산강 유역에서 발견되는 왜계 고분의 출현도 토목기술 그 가운데에서도 특히 고분분구 축조기술을 가진 일본열도 기술자 집단의 유입과 이주라고 해석할 수 있어야 된다고 생각되는데 이에 대한 발표자의 의견은 어떤지 듣고 싶다.

2.「山東地域 漢代土器 및 關聯問題 認識」에 대한 토론문

본 발표문을 통해서 한반도 인근 지역의 마한시대 토기상황에 대한 지견을 넓히게 되었다. 특히 발표문 가운데 '5. 토기와 무덤의 관계' 項에서 로동남지역과 빈해지역에서 근래에 발굴된 한나라 봉토묘를 소개했는데 이 봉토묘들이 긴 시간동안 여러번 매장을 한 이른바 多葬墓의 특징을 가지고 있는 것으로 소개했다. 경우에 따라서는 수십명이 묻힌 가족묘로 보인다고 말했다. 발표문에서는 또 강소와 절강일대의 토돈묘의 영향을 받은 이 봉토묘가 한반도의 분구묘와도 밀접한 관계가 있다고 이야기했다.

'매장시설의 지상위치'와 '다장구조' 그리고 '분구 주위에 돌려서 판 周溝' 등으로 특징지워진 한반도 서남부 지역의 분구묘는 사실 한반도 내의 고분으로서는 특이한 유형을 많이 갖고 있다. 한반도 서남부의 마한시기 분구묘와 위의 산동지역의 한나라 봉토묘와의 유사성은 어느 정도라고 생각하는지 발표자의 의견을 듣고싶다.

3. 「분묘유적 출토 마한토기」에 대한 토론문

본 발표문의 주 내용은 분묘유적 출토 마한토기의 변천과 특징을 다루는 것이지만 본 토론에서는 발표문의 서두에 언급한 마한 사회에 대한 발표자의 관점에 대해서의 이견을 제시하고자 한다. 발표자는 발표문의 머리말에서 마한을 하나의 통합된 정치체로 보지 않는다는 견해를 적었다. 제소국으로 병립하였던 시기의 '國'들은 당연히 통합된 정치체일 리가 없다고 보았을 것이다. 하지만 백제가 국가로 성장한 이후에도 그 영토에 속하지 않고 영향권이나 세력권에 머문 지역의 마한은 왜 통합된 정치체로 볼 수가 없는지에 대한 설명은 쉽게 찾아볼 수 없다.

마한에 대한 기록은 크게 두 종류로 나누어 볼 수 있다. 『삼국지』나 『후한서』와 같은 중국측 기록에 남겨진 내용과 『삼국사기』의 초기 기록에 들어있는 내용이 그것이다. 전자의 기록 즉 중국측 기록에 남겨진 마한 사회는 분명히 통합된 정치체의 모습이 아니다. 현재 학계의 많은 연구자들에게 각인되어 보편적으로 인식된 '54개 개체로의 분열적 양상'은 중국의 이 두 역사서에 전하고 있는 모습이다. 그런데 후자의 기록 즉 『삼국사기』의 초기기록에 전하는 마한의 모습은 사뭇 다른 내용으로 바뀌어 있다. 『삼국사기』의 백제본기 온조왕대와 신라본기 혁거세왕대에 실린 마한은 그 시기가 기원 전후의 일로 편제되어 있지만 온조왕대 마한 병합기사의 시기를 있는 그대로 믿는 연구자가 없듯이 마한에 대한 해당 기사의 시기는 전체적으로 크게 소급된 것임에 틀림없다.

『삼국사기』 초기기록의 마한관련 기록은 소국이 분립되어 있는 분열적인 연합체의 모습과는 크게 다르다. 우선 '마한왕'으로 표현된 최고 통치자의 모습이 등장한다. 『삼국지』나 『후한서』의 기록에는 없는 모습이다. 또 그 최고 통치자의 대외 교섭과 관련된 내용과 언행들이 매우 구체적으로 그리고 생생하게 일인칭 화법으로 기술되어 있다. 마한왕은 백제로부터 왕도 천도에 대한 보고를 받는다. 그리고 당연히 그 승인여부를 검토했을 것이다. 백제가 세운 웅천의 목책설치를 두고 동북 1백리의 땅에 대한 할양사실을 거론하며 항의함으로써 백제의 후퇴를 얻어내기도 했다. 그 과정에서는 마한왕의 국서를 가지고 백제왕에게 가서 그 내용을 전달하는 마한의 사신이 등장한다. 마한왕은 신라로부터 사신으로 방문한 호공에 대하여 진한과 변한이 마한의 속국이었음을 지적하고 근년에 조빙과 공물을 보내오지 않았던 데 대하여 질책하기도 한다. 이에 대한 호공의 항변에 대한 서술에서는 좌우의 宮人과 軍士들의 존재가 있었음을 확인할 수 있다.

기원전 2세기로부터 5세기말에 이르기까지 길게는 700년 짧게는 600년 동안 존속했던 것으로 보이는 마한의 역사가 시종일관 동일한 단계에 머물러 있었다고 보기는 어렵다. 어떤 사회라도 수백년에 걸치는 그러한 장기간의 세월 동안 사회발전이 정체되어 있었을 수는 없기 때문이다. 그럼에도 불구하고 우리 학계의 대다수 연구자들은 마한의 모습을 대할 때 『삼국지』나 『후한서』에 기록된 54국 분립상태 그대로 처음부터 600년 이상을 지속했던 정치체였다고 인식하기를 좋아한다. 중국 기록의 그러한 마한은 『삼국지』 등에 실린 2~3세기대의 특정단계 상황을 전하는 기록이 아닌가. 본 토론자는 그러한 인식의 배경이 삼국 중심으로 우리 고대사를 이해하려는 관습에서 비롯된 것이라고 생각한다. 6세기까지 존속하고 있는 영산강유역의 제세력이나 낙동강유역의 제세력의 존재는 애써 축소해서 바라보고자 하는 것이다.

『삼국사기』 초기 기록에 보이는 마한사회는 왕을 중심으로 한반도 남부일대에서 구심점의 역할을 수행한 정치적 통합체의 모습으로 그려져 있다. 그것이 정치적 통합체가 아니라고 볼 수 있는 특별한 근거는 찾기 어렵다. 물론 마한사회처럼 기록이 많이 남아있지 않은 사회의 성격을 파악하기는 지난한 일이지만 마찬가지로 고대에 존속했던 특정사회가 통합체인가 아닌가를 규정하는 것도 어려운 일이다. 오히려 통합인지 아닌지를 판단하는 것은 불가능하다. 어떤 지역 집단의 통합을 판단하는 작업이란 통합의 정도가 어느 정도 진척되었는지를 가늠하는 정도와 양상의 문제이지 '통합'과 '비통합'으로 명료하게 나누어지는 디지털적 판단대상이 아니기 때문이다. 그것은 통합의 수준이 수없이 작은 단계로 나뉘어지는 아날로그적 상태인 것이다.

4. 「주거유적 출토 마한토기」에 대한 토론문

본 발표문은 주거유적 출토 마한토기를 기본적으로 경질무문토기와 격자문이 타날된 연질토기로 나누어 보고 있다. 그리고 주거지 출토품이라는 특성상 일상생활에 사용된 기종들을 주 검토대상으로 하고 있다. 특히 토기의 용도를 자비용기와 저장용기로 크게 나누고 각 용도별 기종을 분류하고 있다. 마한 단계 주거유적에서의 토기사용문화에 대한 이해를 넓혀준 연구라고 평가된다. 다만 저장과 조리 이외에 사용되었을 제 3의 용도의 토기 즉 제사용 토기에 대한 관심과 집성은 상대적으로 지면이 제한되어 당시 사회의 문화를 이해하는 데 아쉬움을 남기고 있다. 흔히 제사용 토기는 고분 매납토기라고 인식하기 쉽지만 주거공간에서의 제사용 토기는 분묘에서의 그것 못지 않게 중요하다고 생각된다. 주지하듯이 분묘에서의 제사는 그 대상이 세상을 떠난 망자가 될 것이므로 死者의 영혼에 대한 제사가 될 것이지만 고대사회에서의 제사는 장례의례에 국한되지 않았을 것으로 생각되고 있다. 특히 마한 사람들이 귀신을 몹시 믿었다고 했던 기록으로부터 당시 사람들이 믿고 있던 神은 그 대상이 광범위했을 것이다. 하늘에 있는 天神이나 땅을 관장하는 地神을 물론 길(도로), 우물, 논, 밭, 모든 곳에 신은 존재한다고 믿었을 가능성이 크다. 생활의 터전이자 가족 구성원의 탄생과 죽음의 영역이기도 한 주거공간 역시 빼놓을 수 없는 신과 인간의 공존지역이었을 것이고 동시에 제사의 공간이었을 것이다. 제사용 토기로 인식되는 유공광구소호나 개배를 비롯한 의례용 토기의 주거지에서의 분포 상황은 어떠한 것인지에 대해서도 관심과 설명이 필요하다고 생각된다.

5. 「마한 토기의 지역성과 그 의미」에 대한 토론문

본 발표문에서는 마한지역 토기의 공통성과 지역성이라는 측면을 다루고 있다. 한반도 서남부 지역 전체의 방대한 자료를 다루는 쉽지 않은 노력의 산물이라고 생각된다. 검토 자료를 통하여 특기할 만한 현상으로 경기 남부와 호서북부 지역의 토기나 철기문화가 2세기대부터 영남동부지역과 밀접한 관계를 보이고 있다는 점을 지적했다. 토론자 역시 과거에 개인적인 관심으로 마형대구의 분포양상을 조사해 본 적이 있었는데 발표자의 지적과 비슷한 분포양상을 확인하고 그 배경에 대하여 궁금해 했었던 경험이 있었다. 발표자는 그 역사적 근거를 삼국지 위서 동이전 등에 보이는 마한의 목지국과 辰王, 辰韓 등이 연계되어 있는 문헌기록의 양상을 반영하고 있는 것으로 이해하고 있다. 이 문제에 대해서는 과거에 이병도 선생께서도 진한 중심세력의 지역 이동이라는 관점에서 다룬 바가 있었다. 구체적인 문헌기록으로는『후한서』韓傳의 진한관련 기록이 주목되어 왔다. '진한의 노인들이 스스로 말하기를 자신들은 秦나라의 苦役을 피하여 망명한 사람들로서 韓의 땅에 오자 마한이 그들의 동쪽 지역을 분할하여 주었다'는 인용문인 것이다. 참고가 될 만한 사항이어서 토론문에 대신하고자 한다.

마한토기와 관련된 몇 가지 문제

성정용 충북대학교

1. 마한의 시기구분과 마한토기의 개념

발표자가 지적한 바와 같이 마한토기란 "마한의 여러 지역에서 제작되고 사용되었던 토기(서현주)"를 말하는 것이므로, 이를 논하기 위해서는 마한에 대한 개념정립이 역시 선행되어야 한다. 이에 대해 "직접 지배 영역으로 통치 구획을 分定하고 지방관을 파견하여 직접적으로 수취하며 각종 의무는 공납이 아니라 세금의 형식이며 이 지역 범위 내의 民은 군사적으로도 중앙정부의 지휘 하에 있는 것을 영토라고 정의하는 관점에 기초하여, 제소국으로 병립하였던 시기의 '國'들과 백제가 국가로 성장한 이후에도 그 영토에 속하지 않고 영향권이나 세력권에 머문 지역을 마한으로 여기며 이에 따라 마한을 하나의 통합된 정치체로 보지는 않는다(김낙중)"는 견해에 전적으로 공감한다. 그런데 마한이 이처럼 통합된 정치체가 아니라면 종족적이거나 또는 문화적인 유대를 갖는 집단을 일컫는 것으로 보아야 하는가?

마한이 가장 강대하였던 것으로 여겨지는 《三國志》의 시점인 A.D.3세기를 기준으로 하였을 때 마한은 비록 辰王의 존재가 보이기는 하지만, 공간적으로도 대단히 넓을 뿐만 아니라(경기, 충청, 전라) 50여개국이 분립하여 결코 정치적으로 전체가 통합된 모습은 없다. 교통로의 결절점에 위치하여 성장하였다고 하는 목지국(김낙중)이 과연 주변 나라들(특히 원거리에 위치한 영산강유역이나 신분고국으로 비정하고 있는 경기 북부 마한세력들)과 얼마나 정치적인 유대가 있었는지 의문이며, 이는 3세기말 상황을 전하는 《晉書》에서도 그리 다르지 않은 것 같다. 그렇다면 마한 전체를 논할 때는 기본적으로 종족적·문화적 관점에서 바라봐야 하며, 이럴 때 각 발표자들의 '마한(계) 문물'이 의미하는 바가 좀 더 명확해질 수 있을 것으로 생각한다.

이러한 마한의 시기구분과 관련하여 김낙중선생은 조기(B.C. 3·2세기~A.D.2세기 중엽)-전기(A.D.2세기 중엽~3세기 중엽)-중기(3세기 중엽~4세기 중엽)-후기(4세기 후엽~6세기 전반)을 제시하였는데, 상당히 합리적인 측면이 있다. 그러나 마한은 B.C.2~1세기 어느 무렵 진변한이 형성된 이후 상대적인 구분을 위해 불리워졌던 것으로 생각되며, 결국 초기의 韓과 이후의 馬韓은 종족적·문화적 관점에서 연속성을 가진다고 할 수 있다. 이 얘기는 다름이 아니라 B.C.2세기 초 준왕이 '韓地'에 남천하여 '韓王'을 자처하였다고 하므로 그 이전부터 한으로 인식될 수 있는 종족적·문화적 원형이 형성되어 있다가 준왕 때 일정한 정치적 통합을 이루었고, 이후 진변한이 형성되면서 한이 마한으로 인식된 것으로 생각된다. 결국 B.C.3~2세기부터를 마한으로 인식할만한 이유가 없으므로 오히려 한문화의 원형이라 할 수 있는 점토대토기-토광묘의 출현을 韓(곧 마한)의 시작으로 보아야 한다는 견해를 제시한 바 있는데(성정용 2013), 이에 따라 대략 B.C.5~3세기 무렵을 한 문화 원형 형성기(Ⅰ기)로 설정할 수 있다고 생각하며 이후는 김낙중선생의 안과 같이 대략 4단계로 구분할 수도 있다. 다만 김낙중선생의 전-중-후기는 주로 역사적인 정황을 감안하여 나눈 것으로 보이는데, 아산-천안-청주 등의 충청 북부·내륙지역에서는 2세기대에 유개대부토기·원저발형토기(소옹)·철장검의 조합에서 3세기 무렵 원저단경호·경질무문심발형토기·환두대도의 조합으로 변화하고 있는 고고학적인 물질문화 변화양상과는 시기적으로 약간 차이가 있음을 지적하지 않을 수 없다.

2. 마한토기의 형성과 경질무문토기

이러한 견지에서 점토대토기-흑도장경호는 한 곧 마한문화의 원초라 할 수 있다고 생각하며, 여러 차례의 질적 변환 과정을 거치게 되는 것으로 생각한다. 그런데 김낙중선생은 조기에 대해 "한이 삼한으로 분립하는 시기로 통나무 목관이 사용되며 새롭게 단조철기가 등장하고, 간헐적으로 낙랑(계)토기가 등장하지만 여전히 단면삼각구연점토대토기와 경질무문토기 등 무문토기계열의 토기류가 부장되고 청동의기류가 소수 남아 있는 단계"로 정의하고 있으며, 서현주선생은 "마한의 토기는 경질무문토기단계에는 기종이 그다지 다양하지 않지만, 타날문토기토기 단계가 되면 색조나 소성상태, 크기 등이 어느 정도 통일된 모습이 나타난다"고 하였다. 경질무문토기 단계(또는 단순기)를 상정하고 경질무문토기의 출현을 곧 마한 토기의 등장으로 이해하는 것처럼 보이는데, 과연 그러한지? 이와 관련하여 경질무문토기의 등장시점은 과연 언제쯤으로 보는 것이 적당하며, 완주 신풍유적 등 B.C. 2~1세기 무렵의 토광묘에서 경질무문토기가 출토된 예가 어떠한 것이 있는지 여쭈어보고 싶다.

이와 관련하여 천안-아산-청주 등 중서부내류지역의 경우 유개대부토기와 원저발형토기(소옹)에 이어 원저단경화와 경질무문토기 조합이 부장(대략 A.D. 3세기 무렵)되는 것으로 보이고 있다. 경질무문토기가 이 지역에서 과연 이처럼 늦은 시점에 사용된 것으로 보아야할까 아니면 무덤에 부장되는 특수

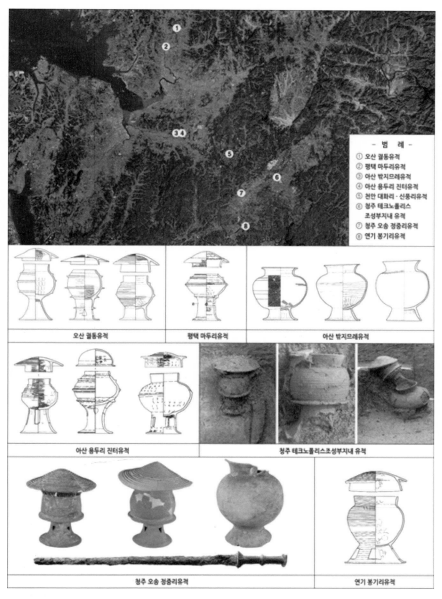

- 범 례 -
① 오산 궐동유적
② 평택 마두리유적
③ 아산 밖지므레유적
④ 아산 용두리 진터유적
⑤ 천안 대화리 · 신풍리유적
⑥ 청주 테크노폴리스
　조성부지내 유적
⑦ 청주 오송 정중리유적
⑧ 연기 봉기리유적

오산 궐동유적

평택 마두리유적

아산 밖지므레유적

아산 용두리 진터유적

청주 테크노폴리스조성부지내 유적

청주 오송 정중리유적

연기 봉기리유적

그림1. 중부지역출토 유개대부토기와 銅柄鐵劍 (趙祥起 2016)

한 상황으로 이해해야 할까? 경질무문토기가 과연 마한 초기부터 전 지역에서 보편적으로 사용되던 토기로서, 전 지역에서 경질무문토기 단순기를 설정할 수 있을까?

3. 외부토기의 영향

마한토기들 가운데 상당수의 기종들은 외부기원을 갖고 있다. 이 중 충청 북부·내륙지역에서 최근 집중적으로 출토되는 유개대부토기가 주목되고 있는데, 이는 똑같은 형태의 토기가 한 점도 없을 정도로 정형성이 떨어져 현지 공방에서 대량으로 생산되었다고 보기 어렵고 무덤에서만 출토되는 상황이 외부 유입의 상정을 자연스럽게 한다고 하였다(김낙중). 이 토기가 이처럼 정형성이 떨어지는 것은 단일한 기종이 아니라 우물이나 창고 등 각종 형상을 모방하여 만들었던 것으로서 의례와 관련된 일종의 형상기물이었기 때문이 아닐까 생각된다. 이 토기의 조형은 중국 漢代 문물에서 찾을 수 있을 것으로 생각되는데, 충청 북부·내륙지역에서 아직 가장 이른 시기의 것이 발견되지는 않은 것 같다. 만약 유개대부토기가 모두 외부 유입이라 한다면 다양한 곳에서 유입되었다고 해야 할 것이나, 공반되는 문물에서 그러한 것을 감지하기는 어려울 듯하다. 그렇다고 하나의 공급지(또는 집단)의 존재를 상정하는 것도 부자연스럽다. 아마도 충청 북부·내륙지역의 여러 집단들이 이 의례와 관련된 정보를 공유하면서 자체 제작하였기 때문에 다양성이 나타났던 것은 아닐까? 이와 관련하여 劉延常선생은 백도가 산동지역에서 기원하여 요동반도와 한반도에도 영향을 주었다고 보는 의견에 동의하고 있는데, 산동반도와 마한 문화와의 관련성이 주목된다.

4. 일본열도의 마한계토기

白井선생이 일본열도에서 출토된 마한·백제계토기를 거치문토기·양이부호·이중구연호의 담당자를 '집단 A', 조족문토기·평저유공광구소호의 담당자를 '집단 B, 백제 전형기종의 담당자를 백제 중심집단으로 비정하는 것은 나름대로 공감할 수 있을 듯하다. 다만 조족문토기가 한반도에서도 양이부호와 시공간적으로 조금 다른 양상을 보인다는 것은 이미 지적된 바있는데, 청주 신봉동과 같은 5세기대의 백제 지방유적에서도 출토되는 것으로 보아 이 문양을 마한계로 특정할 수 있을지 의문이며 이 시기 집단들의 계통이나 성격은 문양자체보다는 기종과 기형이 좀 더 중요하다고 생각된다.

『동북아시아에서 본 마한토기』 토론녹취록

좌   장 : 임영진(전남대학교)

발 표 자 : 서현주(한국전통문화대학교)
            이영철(대한문화재연구원)
            김낙중(전북대학교)
            劉延常(山東省文物考古硏究所)
            白井克也(東京國立博物館)

토 론 자 : 김무중(중원문화재연구원)
            김승옥(전북대학교)
            박중환(국립나주박물관)
            성정용(충북대학교)

임영진 : 여러분 안녕하십니까. '동북아시아에서 본 마한토기' 국제학술대회 종합 토론을 시작하겠습니다. 오늘 토론을 위해 김무중 원장님, 김승옥 교수님, 박중환 관장님, 성정용 교수님께서 나오셨습니다. 모두 백제 토기에 대해 많은 연구 업적을 가지고 계시기 때문에 발표자로 모셔야 할 분들이신데 다들 무척 바쁘시기 때문에 이렇게 토론으로라도 참석해 주십사 부탁드렸 습니다. 아마도 이 네 분은 제한된 약정토론보다는 종합적인 시각에서 토 론해 주시는 것이 훨씬 더 큰 도움이 되어 주실 것으로 생각됩니다.

그리고 두 분께서 통역을 위해 고생해 주시겠는데, 이미 소개가 됐습 니다만 劉延常 선생님의 통역을 맡으신 전남대학교 양회석 교수님을 다 시 한번 소개드리도록 하겠습니다. 전남대학교에서 30여년 봉직하시면 서 중국 문화를 연구하시고 현재 아시아문화연구소 소장을 맡고 계십니 다. 그래서 劉延常 선생님의 발표에 대해 많은 관심이 있으실 것으로 생 각하고 일부러 통역을 부탁드렸습니다. 대단히 바쁘신 분인데 기꺼이 참여해주셨습니다. 白井克也 선생님의 통역을 맡으신 최영주 선생님은 일본 리츠메이칸 대학에서 고고학으로 박사학위를 받고 전남대학교에 서 강의를 맡고 있습니다.

오늘 토론으로 네 분이 나오셨는데요. 통상 학술회의를 하게 되면 주 제발표자마다 약정 토론자가 있어서 해당 주제에 대해서 질의 · 응답하 는 방식으로 진행해 왔었는데요, 대부분 약정 토론을 하는 것만으로 시 간이 다 지나가버려서 정작 종합해서 논의할 시간을 갖기가 어려웠습니 다. 그래서 이번에는 조금 방식을 바꿔서 토론자로 네 분을 모셔서 각자 다섯 분의 발표 내용에 대해서 질문하시고, 본인이 생각해 오셨던 견해 를 종합적으로 발표해 주십사 부탁을 드렸습니다. 일단 각 토론자들이 준비한 요지문을 중심으로 5분 정도로 핵심적인 내용을 말씀해주시고,

종합토론에 있어서는 제가 간추려 본 몇가지 소주제를 중심으로 논의하도록 하겠습니다. 발언에 있어서는 짧게 핵심적인 내용만 말씀해 주실 것을 부탁드리겠습니다.

마한토기에 대한 본격적인 학술회의는 이번이 처음인 것 같습니다. 발표자들께서 상당히 다양한 주제를 거론하셨는데 시간관계상 향후의 진전연구를 위해서 꼭 필요하다고 생각하는 기본적인 내용들을 간추리고, 큰 흐름을 파악할 수 있도록 논의를 해보도록 하겠습니다. 종합토론이 끝난 다음에는 청중석에 계신 분들의 질문을 받고 답변할 수 있는 시간을 가질까 합니다. 질문이 있으시면 메모해두셨다가 그때 해주시기 바랍니다.

마한토기의 논의를 위해서는 마한에 대한 기본적인 사항들에 대해서 점검해 볼 필요가 있는데, 결국 출현시점과 소멸시점이 가장 중요한 문제일 것입니다. 출현시기에 대해서 논의가 남아있고, 소멸시기 문제는 마지막 마한권이라고 볼 수 있는 전남지역이 백제에 병합된 시기가 언제냐 하는 것이 문제인데, 그 병합의 정도와 그에 대해 연구자들이 느끼는 고고학적 증거에 따라 차이가 나는 것 같습니다. 그래서 그 문제에 대해서도 논의해 볼 필요가 있겠지만 간단히 마무리할 수 없는 워낙 중요한 주제이므로 여기서는 세부적으로 거론하지 않도록 하겠습니다.

이제 기종별 특징, 지역별 특징, 출현시점, 출현배경, 파급문제 등에 대해 논의하겠는데 마한의 출범 시점과 소멸 시점에 대한 견해차가 있기 때문에 최대한 큰 흐름을 파악하기 위해서 가장 이른 시점으로 설정한 기원전 3세기, 가장 늦은 시점으로 보는 6세기 초까지를 포괄해서 살펴보도록 하겠습니다.

기원전 3세기경부터를 마한의 출발로 보신 분들은 점토대토기와 혹도장경호를 마한 토기로 보셨고, 삼한이 성립한 시점부터를 언급하신 분들은 기원전 1세기대 경질무문토기를 중시하고 계시는데 오늘 발표자, 토론자 가운데 이 시기까지를 감안해서 언급하신 분은 몇 분이 안계십니다. 그래서 그 분들에게 먼저 발언권을 드리도록 하겠습니다. 성정용 선생의 발표요지를 보면 김낙중 선생의 의견에 대한 질문 겸 이 시기에 대한 본인의 의견을 정리하고 계신데 먼저 시작해주시기 바랍니다.

성정용 : 안녕하세요. 성정용입니다. 마한토기에 대해 논의를 하려면 마한이 어떤 성격을 가지고 있는지, 마한이 어떤 것인지 규정이 돼야겠다고 생각합니다. 먼저 마한이 과연 서로 연결되어 있는 관련성을 갖고 있는 것인지, 종족적인 것이 강한지, 문화적인 것이 강한지, 이런 측면이 정리되어야 '마한이 어떻다', '마한토기가 어떻다'라고 할 수 있을 것 같습니다.

그런데 우리가 주로 논하고 있는 A.D. 3세기 무렵에 54개국이 나오는데요. 54개국이 존재할 시점에 맹주국으로서 목지국이라든지 이런 나라들이 나오기는 합니다만 54개국 전체가 연결되어 있었는가 하는 문제에 있어서는 의심스럽습니다. 그런 점에서 A.D. 3세기 무렵 정치적인 연결성이 강하지 않다면 단독적으로, 문화적으로 보아야 되지 않느냐는 것이 제 생각인데요. 어디까지 올라가야 되느냐도 문제입니다.

김낙중 선생님께서 점토대토기단계, 세형동검단계를 얘기하셨는데요. 저는 문화적으로 본다면 점토대토기-흑도장경호 단계까지 얘기 할 수 있다고 생각합니다. 다만 '마한'이라는 용어가 나오는 것은 진·변한과 상대적인 개념으로서 나오는 것이기 때문에 기원전 1세기부터 마한의 용어가 출현한다고 할지라도 그 이전에 마한의 뿌리가 되는 것이 준왕의 남천 기사가 삼국지 위서 동이전에 나오는데 준왕이 남천 할 때 한나라 땅에 왔다고 되어 있습니다. 이런 한이 바로 마한하고 연결되는 것이기 때문에 그 이전 언제부턴가 마한이 형성되지 않았을까, 한 문화의 원류가 형성되지 않았을까 라고 한다면 원초적인 단계는 아마 점토대 토기-토광묘 단계, 그렇다면 기원전 3세기 보다는 최근에 기원전 4~5세기, 조금더 올라가게 보고 있습니다. 그래서 그 단계부터가 한문화의 원형이 되는 것이 아닌가. 그래서 시기구분을 한다면, 점토대토기 단계부터 구분하고, 점토대토기가 처음 사용된 단계를 조기, 전기라고 하면, 그 다음에 원형점토대 토기단계, 삼각형점토대토기 단계, 또는 세형동검이 사용되는 단계, 이렇게 구분할 수 있지 않을까 생각을 하고 있습니다. 다른 부분은 세부적인 종합토론 때 하도록 하겠습니다.

임영진 : 감사합니다. 시간 절약을 위해 요약하는 것은 생략하도록 하겠습니다. 다음에는 김무중 원장님께서 말씀해주시기 바랍니다.

김무중 : 중원문화재연구원의 김무중입니다. 저는 우선 마한의 시간적 범위와 관련하여 말씀드리겠습니다. 김낙중 선생님과 이영철 선생님께서 말씀하셨듯이 대체적으로 그렇게 통용은 되고 있는데요, 백제와의 관련성에서 분명해져야 되겠다라는 생각이 들었고요.

두 번째는 공간적인 문제입니다. 예를 들면 제가 주로 관심을 가지고 있는 중부지역에서는 경질무문토기, 呂·凸자형 주거지, 즙석식적석묘 등을 '예계문화', 즉 백제의 기층문화로 보죠. 그것을 백제의 기층문화라고 하였을 때, 마한하고 대비되는 문화라고 할 수 있겠는데, 문제는 오늘 발표 내용을 보시면 사주식주거지에서 경질무문토기가 출토되기도 하는데, 이런 상황을 접변현상이라고 간단하게 처리할 수 있겠습니다만 지역적인 구분이 명확히 되어야 하겠다는 생각이 들었습니다.

시기 문제와 관련해서 조기가 언제까지인지 저의 판단은 아직 분명히 말씀드릴 생각이 없습니다. 오늘 논의 중 김낙중 선생님은 기원전 3세기부터 기원후 2세기 중엽으로 보고 있습니다. 이 시기 자료들은 중부지역 전역에서는 취락만 있고 분묘는 거의 없었는데, 최근 조금씩 증가하고 있으므로 새로운 자료를 감안한 검토가 필요하지 않을까 합니다.

나중에 세부적으로 말씀을 드리겠습니다만 중부지역의 경질무문토기는 편년자료로는 매우 유용한 자료이지만, 마한지역의 경질무문토기와 차이가 있어서 앞으로 어떻게 보아야 할 것인지 생각해 볼 필요가 있습니다.

마지막으로 중부지역과 마한지역 출토 외래계토기의 원향지와 정착 과정의 문제인데요. '낙랑지역', '중국 산동지역', '요동지역' 등 여러 가지 해석이 있습니다. 중부지역에서는 외래계토기가 단발적으로 나타나기도 하고, 집중적으로 나오는 시기도 있습니다. 예를 들면 기원 1세기이후 낙랑토기의 영향으로 기종의 변화가 많지만, 그 이전 단계에는 인천 운북동과 가평 대성리 등 단발적인 사례가 있어 혼돈스러운데 이를 정리할 필요가 있겠습니다. 그래서 낙랑, 산동, 요동지역으로부터의 영향을 단지 '직간접의 문제' 뿐만 아니라, 외래계토기의 시간적인 위치와 재지, 즉 마한토기에 변용되어가는 이해가 필요하다고 생각 했습니다.

임영진 : 짧게 말씀해 주셔서 감사합니다. 다음에는 김승옥 선생님, 마한 성립부터 소멸에 이르는 장기간에 대한 토론 자료를 준비해 오셨는데 핵심 내용을 중심으로 말씀해주시면 좋겠습니다.

김승옥 : 네. 김승옥입니다. 요약된 토론문이므로 토론문을 중심으로 말씀드리겠습니다. 사실 김무중 선생님 말씀하고 제 토론하고 일부 겹치기도 합니다. 제가 말씀드릴 내용은 마한토기의 동정, 편년문제, 토기의 사회학이라고 하는 부분, 그리고 마한토기의 기원과 대외 교류 이렇게 말씀드리겠습니다만은 주로 마한토기의 동정에 대해 말씀드리기로 하겠습니다.

마한의 상하한과 세부편년에 대해서는 연구자에 따라 다양하지만 김낙중 교수님과 토론자의 견해처럼 4단계로 설정해 볼 수 있을 것이다. 이러한 편년에서 기원후 2세기 이전, 마한 조기입니다. 이 시기의 마한의 물질문화상은 가장 불분명하고, 결과적으로 연구 성과도 미진하며 제시된 일부 주장들도 그 근거와 해상도가 미흡한 실정입니다. 오늘 발표된 논문들에서도 대부분 이 시기를 마한의 성립기로 인정하고 있으나 이 시기 토기에 대해서는 거의 언급을 하지 않고 계십니다.

마한의 상한에 대해서는 견해 차이가 존재하지만 대략 기원전 3세기 전후로 비정할 수 있다면 이 시기의 마한토기는 점토대토기가 될 수 있습니다. 또한 마한 고지의 일부 지역에서는 이 시점까지 소위 송국리형 문화가 잔존한다는 점에서 송국리식토기 또한 마한의 토기로 볼 수도 있을 것입니다. 잘 알려진 바와 같이 일각에서는 점토대토기문화의 상한을 기원전 5세기, 심지어는 기원전 6세기 전후로 보고 있는데, 그렇다면 점토대토기문화의 어느 단계부터 마한의 토기로 인정할 수 있을 것인가의 문제도 상당히 어려운 문제가 될 수 있습니다.

삼한으로 세분된 시점에 대해서는 기원전 1세기로 보는 것이 학계의 추세입니다. 그렇지만, 이 시점에도 변진한에 비해 마한토기와 사회상은 여전히 불투명합니다. 기원전 1세기 전후 마한 고지의 토기문화는 경질무문토기와 점토대토기로 대별됩니다. 두 토기 양식이 혼재하여 발견되는 유적도 일부 보이지만, 전자는 주로 한강일대에서, 후자는 호남 일대에서 집중되어 발견되는 것이 현재의 상황입니다. 이러한 토기의 대별적인 차이는 당시 마한문화의 지역적 차이를 반영하는 것인가? 아니면 경질무문토기와 점토대토기 중 어느 한 종류만을 마한토기로 보아야 하는가? 이 문제 역시 현재로선 해결하기 어렵지만 이후 전개되는 마한

토기의 동정 및 계통과 관련하여 저희가 지속적으로 고민해야 할 문제라고 생각이 됩니다.

기원후 2세기대와 3세기초반, 마한 전기입니다. 이 시기 마한토기는 경기 남부, 충청 내륙지역, 호남 동부지역 주거지 출토 경질무문토기, 그리고 경기와 충청 서해안 일대의 분구묘 출토 원저단경호류와 백색토기, 경기남부 및 충청북부 일대 토광묘와 주구토광묘 출토 원저단경호류, 유개대부호, 원저심발형토기 등으로 크게 대별할 수 있을 겁니다. 이러한 마한토기의 종류와 분포에서 눈에 띠는 현상 중의 하나는 먼저 마한토기가 주로 경기남부-충청내륙지역-호남동부지역 일대에서 발견된다는 점을 지적할 수 있습니다. 결과적으로 호남 서해안과 남해안의 일부 패총유적에서 발견되는 경질무문토기를 제외하면 거의 대부분 호남 서부 평야, 전북과 전남이 되겠죠. 이 지대는 이 시기 문화와 인구의 공백지대로 남는 문제가 생기게 됩니다. 이러한 분포상의 문제는 아래의 편년에서 다시 언급을 할 예정입니다. 다음으로 전 단계와 마찬가지로 마한 전기에는 취락과 분묘에서 발견되는 토기들이 기술적 속성과 기형에서 전반적으로 차이를 보인다는 점을 지적할 수 있습니다.

토기에 관한 한 다른 지역의 정치체와 구별되는 마한만의 고유한 특징이 가장 잘 발현되는 시기는 3~4세기대의 마한 중기라 할 수 있습니다. 대표 기종으로는 주거지에서 장란형토기와 심발형토기, 시루, 동이, 단경호, 이중구연호, 양이부호 등이 출토되고, 분묘에서 단경호, 심발형토기, 이중구연호, 양이부호, 평저광구호 등이 발견됩니다. 이외에도 의례나 상징행위와 관련된 조형토기와 거치문토기가 주거지와 분묘에서 발견됩니다. 이와 같이 마한토기들은 중기에 접어들면서 외부와 구별되는 독자성과 표준화의 길을 걷게 되지만 동시에 지역적 다양성도 보여

주게 됩니다. 예컨대, 차령산맥을 경계로 이북에서는 심발형토기, 시루, 이중구연호의 저부가 대체로 원저를 보입니다. 그렇지만 전남지역에서는 평저가 대부분을 차지합니다. 마한토기가 발견되는 유구 또한 표준화와 다양성을 동시에 보여주는데, 주거의 경우 서해안 일대에서는 4주식의 방형이 유행하지만 충청내륙과 호남동부 일대에서는 비사주식의 원형도 빈번하게 발견되고 있습니다. 분묘 또한 이러한 주거양식의 차이와 궤를 같이 하는데, 전자의 지역에서는 분구묘, 후자에서는 주구토광묘가 유행하게 됩니다.

마지막의 5세기부터 6세기 전후의 마한 후기에 접어들면 백제의 남정으로 인해 마한사회의 공간은 고창을 포함한 영산강유역으로 축소됩니다. 이 단계에 접어들면 분묘의 구조와 형식은 이전 단계와 어느 정도 차이를 보이게 되지만 토기의 기종은 대부분 이전 단계의 것들이 계승되면서 일부 토기는 회청색경질도 생산됩니다. 마한 후기에 등장한 새로운 기종으로는 유공광구소호와 조족문토기 정도를 들 수 있는데, 이들 토기는 연구자에 따라 등장 시점을 4세기대로 상정하기도 합니다. 그러나 저는 중심 시기를 마한 후기로 보고자 합니다. 또한 조족문토기의 출자와 시간성에 대해서도 논란의 여지가 있는데, 대나무와 죽순의 관계처럼 이게 과연 마한계인지 백제계인지 불분명한 측면이 있습니다. 이점에 대해서도 논의가 이루어졌으면 합니다.

마한토기의 편년부분은 전통적으로 저를 포함해서 경질무문토기→적갈색연질토기→회청색경질토기 이렇게 점차적으로 변화한다는 것이 거의 학계의 대부분 연구자들의 생각이지 않는가 싶습니다. 그런데 최근에 일각에서는 적갈색연질토기, 주로 격자타날문토기죠. 이것들의 등장 시기를 경질무문토기와 비슷한 주장이 이제 C14 연대에 의해서 제기되기도 하고, 또 일각에서는 아마 영남지역의 편년이 근저에 깔려있다 이런 생각이 드는데요. 격자타날문토기를 대부분의 연구자들보다는 굉장히 늦게 봅니다. 거의 4세기대로 보고 있는데 이점에 있어서 아주 극단적인 주장들이 제기되고 있는데 마한토기와 관련해서 이점도 조금 논의를 할 필요가 있지 않을까 그런 생각이 듭니다.

임영진 : 시기별로 중요한 문제점들을 지적해 주셨습니다. 다음에는 박중환 관장님께 부탁드리겠습니다.

박중환 : 처음에 말씀을 드려야 될 부분은 마한의 시간적 공간적 범위 문제인데요. 공간적인 범위에 대해서는 그다지 큰 이견이 없는 것 같습니다. 주로 시간적인 범위에 대한 문제가 될텐데 시간적인 범위에 대한 것도 두 가지가 있겠습니다. 하나는 상한 부분이 되겠습니다. 또 하나는 하한이 있습니다. 하한부분에 대해 문헌사 쪽에서는 이병도선생님께서 제기하여 보편화되어 있는 369년으로 많은 분들이 인식하는 부분도 있고, 새로운 고고학 자료에 의해서 제기된 500년대, 6세기 초까지 하한이 내려간다는 의견에 대해서는 공감대를 가지고 있는 부분도 있는데요. 그래서 하한부분은 이 정도로 미뤄두고, 상한부분에 대해서만 말씀드릴까 합니다.

상한부분에서 김낙중 선생님의 발표문을 보면서 기원전 1세기를 삼한으로 세분된 시점으로 보았는데, 결론부터 말씀을 드리면 점토대토기-토광묘 단계가 지금 마한문화의 시작부분을 이해하는 중요한 지표로 우리학계에서 논의가 되고 있고 어느 정도 공감대가 형성되어 있다고 봅니다. 문헌에서 얘기하는 것은 위만조선의 시작과 같이 갈 수가 있습니다. 위만조선이 시작할 때 고조선의 마지막 왕이었던 준왕이 내려왔던 남쪽에 한이 있었다고 명기가 되어있기 때문에, 삼국지와 후한서 자료는 특별한 문제는 없다고 생각이 들구요. 그렇게 본다면 기원전 2세기 초 준왕의 남천시기에 마한이 시작되었다고 하는 문헌사학의 마한 시작시점에 점토대토기문화라든가 토광묘, 이 단계를 포괄하고 있기 때문에 문헌사학계에서 지적하는 마한의 시작 시점을 굳이 부정 할 수 있는 뚜렷한 이유가 없지 않는가. 더 쉽게 말씀드리면 마한의 시작 시점을 특정할 수 있는 구체적인 자료는 없지만 지금 우리가 확보할 수 있는 자료는 준왕의 남천시점인데 그 시기가 마한의 시작의 하한연대인 것 입니다. 그 문헌기록을 받아들이려면 마한의 시작시점은 기원전 190년을 거슬러 올라가면 올라갔지 내려가지 않는 것 입니다. 후한서, 삼국지에 나와 있는 마한의 시작 시점을 단정할 수 있는 실체적인 증거가 없다면 기원전 2세기초로 최소한의 마한의 시작시점을 정해야 되지 않는가라는 것을 말씀드리고요.

한 가지 더 말씀드리면, 시간적 공간적 범위를 김낙중 선생님께서 제시하셨는데 보다 더 중요한 것은 이 사회발전의 변화상을 우리가 이해해야 되지 않는가라고 생각을 해봤습니다. 김낙중 선생님께서는 마한을 하나의 통합된 정치체로 보지 않는다고 하셨습니다. 마한에 대한 기록은 두 가지로 되어 있지 않습니까. 하나는 삼국지나 후한서에 나와 있는 54개국으로 분립되어 있다는 분열적인 양상을 전하는 기록이 있고, 또 하나는 삼국사기 초기 기록에 나와 있는 보다 통합된 정치체로서의 모습이 전해져 있는 기록이 있습니다. 이 두 개의 기록이 어느 정도는 시간의 변화를 반영하는 것이 아닐까. 최소한 500년입니다. 마한이 존속되었던 시기는 김낙중 선생님을 비롯해서 마한의 하한시기가 기원전 1세기를 넘어갈 수 없다고 생각하는 연구자들이 제시하는 시기를 받아들이더라도 이병도 선생님이 제시하셨듯이 기원후 369년에 망했다고 하는 하한시기를 감안하더라도 마한은 최소한 500년 정도 존속했습니다. 500년 동안 존속했던 사회가 사회변천모습이 전혀 없이 그대로 흘러갔다고 보는 것은 우리가 너무 고정적으로 받아들이는 그러한 인식이 아닐까 저는 생각하고 있습니다.

임영진 : 감사합니다. 이상 네 토론자의 기조발언에서 공통적인 것은 마한토기에 대한 구체적인 의견보다는 마한을 시, 공간적으로 어떻게 인식하느냐는 쪽으로 초점이 모아진 것 같습니다. 잠깐 정리를 하자면 마한의 소멸시점에 대해서는 논란이 없지는 않지만 6세기초까지 내려올 가능성에 비중이 주어지는 것 같고, 마한의 출범시점에 있어서는 기원전 1세기를 넘어가느냐, 아니냐 하는 것이 논란이 되는 것 같습니다.

이 문제에 있어서는 마한이 역사기록에 나오는 역사적 실체라는 점이 중요할 것입니다. 고고학 쪽에서는 큰 문화 변화 단계마다 새로운 주체, 새로운 시대를 상정해 볼 수 있겠지만 역사적 실체에 대한 구체적인 비정은 남아 있는 문헌을 바탕으로 해야 할 것입니다. 마한의 출범에 있어서는 박중환 관장님께서 말씀하신 기원전 194년경에 해당하는 준왕의 남천 사실이 관건이 될 것입니다. 준왕이 남천할 때 한지에 내려와 한왕을 칭했다고 했기 때문에 이미 한은 존재하고 있었다는 것입니다. 아직 진한과 변한이 성립하지 않았기 때문에 그 한은 삼한 성립 이전의 마한을 가리키는 것이고 결국 마한의 출범은 준왕 남천 이전의 어느 시점에서 잡아야 될 것입니다. 물질자료로는 점토대토기가 기준이 되기도 하고 세형동검이 기준이되기도 합니다만 점토대토기는 중국쪽 연구 성과에 따라 기원전 5~6세기까지 올라가고 있기 때문에 문헌기록에 나오는 준왕의 남천 시점하고 너무 시차가 큽니다. 그래서 더 안정적인 편년이 이루어진 세형동검의 출현이 기원전 300년경에 해당하므로 비파형동검문화가 세형동검문화로 바뀌는 기원전 300년경을 마한의 출범으로 잡는 것이 논란의 여지를 줄이는 방안이 되지 않겠느냐 하는 정도로 하고 다음 논의로 들어가겠습니다.

　　마한토기 문제에 있어 가장 이른 단계는 점토대토기와 흑도장경호가 대표될 것이고, 그 다음 단계에는 경질무문토기가 중요한 변수가 됩니다. 한강유역권을 중심으로 한 충청북부지역까지는 3세기대까지 경질무문토기가 이어지는데 충청남부, 전북, 전남은 그 시기의 자료들이 희소합니다. 그러다가 3세기대로 보는 연질타날문토기들이 나오기 때문에 기존의 편년관을 그대로 인정한다면 호남지역은 1~2세기에 부분적으로 공백지대가 되고 마는 것이죠. 김승옥 선생님은 기존의 C14 연대를 적극적으로 수용한다면 그 차이가 줄어들 수 있다고 하셨는데 아직 학계에서 공인된 것은 아닌 것 같습니다. 그래서 이 문제에 대해 오늘 참석하신 분들이 어떤 견해를 가지고 있는지를 여쭤보고 싶습니다. 서현주 선생님께서는 발표문 가운데 호남지역 타날문토기가 조금 일찍부터 성행하였을 가능성을 언급하셨습니다. 그런데 가능성만 언급하셨기 때문에 구체적으로 어느 시점을 보시는지 그 문제를 조금 더 명확하게 해주시면 감사하겠습니다.

서현주 : 타날문토기가 소량 나타나는 시점은 기원전후이지만, 본격적으로 나타나는 것은 호서지역에서는 2세기대 나오는 것 같고, 호남지역에서는 3세기를 전후해야 나온다고 생각을 합니다. 제가 타날문토기가 호남지역에서 조금 더 올라갈 수 있다고 얘기를 했던 것은 경질무문토기가 성행하는 지역에 비해 이 지역에서 타날문토기의 성행이 올라갈 수 있다고 보는 것이고, 사실 1~2세기대 토기에 대해서는 그 이전에 있었던 삼각형점토대토기나 경질무문토기들을 조금 더 내려 봐야 연대의 공백을 채

울 수 있다고 생각하고 있습니다. 그래서 타날문토기를 올릴 수 있다고 봤던 것은 중부지역의 타날문토기와 맞춰서 호남지역을 꼭 내려야 되는 것이 아니라 그것과 상관없이 호남지역이 올라갈 수 있다고 봤습니다. 그러나 그런다고 해서 1~2세기까지 올려봐야 된다고 생각하고 있지는 않습니다. 이상입니다.

임영진 : 기존의 일반적인 편년관을 취하되 경질무문토기의 하한을 낮춰보는 한편 타날문토기의 연대를 올려 보는 것으로 해서 그 공백을 줄이는 방안에 무게를 두는 것 같습니다. 이영철 원장님도 경질무문토기 자료를 많이 소개 해주셨는데 어떻게 생각하십니까?

이영철 : 대세론을 따르자면 김승옥 선생님께서 말씀하신 경질무문토기, 연질토기 이렇게 생각합니다. 다르게 또 생각을 하면 탄소연대 관련해서요. 타날문토기를 2~3세기로 볼게 아니라 시기를 올릴 필요도 있지 않느냐. 요즘 그쪽에 관심을 많이 가지고 있습니다. 왜냐면 공백이라고 했던 부분을 해결하려면 그것을 봐야되지 않을까. 기후변화나 여러 가지를 말씀하시지만 해남 군곡리패총이라든가 보성 금평패총이라든지 패총자료를 가지고 경질무문토기, 삼각형점토대토기 이런 것을 너무 연구하지 않는데, 저는 그런 자료들은, 군곡리패총 자료도 있습니다만은 이쪽 서해안일대의 자료하고 동일선상에서 볼 수 있겠는가라는 생각을 해봅니다.

저는 전남 동부지역 같은 경우를 보면은 타날문토기가 늦게 나오고 경질무문토기가 굉장히 오랫동안 지속된 것처럼 해서 서부지역하고 다른 것처럼 보이지 않습니까. 그런데 그것을 오늘 발표에서도 나옵니다만은 마한의 영역에 대해서 말씀하시되, 영역에 대해서는 다 동의한다고 보시는데 저는 조금 그렇지 않습니다. 전남 동부지역이나 전북 동부

지역 등 동부 쪽은 과연 마한으로 얘기할 수 있을까. 서부지역하고 동일하게 그런 생각이 들거든요. 저는 타날문토기는 기원전후까지도 한번 검토를 할 때가 되지 않았는가라는 생각을 합니다.

임영진 : 이 문제는 학계의 중요한 이슈가 되고 있어서 가능한 많은 분들의 의견을 여쭤보고 싶은데요. 시간이 많지는 않은 것 같습니다. 김무중 원장님은 어떻게 생각하고 계십니까.

김무중 : 단지 타날문토기만 아니라 타날문토기의 영향에 대한 최근 학계의 동향에 대하여 말씀드리도록 하겠습니다. 지난주 금요일 국립진주박물관에서 개최한 늑도 특별전 관련 학술심포지엄의 토론에 참석 했습니다. 영남대 정인성 선생이 무문토기 저부에 사절흔이 있으며, 이는 회도의 영향으로 무문토기에 회도 제작기법 일부가 채용된 것이라 지적한 바 있습니다. 언제 기회가 되면 사진을 보여드리고 싶습니다. 또한 토기에 파수를 붙이는데 동체부의 접합부를 손으로 눌러 마무리한 것이 아니라 타날하여 조정한 것이 있습니다. 삼각형점토대 단계의 유적인 보성 조성리에 보면은 타날문토기가 나오죠. 그런 것들이 아마 회도의 영향으로 재지에 나타나는 접변 현상이 아닐까 생각됩니다. 다만 재지에 타날문토기가 정착하는 과정은 지역마다 달라서 영남지역의 경우 와질토기로 나타나는 것이고, 호남지역도 전주혁신도시특별전에서 전시된 바와 같이 점토대토기에 환원소성된 듯한 토기도 보입니다.

그래서 제작 및 소성분위기가 변해가는 양상이 보이므로 보통 거론하는 타날문토기가 3~4세기대 토기들이 영산강유역에서 시기는 한정될 수밖에 없겠지만 앞서 회도의 기술체계 안에서 변화되는 과정을 보면 출현시기가 반드시 늦은 것은 아닐 가능성이 있지 않을까 싶고요. 다만 완전히 정착되는 것은 부뚜막이라든가 취사의 방법이 달라지면서 이루어지는 것이 아닌가 싶습니다. 관련해서 시루 같은 경우도 신창동에서 이미 나오지 않습니까. 그렇기 때문에 토기의 제작기법 중 저부 원저화, 타날기법, 소성법이 바뀌어나가는 것을 생각해 볼 수 있죠. 그런 점에서 조금 유연하게 볼 필요가 있지 않을까 생각해봅니다. 이상입니다.

임영진 : 감사합니다. 모두 들으시면서 느끼셨겠지만 기존의 전통적인 견해에 따르면 경질무문토기와 타날문토기 사이에 시간적인 갭이 있는데 호남지역이 특히 심합니다. 하지만 경질무문토기의 소멸시점이 지역에 따라 차이가 있고 이영철 원장님이 전남 동부지역 사례에 대해서 언급을 하셨어요. 다른 한편으로는 새로운 조사 성과에 따라서 충분히 새로운 제작기법, 타날문기법이라고 할 수 있겠죠. 이것이 소급될 가능성이 있기 때문에 전향적으로 받아들일 필요가 있지 않겠느냐는 견해도 나왔습니다. 이 주제는 사실 마한토기 문제에 국한된 것이 아니고 한국고고학에서 전체적으로 논의가 필요한 중요한 주제입니다. 아마 별도의 학술회의를 열어도 한번으로 끝날 수 없는 큰 주제가 아닌가 싶습니다. 그래서 해결되어야 할 과제 가운데 하나로 이해를 해주시고 이 두 가지 견해를 감안해서 다음 논의를 진행하도록 하겠습니다.

결국 경질무문토기는 지역적인 차이가 있지만 마한권 가운데 충청 이남권은 3세기 초 아니면 2세기 후반경부터 마한만의 독자적인, 다른 지역에서는 찾아보기 어려운 기종들이 나타나기 시작했다. 이점에 대해서는 다들 공감하고 계십니다. 예를 들면 이중구연호, 양이부호, 평저광구호, 유개대부호, 기대형토기, 조형토기, 유공광구호 등 굉장히 많습니다. 이런 토기들에 대해 하나하나 구체적인 검토가 필요하겠지만 시간관계상 다 하기가 어렵습니다. 그래서 논란이 되는 중요한 기종을 중심으로 논의를 할 수 밖에 없지 않는가 싶은데요.

먼저 이중구연호와 양이부호는 분포권도 비슷하고 그릇의 크기도 비슷하고 형태에 있어서도 차이가 크지 않은 편인데 양이부호는 양이 투공의 방향이 마한권은 상하인데 진변한권은 좌우라는 점이 특이합니다. 이 문제를 김낙중 선생께서 지적하신 것 같은데요. 혹시 그 차이에 대해서 얘기해주실 수 있으실까요?

김낙중 : 기존의 변·진한의 양이부호하고 마한권의 양이부호 구별 방법이라고 할까 차이에서 가장 특징적이기 때문에 그것을 구별의 기준으로 한 것인데, 그것이 사용상의 차이인지 아니면 단순하게 양식적인 것인지 이것은 아직까지는 크게 얘기할만한 근거는 없습니다만, 나중에 마한권의 양이부호는 뚜껑하고 결합하는 방식으로 지속되는 것을 말씀드렸습니다. 수직으로 구멍을 뚫는 것이 지속된 것 같습니다. 그런데 현재 상태에서는 양 지역에서 양이부호를 사용한 과정에서 여러 가지 형태 중에 하나를 선택한 것 정도로만 생각하고 있습니다.

임영진 : 고맙습니다. 아무튼 이 두 토기의 출현 배경이라고 할까요. 기원문제에 대해서는 언급하신 분들이 계시기는 하지만 설득력 있는 견해를 제시하지는 못한 것 같습니다. 여러 가지를 복합적으로 봐야 할텐데, 새로운 기종이 등장할 때 기존 토기를 바탕으로 해서 변화 발전된 것이라면 이해하기가 쉬운데 이 기종들은 갑자기 나타난 것이기 때문에 외부와의 관계를 염두에 두지 않을 수가 없을 것입니다.

그런 점에서는 중국 자료들이 주목되는데 오늘 劉延常 선생님께서 산동지역의 한대토기를 중심으로 소개를 하셨습니다. 발표를 듣고, 점심 때 하시는 말씀을 들어보니까 시기적으로 상당히 앞선 시기의 것들하고 상통하는 점들이 있다는 얘기를 해주셔서요. 그래서 혹시 양이부호나 이중구연호가 중국의 어느 자료와 어떤 관련을 가질 수 있다고 생각을 하시는지, 중국의 자료에 대한 소개를 부탁드려볼까 합니다.

劉延常 : 여기에서 언급되고 있는 용어는 다르지만 이러한 기종이 한나라 시대에
　　　　는 없습니다. 그러나 그 이전 시대에는 굉장히 많이 있어요. 문제는 시
　　　　기적으로 몇 백년 차이가 아니라 천년이 넘어가는 차이가 나는데 영향
　　　　관계로 볼꺼냐 말꺼냐 하는 것은 쉽지 않은 문제입니다. 산동반도는, 크
　　　　게 보면 동이문화권으로서, 대문구, 용산문화 등에 거의 모양이 흡사하
　　　　거나 똑같은 것들이 많이 있습니다. 그게 한나라 때 없어졌는데 이는 소
　　　　위 왕조시대 하나라, 상나라, 주나라 이러한 왕조가 들어서면서 중원의
　　　　문화가 산동지역을 치고 들어오면서 기층에서 가지고 있었던 그러한 토
　　　　기들이 소멸되거나 다른 곳으로 파급되었을 것으로 봅니다.

　　　　　조형토기의 경우는 절강성에 있는 양저문화에서 산동으로 건너갔고
　　　　한나라 때 소멸되었는데 이러한 것은 중원문화가 밀고 들어옴으로써 기
　　　　존의 문화가 파괴된 것입니다. 하나만 더 말씀드리면 원통형의 토기를
　　　　얘기 하셨는데 똑같은 모양은 없지만 제 생각으로는 중국 귀족들이 청
　　　　동기로 사용하고 있다가 그것이 그 형태와 의례 방식이 바뀐 것이 아니
　　　　냐, 이런 생각이 듭니다. 원통형 토기와 중국 술잔과의 관계를 말씀하셨
　　　　는데 저는 상당히 관련 있을 것이라고 보고 있습니다.

임영진 : 네. 포괄적으로 언급해 주셨는데, 만일 劉延常 선생님께서 오늘 발표 이
　　　　전에 한국 자료, 특히 마한토기에 대해서 어느 정도 알고 계셨다면 오늘
　　　　발표는 상당히 달라졌을 것 같다는 생각이 듭니다. 오늘 발표 내용은 한
　　　　대 자료가 중심이지만, 방금 하신 말씀은 마한과 관련된 기종이라든가
　　　　문양이 훨씬 이전 자료하고 관련되었기 때문에 어떤식으로든지 그런 전
　　　　통이 지속되면서 마한지역에서 발현될 수도 있지 않았겠느냐 하는 의미
　　　　를 담고 있는 것 같습니다. 물론 가능성은 부정할 수가 없겠죠. 제 발표

에서도 가능성을 말씀드리면서도 시간적인 격차가 문제라는 것을 지적하였는데 일본과의 관계에 있어서 白井克也 선생님의 발표가 아주 정연하게 되어 있어서 이해하기가 쉬우셨을 겁니다. 일본과는 거의 실시간으로 연계되고 있거든요. 일본으로는 실시간으로 연결이 되는데 왜 중국과는 상당한 시차를 두고 있는가. 이게 해명되지 않으면 중국 관련가능성에 대한 문제를 풀어 나가기가 어려울 것입니다. 앞으로 이런 점에 대한 검토가 필요할 것 같습니다.

양회석 : 저는 이 분야에 대해서는 문외한이지만요. 저는 이런 생각을 합니다. 저는 일본에 가서 깜짝 놀란 것이 일본의 스모를 보면서 이것은 한나라 때 화상석에 그대로 나옵니다. 씨름하는 모양이 하나도 틀림없이 그대로 나옵니다. 또한 신사에서 놀고 있는 축국이라는 것이 중국 한나라 때 것이거든요. 이러한 현상을 어떻게 이해할것인가. 수 천년의 차이가 있는데, 저는 있을 수 있다고 봅니다.

임영진 : 양회석 선생님은 통역으로 나오셨지만 본인이 한·중·일, 더구나 중국 선진시기에서부터 근현대까지를 꿰뚫는 폭넓은 연구를 하신분이라서 참고 말씀을 해 주셨습니다. 그런 사례들이 분명히 존재하는 것이지만 그 차이의 배경이 설명되지 않고 있기 때문에 그에 대해서 지속적으로 관심을 가질 필요가 있을 것입니다.

다음 문제로 넘어가겠습니다. 평저호도 아주 독특한 특징을 가지고 있는데 서현주 교수님의 의견에 따르면 낙랑권의 회도쪽에 기원을 두면서 지역적인 차이가 난다고 하셨어요. 지역적인 차이는 얼마든지 나타날 수 있는데, 혹시 평저호에 대해서 다른 의견을 주실 분은 안계신가요? 서현주 교수님, 다 못한 말씀 있으신가요? 좋습니다. 다른 의견이 없으면 시간 관계상 넘어가도록 하겠습니다.

근자에 아산만권에서 조사가 되고 있는 유개대부호에 대해 김낙중 교수님이 정리하셨는데 영남인들이 낙랑으로 향하는 루트 개척 과정에서 영남지역에서 먼저 사용되었던 토기가 마한권에 파급된 것이 아닌가. 그런 의견을 내주셨고. 또 다른 자료, 와질토기는 변·진한인들이 집단 이주한 걸로 해석하셨어요. 고고학 자료의 상황은 비슷한데 해석의 내용이 다르거든요. 다른 이유에 대해서는 충분한 말씀을 하지 않으신 것 같은데 그것에 대해서 보충 설명 부탁드리겠습니다.

김낙중 : 아산만권부터 김해까지 이어지는 내륙 루트 상에 유사한 유개대부호와 소옹이 분포하고 그와 공반하여 철모나 철단검, 마형대구, 이런 것들이 분포하는 현상을 해석하는 과정에 영남지역에서 출토되는 철기류의 연대, 그 다음에 유개대부호 중에 연대가 더 올라갈 수 있는 자료가 현재 상태로는 영남지역에 빠른 것이 있기 때문에 그런 것들을 근거로 철모의 유통 과정에서 그런 것들을 가진 변·진한인들의 이주를 상정하고 있는 분들이 있었습니다.

그런 것에 대해서는 의문이 들었는데, 과연 교역이라는 행위를 하는 사람들이 어느 지점마다 이주를 하고 무덤을 만들고 특수한 부장품을 넣었을까하는 생각을 했습니다. 물론 등장 자체는 영남지방에서 했을 수는 있지만, 그것을 넣는 과정은 교역이라는, 유개대부호같은 경우는 기종이라는 측면에서는 뚜껑이 있고 대각이 있고 호가 올려진 형태를 하고 있어서 모티브는 같지만 같은 무덤 내에도 상당히 다르고 유행한 시기가 아주 넓은 루트 상에서 짧은 기간에 있기 때문에 그 기간에 철기의 유통이 활발하게 이루어졌다는 상황을 가정하면 굳이 이주나 이런 것을 상정할 필요는 없고 그런 유통과 관련해서 루트 상에 있는 사람들끼리의 어떤 공통된 목적이나 의식의 공유, 이런 것과 관련된 것이 아닌가라는 생각을 했습니다.

　단지 와질토기가 부장된 무덤은 분묘군이 형성된 사례도 있고, 주거지에서 나온 사례도 있고 그래서 몇 집 간의 단발적인 이주 가능성은 상정할 수 있지 않을까 이런 생각을 했습니다. 그런데 제가 이쪽 분야를 오랫동안 연구가 한 것이 아니고 자료 반박의 차원에서 생각한 가정적인 것이기 때문에 이점에 있어서는 성정용 선생님의 보완 설명이 필요할 것 같습니다.

임영진 : 쉬운 문제는 아닌 것 같습니다. 가능한 해석이기는 하지만. 김낙중 선생님은 진·변한 쪽에서 파급된 것으로 보셨는데 성정용 선생님은 유개대부호가 궁극적으로는 한나라 쪽에 기원이 있다고 보셨죠?

성정용 : 김낙중 선생님은 유개대부호가 중국에서 왔다고 생각하지 않는 거죠?

김낙중 : 지금까지 현상적으로 이른 것이 영남에 있기는 하지만 유개대부호 발생 자체가 그곳에서 이루어졌다고 단정하지는 않습니다.

임영진 : 영남 발생은 아니지만 마한권에서 출토된 것의 직접적인 기원지는 영남 쪽, 영남인들이 교역 루트 개척 과정에서 남겨진 것으로 보는 것이죠?

김낙중 : 저는 어디에서 발생했는가에 대해서는 중점을 두지 않고요. 왔다갔다하는 과정에 공통적으로 그 기물을 사용했다는 것이고, 그것이 등장하는 것은 낙랑이나 다른 요소를 충분히 상정할 수 있다고 봅니다.

임영진 : 포괄적으로 얘기하셨는데 성정용 선생님의 토론문에는 중국 한과 관련되었다고 보셨던가요?

성정용 : 예. 고고학 자료의 착시 현상이라고 할까요. 토기가 어느 유적에서 나왔나에 따라서 거기를 좀 더 기원으로 생각하는 경향들이 없지 않아 있는 것 같습니다. 유개대부호도 그런 것 중의 하나이지 않을까 싶고요. 김낙중 선생님 말씀대로 아까 경로상에 서로 공유하는 것도 있을 수 있겠지

만은 어느 쪽이 더 집중적인지도 볼 필요가 있을 것 같습니다.

최근에 유개대부호가 나오는 것이 중부지역에서 얼마 안됐죠. 그런데 양적으로 훨씬 더 늘어났습니다. 그리고 이것이 다양합니다. 유개대부라고 부르는 것 자체가 불합리한 부분도 있습니다. 왜냐면 아산 밖지브레 토기같은 경우는 유개대부호라고 하면 타당합니다. 그런데 최근에 나오는 유개대부호를 보면 다양한 형태를 가지고 있습니다. 청주 테크노폴리스조성부지 내 유적이라든지, 청주 오성유적에 있는 토기는 대부호 계통이 전혀 아니고 창고나 그런 것들을 보고 만든 형태입니다. 그리고 어떤 것들은 여기 사진은 없지만 우물을 모방해서 만든 것 같은 아주 넓게 벌어진 입술을 가진, 그런 것도 있고요.

그래서 기본적으로 유개대부호, 유개대부토기가 형상 기물로서 출발해서 이런 유개대부호 형태로 고착화되고 있다고 이해하고 싶고, 그렇다면 아까 劉延常 선생님께서 보여주신 자료 중에 이런 비슷한 자료가 하나 있었는데, 한 대 자료 중에 창고라든지 여러 가지 기물 형태로 만들어서 무덤에 부장한 것들이 있거든요. 그런 것에서 연원을 찾을 수 있지 않을까 싶었는데 마침 劉延常 선생님 자료중에 약간 비슷한 창고 형태의 것이 하나 있더라구요. 그런것에서 기원을 찾을 수 있지 않을까 싶은데 문제가 하나 있습니다.

오송 정중리유적에서 철검이 하나 있는데 이것이 바로 동병철검입니다. 손잡이 부분만 청동으로 만든건데요. 끝부분을 오려서 만들어서 손잡이부분을 빠지지 않게 만든 것입니다. 이것이 김낙중 선생님 발표문에 있는 대로 길림성 유수노하심유적에 있는 것이기 때문에 북방지역과 연결이 됩니다. 그렇다면 서로 다른 계통의 유물이 한 유적에 한 지역에 들어올 수 있을까 이 부분이 앞으로 고민이 되야 되지 않을까 싶습니다.

임영진 : 그 문제에 있어서도 劉선생님께 여쭤보고 싶지만 시간이 지체되고 있어서 그 정도로 하고 넘어가도록 하겠습니다. 그 다음에 논의할 것이 기대형토기, 이형토기, 깔대기형토기, 고좌형토기 등 다양한 용어로 불리는 것입니다. 그 용도가 분명하지 않기 때문인데, 서현주 교수께서 소개해 주셨으니 그 용도를 어떻게 보고 계시는지 그것만 여쭤보고 넘어가겠습니다.

서현주 : 이 기대형토기는 상부에도 투창이 있습니다. 그래서 거기에 무언가 담을 수 있지 않을 것 같아 담는 용도는 어려울 것 같고, 이전 시기의 유개대부호라든지 이런 토기와의 관계를 보았을 때 현재 보고 있는 그런 모습으로 사용되지 않았을까 싶습니다만, 용도에 대해서는 말씀드리기 어려울 것 같습니다.

임영진 : 저는 교통정리만 하면 되기 때문에 가능한 한 제 말씀을 드리지 않으려고 했는데, 저는 아무리 생각해도 그 토기는 넓은 쪽이 바닥이고 좁은 쪽이 위로 가야된다고 생각합니다. 지금 상정하고 있는, 좁은 쪽이 바닥이라면 너무 불안정해서 어떻게 사용할 수 있을까. 그래서 이것을 거꾸로 본다면 용도에 대해서도 아이디어가 생길수도 있고 훨씬 더 다양한 논의를 할 수 있을 것 같습니다. 이것은 제 의견일 뿐이니까 넘어가도록 하겠습니다.

다음에는 조형토기 문제입니다. 중국, 한국, 일본을 통관해서 공통적으로 나오고 있는데 김낙중 교수님의 발표 자료 가운데 영남지역의 오리형토기하고 상당히 유사한 토기도 봤습니다만, 새를 형상화했다고 보기 어려운 형태를 가진 것들이 오히려 많죠. 그런데 일본에서는 새와 관련시켜 부르지 않습니다. 피대형토기, 가죽으로 만든 자루 모양 토기라고 하거든요. 그래서 白井克也 선생님께 일본의 유사한 사례들에 대해 여쭤보고자 합니다. 그리고 피대형토기 출토유구라든가 공반된 유물이라든가 하는 것을 감안해서 그 기원을 어떻게 생각하시는지에 대해 여쭤보겠습니다.

白井克也 : 본인은 조형토기에 대해서 구체적으로 검토를 해보지 않았습니다. 이러한 토기는 고분시대 스에끼에 비슷한 형태가 있기는 하는데 실제로 보면 조형토기와 크게 비슷하지는 않습니다.

임영진 : 네, 아주 간단하게 말씀해주셨습니다. 참고로, 白井克也 선생님은 동경대학 고고학과를 졸업하시고 동경국립박물관에서 근무하시면서 일본 출토 한국 유물들을 연구하고 계시는데 한국말은 자유스럽게 못하지만 듣는 것은 자유롭게 하십니다. 어제 劉延常 선생님과 함께 저녁을 먹으면서 얘기를 나누었는데, 중국어도 웬만큼 하십니다. 그래서 일본을 바탕으로 한국, 중국에 걸쳐 관심을 가지고 굉장히 광범위한 연구를 하시는 분입니다. 앞으로 조형토기에 대해서도 관심을 가져주시길 부탁드리고 넘어가겠습니다.

　　분주토기도 근자에 대두된 상당히 중요한 자료 가운데 하나입니다만 시간 관계상 그냥 넘어가고, 유공광구호에 대해 논의해 보고자 합니다. 유공광구호는 오래 전에 이은창 선생님께서 처음으로 단일 기종으로 설정해서 논문을 쓰신 중요한 기종입니다. 그만큼 일찍부터 많은 연구자들의 관심 속에서 연구가 되어오고 있는데 이 토기가 어디서 기원을 했고 구체적인 용도가 무엇인가에 대해서는 그 누구도 설득력있게 예기하지 못하고 있습니다.

　　여기 일반인들도 많이 계시는데 부끄러운 일이긴 합니다만 아직까지 해결하지 못한 문제들이 의외로 많습니다. 고고학에서 해결하지 못한 난해한 과제들은 자료의 제약이 크다고 봅니다. 고고학 자료라는 것이 당대의 여러 물질자료 가운데 현재까지 남아 있는 제한된 것 일 뿐이고 고고학자들이 이용하는 자료는 그 가운데서도 조사를 통해서 확보된 자료이기 때문에, 제한된 그 가운데서도 제한된 자료를 가지고 연구할 수밖에 없는 한계가 크다는 것을 말씀드리고, 이런 것을 타개할 수 있는 방법은 너무 자료의 유사성과 연대에 집착하는 경향에서 벗어나서 조금 넓은 시각에서 큰 흐름을 파악할 수 있는 포괄적인 해석도 수용하는 것이 좋지 않겠는가 하는 생각을 해 봅니다. 조금 더 전향적인 각도에서 살펴볼 필요가 있지 않을까 싶은데요. 전주나 완주 등지에서 출토된 장경평저호에 원공을 가진 것이 있는데 그 지역에서 활동하고 계시는 김승옥 교수님께서 혹시 유공광구호와 관련성에 대해 생각해 보신 바가 있는지 여쭤보고 싶습니다.

김승옥 : 사실 제가 개인적으로 고고학에서 어렵다고 생각하는 것이 기원문제입니다. 원공을 가진 장경평저호에 대해서만 말씀을 드린다면, 일단, 글쎄요. 전반적인 형태상, 기능 등이 일면 유사하다 볼 수 있는데 가장 큰 문제가 연대의 차이인 것 같고요. 그 다음에 장경평저호가 전주와 완주, 완주라고 하더라도 전주 인근에서만 유행한 기종입니다. 만약에 이것이 영산강유역 유공광구소와 연결이 된다면 그 사이에 공백이 조금 없어져야 되는데 현재로서는 공백이 상당히 있기 때문에 두 기종을 어떻게 연결하는 것이 좋을지, 물론 말씀하신 것처럼 가능성도 있을 것 같고요. 반반이지만 가능성이 있다고 말씀드리기는 어려울 것 같습니다.

임영진 : 시간차가 적지 않은 것이 문제인데 향후 시간차를 메울 수 있는 자료가 나오는지 주시해 볼 필요는 있을 것 같습니다. 저는 기조발표에서 중국의 동오시대에 유행했던 혼병을 소개해드렸는데, 전북 고창 봉덕리고분에서 출토된 혼병은 중국에 기원을 두고 있는 것입니다. 유공광구호

와 구멍뚫린 장경평저호의 관련 가능성을 생각하지 않을 수가 없습니다만 여전히 그 기원은 접근하기 어렵습니다. 혹시 일본의 경우는 유공광구소호가 초출 시점이 언제이고 출연 배경이 어떠한지 시라이 선생님께 여쭤보도록 하겠습니다.

白井克也 : 유공광구호는 일본의 스에끼 하수오하고 굉장히 비슷한 형태의 기형을 갖고 있습니다. 이런 하수오 생산이 시작될 때의 토기 가마를 보면 마한의 영향이 매우 강했습니다. 오늘 발표에서 일본의 유공광구소호의 분포에 대해서는 말씀드리지 않았습니다. 초기 스에끼를 보면 하수오하고 구별이 매우 어렵기 때문에 표시하기가 어려웠습니다. 또 다른 단계에서 보면 5세기 중엽에서 6세기 중엽 사이에 영산강유역의 유공광구호나 스에끼 하수오의 형식변화가 굉장히 비슷한 것을 알 수 있습니다. 따라서 두 지역 고분의 장송의례에서 유공광구호가 계속 사용되고 있었던 던 것을 알 수 있습니다.

임영진 : 한국의 유공광구호와 일본의 유공광구호가 비슷한 시기에 나타나서 변화하는 방향도 일치하기 때문에 대단히 유기적인 관계를 가지고 있었을 것으로 보셨는데 구체적인 출현 시기와 배경에 대해서는 언급을 피하신 것 같습니다. 그런데 영산강유역을 중심으로 성행했던 유공광구소호의 기원을 직접적으로 일본에 있다고 얘기하시는 분도 없지 않고 그 반대의 의견도 적지 않기 때문에 일본 유공광구소호의 기원 문제도 아직 풀리지 않고 있다고 할 수 있겠습니다. 이 문제를 일본과 한국 사이로만 좁혀본다면 계속 핑퐁게임이 될 수밖에 없지 않을까 싶습니다. 중국 쪽으로 좀 더 시각을 넓힐 필요가 있지 않을까 하는 점만 언급하고 넘어가도록 하겠습니다.

지금까지 여러 마한토기에 기종별로 기원 문제를 중심으로 논의해 봤는데요. 결국 그런 여러 기종들이 시간적으로 공간적으로 차이를 두고 전개가 되고 있어서 마한토기를 통해 본 지역성, 그리고 그 지역성이 갖는 의미. 이에 대해 논의해볼 필요가 있겠습니다. 널리 잘 알려져 있듯이 마한은 경기·충청·전라지역에 54개 소국으로 산재되어 있다가 백제의 성장, 발전, 영역확대와 함께 도미노 현상 처럼 하나하나 무너져나가는 역사를 가지고 있기 때문에 시간적, 공간적으로 굉장히 복잡합니다.

　　서현주 교수님, 김낙중 교수님, 이영철 원장님 모두 이 문제에 대해서 언급해주셨고 토론자 분들도 지적을 하셨는데 딱히 정리하기가 쉽지는 않습니다. 지역적으로 동쪽과 서쪽의 차이도 있고, 남과 북쪽의 차이도 있고, 서현주 교수님께서 종합적으로 지역성과 그 의미에 대해서 발표를 해주셨죠. 거기에 보면 주거지 출토 일상용 토기를 중심으로 해서 세 개의 권역으로 나눠진다고 했죠. 그런데 분묘 출토 토기를 보면 두 개 권역으로 나눠져요. 마한의 권역이 어떤 자료를 기준으로 보느냐에 따라서 권역이 달라진다면 더욱더 복잡해질 것이기 때문에 이 양자를 결합해서 가장 합리적인 지역권을 나눈다면 어떤 구분이 바람직한지, 그 정도만 여쭤보고 싶습니다.

서현주 : 일상토기와 주거지로 보았을 때 크게 두 개로 나눴구요. 분묘를 중심으로 했을 때 세 개로 나눴는데, 세 개였을 때 추가되는 부분이 주거나 토기에 있어서 외곽, 또는 점이지대라고 표현했던 지역으로, 두 개의 문화가 만나고 있거든요. 그 지역이, 앞에서 얘기했던 2세기대 유개대부호, 원저심발형토기라고 하는 새로운 토기가 나오는 지역이기도 합니다. 그런 문화가 들어오면서 그 지역이 하나의 지역권으로 나눠지고 있기 때문에, 세부적인 지역권에 있어서는 분묘로 나눴던 세 개의 지역권이 더 의미를 가질 수 있지 않을까 싶습니다. 아마도 주거나 일상용토기의 경

우에는 더 환경적인 영향을 받는 것이 아닐까싶구요. 분묘의 경우 대외 교섭이나 교류 같이 외부에서 문물이 들어오는 것에 더 영향을 받는 모습이 잘 보이지 않나 하는 생각이 들었습니다. 시기에 따라서 차이가 있는 부분도 있습니다.

임영진 : 감사합니다. 이 문제에 있어서는 다른 분들도 언급하셨는데 크게 봤을 때 서현주 교수님의 언급과 연결되는 것 같습니다. 특히 김낙중 교수님의 발표문 가운데 분구묘와 주구토광묘 집단의 차이가 언급된 것 같고, 분구묘하고 관련된 자료에 대한 특징들이 거론되었습니다. 마한토기를 보면 서해안쪽에 집중되어 있는 분구묘하고 관련된 신기종들이 많은데 그것을 주구토광묘 출토품과 대비해서 보충설명을 해주시면 이해가 쉬울 것 같습니다.

김낙중 : 다 아시는 내용이지만 김포, 인천부터 영산강 하류까지 우리가 분구묘라고 부르는 무덤 내에서 사용된 토기류들은 아산만권의 중서부내륙지역과는 다르게 심발형토기와 원저단경호가 세트를 이루고 있지 않습니다. 물론 심발형토기가 일부 사용이 되더라도 원저단경호와 같은 매장시설 내에 공반하지 않는 차이가 있습니다. 예를 들어서 격자타날심발형토기가 범마한인이 사용한 토기라고 하더라도 그것을 무덤에서 사용했느냐 않았느냐, 했더라도 어떤 지점에서 사용했느냐 하는 차이는 그 매장과 관련된, 장례와 관련된 인지에서 어느 곳인가에서 경계가 있다는 뜻이겠고요. 그것이 어떤 사회의 결속이나 집단의 경계와 관련이 있을 가능성이 있기 때문에 마한권내에서 어떤 구분을 하자면, 그런 것이 근거가 될 수 있겠다 생각이 들고, 특히 영산강유역 쪽으로 내려오면, 예를 들면 이중구연, 이런 것들, 장경호 같은 데는 적용이 안 되고, 다른 기종, 옹이라든지 장란형에 적용이 되기 때문에 이것을 집단의 정체성과

관련해서 하나의 상징적인 양식으로 사용할 수도 있고, 한반도 서부지역 분구묘 집단 내에서도 좀 더 좁은 범위 내에 집단 정체성을 상징하는 양식으로 사용된 것이 아닐까 하는 생각을 합니다.

임영진 : 마한연구원의 지난해 국제학술회의 주제가 '마한분구묘의 기원과 발전'이었습니다. 이 학술회의에서도 굉장히 다양한 논의들이 이루어졌는데 오늘 劉延常 선생님께서 한 대 산동지역 토기를 소개하시고 그 말미에 墩式封土墓라는 자료를 소개해 주셨습니다. 마한 분구묘에 대해 사전지식을 가지고 계셨는지 모르겠지만 상통하는 점이 적지 않은 것 같습니다. 그에 대해 박중환 관장님께서 질문을 하신 것 같은데 앞서 기조발언에서 언급을 생략하셨으니까 압축해서 질문 겸 의견이 있으시면 말씀해 주시기 바랍니다.

박중환 : 劉延常 선생님의 발표문을 보고 궁금해서 질문을 드렸습니다. 매장시설이 땅위로 올라가는 지상식구조, 매장시설이 분구 안에 여러 개가 들어가 있는 다장식 매장방식, 주변에 주구라든가 하는 시설, 이런 고분은 특징적으로 한반도 서남부지역, 특히 영산강유역에서 발전했는데 그 부분에 대해서 산동지역 토돈묘와의 연관성에 대해 한국에 와서 보신 뒤에 어떻게 생각하고 계시는지 여쭤보고 싶습니다.

劉延常 : 토돈묘의 출발은 절강성 남부쪽입니다. 그런데 특별하게 신기한게 산동지역으로 건너오면서 동남연해쪽으로 많이 있고, 상당수 발굴되었습니다. 중국 학계에서는 그 토돈묘가 한국의 분구묘라든지 일본의 묘제에 영향을 끼친 것으로 보고 있습니다. 모든 것이 다 그러한다는 것은 아니겠지만 최소한도 한반도에 끼칠 수 있는 영향의 하나일 것이라고 보고 있습니다.

임영진 : 중국과의 관련성에 대해서는 한국에서도 거론되고 있지만 여전히 시간

적, 공간적 차이가 해명되지 못하고 있습니다. 박중환 관장님의 기조발언에서 김낙중 선생님께 질문 하나 하셨는데 마한사회의 사회 성격이 소국분립상태로 끝났을 것인가 하는 질문이었는데 김 선생님 답변 부탁드립니다.

김낙중 : 그 지적 충분히 받아들이고요. 언급이 안 되서 오해할 수도 있는데 마한 사회가 어떤 정치적인 안정이나 물질적인 발전과정을 거치지 않았다고 보지는 않았고요. 소국 병립과정에서 그 소국 중에 성장해서 리드하는 '국', 그다음에 영산강유역의 반남세력같이 더 넓은 범위에 영향력을 끼치는 그런 정치체를 상정하고 있습니다. 그것을 우리가 마한이라고 얘기하는 전체적인 범위를 총괄하는 어떤 정치체, 그런 것까지는 상정하지 않았기 때문에 그것이 오해의 소지가 있는 것 같습니다.

임영진 : 마한 사회의 성격 문제는 토기라든지 주거지, 고분 이런 개별적인 고고학 자료를 가지고 논의하기는 어려운 문제고, 여러 가지 세부적인 논의를 종합하여 논의해야 할 문제입니다. 마한연구원에서 어느 정도 기본적인 자료가 정리된 다음에 논의해보고 싶은 주제이기도 합니다.

다음 주제로는 白井克也 선생님의 발표에서 잘 정리되었던 마한토기와 일본의 관계 문제입니다. 대단히 정치한 분석을 통해서 나름대로 해석을 해주셨는데 거기에 대해서 다른 발표자분들이나 토론자분들도 언급한 것이 있어서 논의해 보겠는데 모든 언급을 다 검토하기는 어려울 것 같습니다. 그래서 가장 핵심적인 박중환 관장님의 지적 겸 질문을 듣고 白井克也 선생님의 답변을 듣는 것으로 하겠습니다.

박중환 : 白井克也 선생님께서 발표하신 일본 내 마한토기의 분포양상과 기종별, 시기별 변화에 대해서는 대단히 인상 깊게 들었습니다. 우리가 알 수 없었던 일본 내 전파과정을 이해하는데 대단히 유용했고요. 좋은 지견을

넓히는 기회가 되었다고 생각되었습니다.

두 가지를 말씀드리고 싶습니다. 하나는 시라이 선생님께서 다사진 교역의 결과로 일본 내 마한토기들의 출현을 설명하시면서, 물론 선생님께서도 일본에서 외래계토기의 출현이 전부다 교역의 결과로만 보지는 않았을 것이라고 생각을 합니다. 다른 이슈에 대한 것을 다루고 있으니까요. 그렇지만 다사진 교역의 실체가 일본의 마한토기의 공백기를 설명하는 것이라고 설명하시면서, 25년 단위로 끊어서 설명을 하시는 부분이 너무 지나치게 외래계토기 출현을 교역의 결과로만 설명하는 것이 아닌가, 이런 질문 한 가지를 드렸습니다.

또 한 가지는 한반도와 일본열도에서 발생하는 토기라든가 고분의 출현 배경을 설명하는 과정에서 일본에서 마한토기가 출현하는 배경을 설명할 때 일본열도에 마한토기 제작 기술자들이 와서 남긴 물적 소산으로 설명하는 경향이 있으신 것으로 알고 시라이 선생님뿐만 아니라 일본연구자들의 공통된 견해인 것 같습니다. 그렇지만 토기라고 하는 것은, 토기가 출토된 것은, 토기만 출토되는 것이 아니고 여러 가지 물질요소가 출토된 가운데 그 한 가지에 불과하다고 생각합니다. 어느 유적이나 토기의 양이 많습니다. 더구나 주거유적일 경우에는 토기 양이 더 많습니다. 또 나주 반남고분에서도 출토되는 유물의 거의 80%가 토기들입니다. 그렇다고 해서 반남고분군의 책임자들이 토기 제작 공인집단이라고 해석할 수는 없을 것입니다. 일본에서는 마한계 토기가 출토되면 전부다 토기제작 기술자 집단이라고 설명하는 연구자들이 많이 있는 것 같은데, 그렇다면 영산강유역에서 발견되는 일본의 요소가 강한 전방후원형고분도 일본의 고분축조기술자집단의 유입과 이주라고 해석할 수 있어야 된다고 생각됩니다. 출토된 토기 자료만으로 토기제작 공인들이

남긴 문화적 유산이라고 볼 수 있는 근거가 있는지 그것에 대해서 여쭤

보고 싶습니다.

임영진 : 고고학적 현상에 대한 역사적 해석 문제이기 때문에 논란이 많을 수 있

는 주제입니다만 핵심만 짧게 답변해 주시면 감사하겠습니다.

白井克也 : 저는 교역에 관한 연구를 15년 정도 해왔습니다. 외래토기 모두를 교

역으로 보고 있지는 않습니다. 그래서 외래토기 출토 사실만을 교역으로

해석하고 있지 않습니다. 그리고 각각의 해역에서 토기가 출토된 것으로

는 알 수가 없고, 어떠한 유물에서 어떠한 이슈를 나타내는지 생활유적

은 무엇인지, 다른 유물과의 조합은 어떻게 되는지 등과 같은 고고학적

흔적을 통해 생각해야 합니다. 세세히 분석한 내용을 간단히 말씀드렸지

만, 이러한 절차를 통해서 더 진전된 이야기를 할 수 있을 것입니다.

　가장 중요한 것은 6세기 후반 이후 일본열도에서 한반도 관련 토기가

그다지 출토되지 않습니다. 그 당시는 사실『일본서기』에 한국과 관련된

기록들이 많이 있는데, 문헌기록과 고고자료가 맞지 않고 있습니다. 이

러한 현상이 역사적인 의의를 가진다고 생각합니다. 앞으로의 과제라

고 생각합니다. 유적에서도 토기가 나왔다고 해서 주거지에 살았던 사

람이 토기를 만들었다고 생각하지는 않습니다. 여러 가지 증거를 파악

할 때 확실하게 증거를 알 수 있는 것만 가지고 연구하고 있습니다. 한

국에서 일본에 넘어온 사람들 중에는 다양한 사회적 지위를 가지고 있

는 사람들이 있었다고 생각됩니다. 그래서 앞으로의 과제는 다양한 사

회적 지위를 연구하는 것입니다.

임영진 : 고맙습니다. 간단하지 않은 문제라서 포괄적으로 답변해 주었다고 생각

됩니다. 시간관계상 구체적인 논의는 이것으로 정리를 해야 될 것 같습

니다. 혹시 청중석에서 질문 있으십니까. 질문이 없으시면 발표자, 토론

자들이 각자 30초 정도씩 꼭하시고 싶은 마지막 발언을 하시는 것으로 마무리 짓겠습니다. 앞으로 해야 될 과제를 제시해주셔도 되고, 본인이 발표한 내용을 보완해주셔도 되겠습니다. 발표자 쪽에서부터 하실까요.

김낙중 : 저는 마한토기를 구체적으로 발표한 것이 처음이라 모든 것이 다 과제입니다. 그 중에서도 특히 많은 논의가 있었지만 마한과 한, 보통 점토대토기의 등장, 토광묘의 출현을 한의 출현으로 보시고 있는데 저는 그 당시의 한반도 남부의 문물이 영남지역, 호서, 호남지역을 구별할 수 있을까 하는 의구심에서 삼한의 분립에 중점을 두었는데 어쨌든 그런 관점에서 그 부분에 대한 연구가 조금 진행되서 많은 사람들이 공통된 의견을 가질 수 있지 않을까 생각합니다.

이영철 : 오늘 마한의 상한과 하한에 대해서 말씀하셨지만 거의 천년에 가까운 시간에 해당하는 것 같습니다. 그래서 오늘 마한토기라고 했는데, 객석에 끝까지 남아 있는 청중들을 위해서 임영진 교수님께서 마한토기는 이런거다라는 한마디, 한 문장 정도로 정의를 내려주셔야지 청중들이 무언가 가지고 가지 않을까 생각이 듭니다.

서현주 : 최근 호서지역에서는 2세기대의 토기가 나오면서 마한토기의 시기 폭이 넓어지고 있는데 아직 호남지역에서는 그렇지 않는 것 같습니다. 그런데 만약에 있었다고 한다면 앞으로 멀지 않은 시일 내에 그런 자료가 나오지 않을까 하는 생각이 듭니다. 기원후 1~2세기에 해당하는 마한토기들이 앞으로 학술적으로 언급될 것을 기대해보고, 앞으로 그런 부분에 대한 연구가 되어야 할 것으로 생각됩니다.

劉延常 : 한국, 중국, 일본의 고고학적 교류와 연구가 강화되었으면 좋겠습니다. 산동 입장에서 본다면, 산동지역은 선사시대의 유적이 많이 남아있고 그것은 한반도와 밀접한 관계를 가질 것 입니다. 그 이후 상주시기에도

한반도라든지 일본으로 건너갔을 가능성도 주목해야 될 것 같습니다. 한 대에 해당하는 한국의 고고학적 자료들이 와서 보니까 상당히 많습니다. 앞으로 연구가 더욱 활발하게 이루어졌으면 좋겠습니다. 오늘은 한대에 시대를 맞춰서 왔는데 그것보다 조금 빠른 시기인 전국시대를 중심으로 검토했다면 좋았을 것이라는 생각도 듭니다.

白井克也 : 고고학 연구는 분석과 그 종합이라고 생각합니다. 마한토기 연구는 최근 많은 성과를 내고 있습니다. 앞으로 그런 결과를 종합하는 것이 필요합니다.

김무중 : 저는 특수한 기종을 가지고 지역성을 얘기할 수 있는가, 형태가 다르기 때문에 그렇게 얘기하기 보다는, 일상생활 토기 같은 경우는 기종 조합들을 연구해 볼 필요가 있겠다. 자료가 엄청나게 늘었는데 편년은 계속 불완전한 것 같습니다. 편년도 면밀하게 다뤄서 과거의 인식의 틀이 전향적으로 진전하는 그런 기회가 있었으면 좋겠습니다.

김승옥 : 저도 비슷한 생각입니다. 오늘 전체적인 발표, 토론에서 보면 우리가 전통적으로 얘기했던 유구 유물 복합체를 조금 더 공반 관계라든지 이것을 좀 더 정밀하게 분석할 필요가 있다는 생각이 들었고요. 그리고 토기를 통해서 마한사회를 다 알 수 있으면 좋겠지만 아직도 모르는 것이 굉장히 많죠. 그런데 아마 마한연구원도 새로운 테마로 할 수 있을지는 모르겠는데 오늘 마한토기 중에서 가장 중요한 것 중에 빠진 것이 생산과 유통, 특히 유통문제가 마한 소국의 위치 비정이라든지 관계, 이런 것을 연구하는데 중요한 건데 오늘 아쉽게도 이 부분에 대해서는 다뤄지지 않은 것 같습니다. 이상입니다.

박중환 : 저는 발표를 들으면서 느낀 것이 마한토기 다음에는 시간이 흐르면 백제토기, 이렇게 보는 선입견이 있는 것 같습니다. 이런 것은 좀 아니다

라는 생각이 듭니다. 백제가 지배 세력이 된 이후에도 마한토기가 사용되고 제작됐을 수 있습니다. 사회구조가 바뀐 것이죠. 상층부 사회 사람들이 백제토기를 제작해서 사용했을 것이고, 마한토기는 기층사회에서 사용했을 것입니다. 그렇게 때문에, 사회가 바뀐 것이기 때문에 물질자료가 크게 바뀌지 않고 하층부, 중층부에서 계속 사용했을 것이기 때문에 마한토기와 백제토기를 생각할 때는 그런 점, 구조적인, 계층적인 부분을 감안해야 된다는 생각이 들고요. 또 한 가지는 마한토기라는 것이 사실 마한 내에서만 효용성이 있는 것이 아니고 백제를 해석해 내기 위해서 효과적인 도구가 될 수 있다. 이런 것들을 앞으로 고민해 볼 필요가 있지 않을까 생각합니다.

성정용 : 대한민국의 한이 바로 마한의 한에서 온 것 아니겠습니까. 그렇지 않나요? 저는 교양강좌를 하나 신청했는데 떨어졌었습니다. '한', 대한민국의 정체성을 밝히다라는 것이었습니다. 마한에 대한 연구는 곧 대한민국의 정체성을 밝히는 연구가 아닐까 생각을 합니다. 앞으로 마한 연구가 더욱 활성화되기를 기대하겠습니다. 감사합니다.

임영진 : 여러 가지 말씀 감사합니다. 시간 관계상 한 말씀씩 듣는 것으로 끝내려고 했는데 이영철 원장님께서 주문하신게 있어 저도 한말씀 드려야하게 되었습니다. 오늘 논의한 마한토기를 한문장 정도로 정리해 주라는 요구였는데, 쉽지 않은 것이지요. 오늘은 앞으로 해야 될 과제가 얼마나 많은가를 공감하는 시간이 되었다고 봅니다. 첫 술밥에 배부를 수 없는 것이어서 아주 기본적인 기종별 기원 문제부터 시작해서 지역권을 세분해서 검토해 볼 필요가 있지 않을까 하고 종합토론의 초점을 맞추었는데 그것마저도 제대로 하지 못하고 말았습니다.

늘상 아쉬움이 남는데 그것은 여기 참여하신 여러분 모두가 직접 느끼셨을 것이니 앞으로 논의해야 할 또 다른 과제를 인식하는 것으로 만족해야 하지 않을까 싶습니다. 마한은 시작에서부터 소멸에 이르기까지 시간적으로 어떤 변화를 거쳤는가? 공간적으로 어떤 특색을 가지고 있었는가? 대단히 많은 논란이 벌어지고 있는데 오늘의 논의가 그러한 논란을 조금이라도 정리하는데 일조할 수 있는 계기가 되었기를 바라면서 마무리하고자 합니다.

오전 10시부터 이 시간까지 자리를 지켜주신 모든 분들께 진심으로 감사 말씀드리고, 귀한 시간을 내서 발표와 토론, 통역을 맡아주신 여러 선생님들께도 다시 한번 감사 말씀드리겠습니다. 대단히 감사합니다.

ㅊ